网络与新媒体系列教材

总主编 周茂君

新媒体产品策划

阮卫 编著

西南大学出版社
国家一级出版社 全国百佳图书出版单位

图书在版编目(CIP)数据

新媒体产品策划/阮卫编著. -- 重庆：西南大学出版社，2024.11
网络与新媒体系列教材
ISBN 978-7-5697-2048-8

Ⅰ.①新… Ⅱ.①阮… Ⅲ.①传播媒介—运营管理—教材 Ⅳ.①G206.2

中国国家版本馆CIP数据核字(2023)第218063号

新媒体产品策划

XINMEITI CHANPIN CEHUA

阮卫 编著

责任编辑	鲁 艺
责任校对	熊家艳
装帧设计	魏显锋 汤 立
排 版	张 祥
出版发行	西南大学出版社(原西南师范大学出版社)
地 址	重庆市北碚区天生路2号
邮 编	400715
经 销	全国新华书店
印 刷	重庆市合川区书香印务有限公司
成品尺寸	185 mm×260 mm
印 张	14
字 数	264千字
版 次	2024年11月 第1版
印 次	2024年11月 第1次印刷
书 号	ISBN 978-7-5697-2048-8
定 价	49.00元

丛书编委会

总主编：周茂君

副主编：洪杰文　李明海

编　委：（以姓氏笔画为序）

马二伟　王　琼　王红缨　王杨丽　王朝阳

方　堃　归伟夏　代玉梅　延怡冉　刘明秀

阮　卫　李明海　杨　嫚　何明贵　张　玲

张琳琳　林　婕　金　鑫　周丽玲　周茂君

洪杰文

策　划：杨　毅　李远毅　杨景罡　钟小族　鲁　艺

本书资源

联系电话:023-68252455　鲁老师

序 言

　　媒介技术的发展将我们带到了一个众声喧哗、瞬息万变的新媒体时代。面对这个由媒介构建的全新世界，人们的思想观念、生活方式乃至行为举止都发生着急剧的改变；既为其所迷醉，乐此不疲，又常常感到不知所措和无所适从。新媒体到底是什么？新媒体时代到来又意味着什么？人们如何正确处理好与新媒体的关系？这些问题真真切切摆在人们面前，需要我们去面对，去解决。因此，科学地认识、理解和运用新媒体显得尤为重要。

　　人类社会发展的每一阶段都会有一些新型的媒体出现，它们都会给人们的社会生活带来巨大的改变。这种改变在当今新媒体时代表现得尤其明显：受众这一角色转变成了"网众"或"用户"，成了传播的主动参与者，而非此前的信息被动接收者；传播过程不再是单向的，而是双向互动的；传播模式的核心在于数字化和互动性。这一系列改变的背后是网络技术、数字技术和移动通信技术的发展，并由此衍生出多种新媒体形态——以网络媒体、互动性电视媒体、移动媒体为代表的新兴媒体和以楼宇电视、车载移动电视等为代表的户外新型媒体。

　　由周茂君教授主编的这套网络与新媒体系列教材，就是在移动互联、数字营销、大数据和社会化网络等热点问题层出不穷的背景下，沿着技术、传播、运营和管理的逻辑，对新媒体进行的梳理和把握。从技术层面上看，网络与新媒体平台是用网络技术、数字技术和移动通信技术搭建起来,进行信息传递与接收的信息交流平台,包括固定终端与移动终端。它具备以新技术为载体、以互动性为核心、以平台化为特色、以人性化为导向等基本特征。从传播层面看,新媒体从四个方面改变着传统媒体固有的传播定位与流程,即传播参与者由过去的受众变成了网众,传播内容由过去的组织生产变成了用户生产,传播过程由过去的一对多传播变成了病毒式扩散传播,传播效果由过去能预期目标变成了无法预估的未知数。这种改变从某种程度上可以说是颠覆性的,传统的"5W""魔弹论"和"受众"等经典理论已经成为明日黄花。从运营层面看,在技术构筑的新媒体平台上,各类新媒体开展着各种运营活动。从管理层面看,新媒体管理主要从三个方面着手,即新媒体的政府规制、新媒体伦理和新媒体用户的媒介素养。这样,政府规制对新媒体形成一种外在规范,新媒体伦理从内在方面对从业者形成约束,而媒介素养则对新媒体用户提出要求。

这套网络与新媒体系列教材既有对新媒体的发展轨迹和运行规律的理论归纳,又有对新媒体运营实务的探讨,还有对大量鲜活新媒体案例的点评,切实做到了理论与实务结合、操作与案例相佐,展现出教材作者良好的学术旨趣与功力。希望以这套教材为起点,国内涌现出更多的高质量研究著作和教材,早日迎来网络与新媒体教育、研究的新时代。

是为序。

罗以澄

2022 年 8 月

(罗以澄,全国应用新闻传播学研究会名誉会长、湖北省新闻传播教育学会名誉会长,曾任国务院学位委员会新闻传播学科评议组成员、中国新闻教育学会副会长、中国传播学会副会长。)

前言

关于网络与新媒体,从概念到特征,有各种不一样的看法与表述。其实,网络与新媒体是对网络媒体、数字媒体和移动媒体的总称,网络与新媒体平台是指采用网络技术、数字技术和移动通信技术等新技术进行信息传递与接收的信息交流平台,包括固定终端与移动终端。新技术、互动性、平台化、数据和算法,是解读网络与新媒体时代的重要关键词。

以新技术为引领,是指网络与新媒体的运营以新技术为基础。新技术的应用与普及,不仅为网络与新媒体的诞生提供了技术支持,同时也为其运营提供了信息载体,使得信息能以超时空、融媒体、高保真的形式传播出去。可以说,网络与新媒体的所有特征,均建立在新技术提供的技术可能性的基础之上。

互动性是网络与新媒体的本质特征。传统媒体时代信息的流动都是单向的,而网络与新媒体却突破了这一局限。它从根本上改变了信息的传播模式,也从根本上改变了传播者与受众之间的关系。传播者与受众以相对平等的地位进行信息交流,媒体以往的告知功能演变为如今的互动沟通。这种沟通不仅体现在媒体与用户之间,还体现在用户与用户之间。可以说,网络与新媒体的这一特征,不仅对传统媒体,而且对整个社会都产生了深远的影响。

平台化是网络与新媒体的主要特色。借助信息交换平台,传统媒体与新媒体逐渐走向融合——网络与新媒体以其包容性的技术优势,接纳与汇聚了传统媒体的媒介属性;而报刊、广播、电视等传统媒体则在适应新的媒体环境,与新技术相互渗透、融合之后,获得了二次发展。

数据,是网络与新媒体时代最重要的生产要素,是新媒体平台和传统媒体平台开展业务运营的基础性前提。平台运营的基础是基于用户数据的大数据挖掘与分析,有了数据的加持,媒体平台无论是用户运营,还是内容运营,抑或是活动运营,才会做到有的放矢。

算法推送是网络与新媒体时代同传统媒体时代的重要分野。传统媒体不管受众是谁、有什么实际需求,往往习惯于居高临下地"自说自话",极易造成"鸡同鸭讲"的无奈结果;而网络与新媒体平台则采用人工智能技术,基于算法、算力、运算法则和大数据,早早将目标用户"锁定",针对其新需求和隐性需求,选妥内容并适时推送。

修订、重新编写这套网络与新媒体系列教材,出于三方面的考虑。

其一,修订、重编教材要跟上网络与新媒体专业发展的步伐。20世纪90年代末,国内只有少数几家"先知先觉"的新闻传播院校在新闻学系开办"网络新闻方向"或者"网络传播方向",一般将它命名为"传播学专业"。其特征一是没有"准生证",二是专业(方向)定位模糊,这种状况直到2012年教育部将该专业列入高等学校本科招生目录才有所改观。到2022年,已有307家院校招收网络与新媒体专业的本科生[1],其专业教育已从初创时的"涓涓细流"汇聚成现在的"大江大河"。因此,相关教材的修订、重编必须跟上并适应这种发展态势。

其二,修订、重编教材要顺应网络与新媒体专业渐次规范的潮流。一个专业从无到有,无疑是"草创";其课程设置与专业定位皆无先例可循,也与"草创"无异;该专业创办以后,国内缺少成套教材,各院校只能选用在市场上销售的散本新媒体书籍作为教材供学生使用,同样是"草创"。因此,出版于2016年的9种"新媒体系列丛书"——《新媒体概论》《新媒体技术》《新媒体运营》《新媒体营销》《全媒体新闻报道》《网络视频拍摄与制作》《Web技术原理与应用》《新媒体内容生产与编辑》《新媒体广告》——虽也是"草创"产物,但对缓解当时的教材"荒",帮助该专业走向规范是

---

[1] 依照教育部指定高考信息发布平台统计,我国开办网络与新媒体专业本科教育的院校已达307所。

有贡献的。在此基础上,武汉大学新闻与传播学院课题组,在开展"基于一流课程的教学改革与实践研究"专项重点课题时[2],对国内54家院校网络与新媒体专业本科人才培养方案进行内容分析,以3434门专业课程为样本,按照开设频率和代表性,整合出16门专业核心课程,并在此基础上编写了16本专业教材——《网络与新媒体概论》《数字媒体技术》《融合新闻报道》《新媒体内容生产与编辑》《新媒体Web技术基础》《短视频拍摄与制作》《新媒体运营》《新媒体营销》《新媒体产品策划》《数据新闻:理论与方法》《新媒体数据分析》《数字媒介视觉设计》《新媒体广告教程》《新媒体伦理与法规》《计算传播学:理论与应用》《新媒介经营管理案例解析》——借此促进专业的课程设置和目标定位。虽然上述16本教材要涵盖该专业所有核心课程是困难的,但向着规范道路又跨出了坚实的一步。

其三,修订、重编教材要与知识更新迭代同步。网络与新媒体时代是一个变革的时代——传播技术在变,传播业态在变,媒体格局在变,人们的观念在变——变革是永恒的主题,它无处不在。与此相对应,知识的更新迭代同样迅猛。因此,修订、重编教材既要关注业界的最新动态,又要汲取学界的前沿研究成果,这样才能与知识更新迭代同步,始终立于时代前列。

修订、重新编写本套教材希望达到如下目标。

1.在指导思想上,本套教材着眼于网络与新媒体时代合格的应用型人才培养,适应人才培养逐步由知识型向能力型转变的需要。这是编写本套教材的基本方针,也是编写的基础和前提。

2.本套教材将"技术""内容生产""数据""运营""产品"五个层面作为着力点,将网络技术、数字技术、移动通信技术和人工智能技术等发展带来的各种新媒体形态作为主要研究对象,勾画出从传统媒体到融合媒体、从传统新闻到数据新闻、从传统营销到数字营销和从传统广告到数字广告的发展线索,落脚点和编写重点在网络与新媒体的理论与实践。教材内容既要相互关联,又要厘清彼此间的边界而不至于重复。

3.本套教材瞄准高等学校网络与新媒体专业或相关专业的专业主干课,因而教材的编写内容,除了具备普通高等学校在校本科生、研究生必须掌握的新媒体传

---

[2] 中国高等教育学会2020年度"基于一流课程的教学改革与实践研究"专项重点课题"新闻传播学本科专业核心课程体系构建研究"(JXD05)。

播、运营实务的基本知识和技能外,还必须具备开阔的思路和国际化的视野,这有利于完善学生的知识结构,有利于培养其具有适应时代需要的新媒体内容生产、新媒体产品策划、短视频拍摄与制作、新媒体数据挖掘、新媒体运营和新媒体营销等方面的能力,保证其毕业后能胜任相关工作。

4. 本套教材既关注理论前沿问题,又将基本理论、实际应用和案例点评相结合,展现出独有的特色。

其一,基本理论部分。围绕网络与新媒体相关理论,只作概括性的叙述,不进行全面性的阐述,对其基本原理,力争深入浅出,易学易懂。

其二,实际应用部分。网络与新媒体基本理论的实际应用是本套教材的写作重点。无论技术层面,还是内容生产层面,抑或是数据、运营、产品层面,注重实际应用贯穿于每本书的编写之中。

其三,案例点评部分。每本书的大部分章节都要求安排与本章内容相关联的案例点评,点评的篇幅可短可长,从数十字到数百字均可,用具体的案例点评,来回应前面的基本理论和实际应用。

5. 本套教材在编写过程中尽力做到有思想、有创见、有全新体系,观点新颖,持论公允,整体风格力求简洁、明了、畅达,并在此基础上使行文生动、活泼、风趣。

"理想很丰满,现实很骨感",上述目标在编写过程中是否实现了,还有待学界和业界学者、专家以及广大读者的检验与评判,为此我们祈盼着!

在本套教材付梓之际,需要感谢和铭记的人很多。首先要感谢武汉大学新闻与传播学院的老院长罗以澄先生,他不仅为本套教材的编写提出了许多建设性意见,还亲自撰写了序言,老一辈学者对年轻后辈的爱护与提携之情溢于言表。其次要感谢本套教材的所有作者,时间紧,任务重,至少有7本教材需要"另起炉灶",其间的艰辛与困苦可想而知。最后要感谢西南大学出版社的杨毅先生、李远毅先生、杨景罡先生、钟小族先生和鲁艺女士等,是你们的辛勤付出和宽大包容才使本套教材得以顺利面世,感激之情无以言表。

周茂君 于武昌珞珈山
2022年8月

目录
CONTENTS

第一章

1 概述

4　第一节　新媒体产品的概念

9　第二节　新媒体产品的类型与特点

15　第三节　新媒体产品策划的原则与流程

第二章

25 产品立项：多方调研，确立目标

28　第一节　市场调研

32　第二节　宏观环境分析

37　第三节　行业态势分析

42　第四节　自身实力分析

45　第五节　撰写商业需求文档

第三章

57 产品定位：聚焦用户，明确功能

60　第一节　确定目标用户

71　第二节　感知需求

79　第三节　定义产品

88　第四节　撰写市场需求文档

目录 CONTENTS

第四章

93　产品设计：大道至简，注重体验

- 98　第一节　筛选功能，形成产品原型
- 107　第二节　厘清逻辑关系，图解产品结构
- 119　第三节　注重用户体验，优化互动设计
- 134　第四节　撰写产品需求文档

第五章

141　产品运营：营建产品与用户的良好关系

- 146　第一节　护航产品成长历程
- 158　第二节　讲好品牌故事
- 171　第三节　与用户建立良好的互动关系

第六章

183　新媒体产品策划人员的素养与能力

- 185　第一节　新媒体产品策划团队的人员构成
- 194　第二节　新媒体产品策划人员的基本素养
- 200　第三节　新媒体产品策划人员的能力要求

206　参考文献

209　后记

第一章　概述

知识目标

1.新媒体产品及新媒体产品策划的概念。
2.新媒体产品的类型与特点。
3.新媒体产品策划的流程及原则。

能力目标

1.了解新媒体产品及其相关概念。
2.理解新媒体产品策划基本流程与要求。

思维导图

```
                          ┌── 产品
         新媒体产品的概念 ─┼── 互联网产品
                          └── 新媒体产品

概述 ──  新媒体产品的类型与特点 ─┬── 新媒体产品的类型
                                 └── 新媒体产品的特点

         新媒体产品策划的原则与流程 ─┬── 新媒体产品策划的原则
                                     └── 新媒体产品策划的流程
```

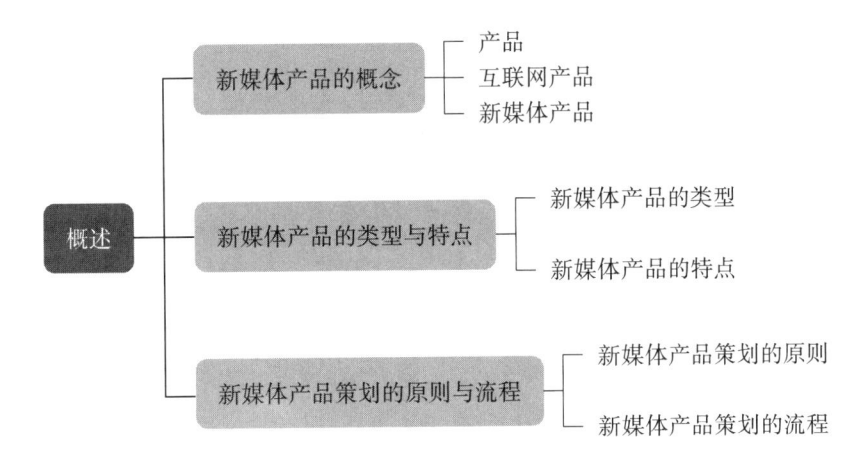

1

@ 案例导入

互联网最早诞生于美国。1969年,美国国防部高级研究计划局(Advanced Research Projects Agency,简称ARPA)组建、推出了阿帕网(Arpanet),当时的阿帕网只有4个节点,主要运用于军事领域。冷战结束后,阿帕网在军事方面的作用越来越小,于是美国政府将该网的非军事秘密部分对外开放,主要供美国一些高等院校、科研机构的研究人员进行科学计算和基本通讯。正是阿帕网,为后来的万维网奠定了基础。

1984年,"惠多网"(FidoNet)在美国诞生,它是全世界第一个以电话线连接实现点对点信件转发的BBS网站。但惠多网不支持在线交流,还算不上真正意义上的互联网。1991年,欧洲粒子物理研究所的科学家蒂姆·伯纳斯·李(Tim Berners-Lee)发明了万维网(World Wide Web),以及极其简单的浏览器,互联网由此走入普通大众的日常生活。1993年,克林顿政府正式开启振兴美国经济的"信息高速公路"建设计划。这股信息高速公路建设的热潮很快波及、蔓延到世界各地,许多国家的内部计算机网络纷纷加入Internet,使得Internet成为全球意义的公共网。

1994年,中国正式接入Internet,国内信息化网络的基础建设也全面展开。从6月开始,"三金工程"(金桥、金关、金卡)、中国教育和科研计算机网(CERNET)、中国公用计算机互联网(CHINANET)等项目相继启动。同时,随着国际专线的开通,这些国内网络也先后实现与Internet的全功能连接,通过网线将中国与其他国家密切联系在一起,中国由此进入互联网的快速发展通道,诸多互联网发展历程中的"第一"纷纷涌现:1994年5月,中国大陆第一个BBS站——曙光BBS站由国家智能计算机研究开发中心开通;1995年1月,中国第一份中文电子杂志《神州学人》经由中国教育和科研计算机网(CERNET)进入Internet;1996年9月,中国第一个城域网"上海热线"正式开通试运行;1997年1月,第一家国家重点新闻宣传网站"人民网"开通;1997年2月,中国最早、最大、"第一个形成了公众品牌效应的网络公司"瀛海威全国大网开通;1998年3月,网易(163.net)开通中国第一个免费中文电子邮件系统,可容纳30万用户。

人群聚集的地方,自然就是极具商机的地方。在中国,1998—1999年期间被称为"一个神秘的时期",因为在这两年间出现了一群中国企业史上"前所未见"的"互联网创业群体","他们组成一条喧嚣而璀璨的星河,隔出了一个新的企业家时代"[①]——1998年,张朝阳领衔的搜狐公司出现;6月,鲍岳桥在北京创办联众游戏,刘强东在中关村创办京

[①] 吴晓波.腾讯传:1998-2016:中国互联网公司进化论[M].杭州:浙江大学出版社,2017.

东公司;10月,周鸿祎创办国风因特软件公司,公司网站取名为3721;11月,腾讯诞生;12月,新浪网成立;成立于1997年的网易公司也在丁磊的领导下在这一年"由一个软件销售公司转型为门户网站";1999年3月,阿里巴巴网站创建;6月,由沈南鹏、梁建章、季琦、范敏四人联合创办的携程网诞生;8月,朱骏在上海推出娱乐社区Gamenow(后更名为第九城市,简称九城);11月,陈天桥创办盛大网络;当年年底,李彦宏从美国回国,创办百度公司……

这些新型企业立足于互联网,通过各种方式、从不同角度对互联网的商业价值不断加以利用、挖掘。凭借互联网企业天生具备的技术基因,大力推进其所提供产品的推陈出新、迭代升级,从最早崛起的门户网站、BBS,到各种论坛、在线聊天室,这些新产品以完全不同于传统的方式与手段给人们带来全新的感受与体验,在极短的时间内便完成了从启蒙到全面普及的任务,成为人们浏览新闻、获取信息的主要渠道,打发闲暇时光、排解空虚寂寞的最佳"场所"。三大门户网站新浪、搜狐、网易,合力支撑起中国的"PC互联网门户时代",天涯社区、猫扑网、西祠胡同都是当时BBS领域里非常成功的典范。1999年2月上线的QQ(当时叫作OICQ)以在线聊天起步、发家,1998年3月上线的联众则主打休闲游戏,这些产品一推出就成为爆款产品,成为"具有划时代意义的产品"[①]。

20世纪90年代,互联网开始融入人类的生活。最初,人们只是把它当作一种全新的媒介,利用它快捷、便利地实现信息的交流与传播。由此诞生了最早的基于互联网的新媒体产品,如门户网站和BBS。随着人们对互联网其他方面的特点与价值的进一步探索与发现,基于互联网诞生的产品形式越来越丰富,如搜索引擎、网络游戏、电子商务,等等。进入21世纪之后,移动互联网的出现与普及和诸多高新技术的研发及运用,更是催生了无数改变甚至颠覆人类生活的新产品。人类由此进入了一个借助一台电脑或一部手机,就能非常方便地获得、享用很多产品,以满足自身各种不同需求的新时代。

---

① 黄有璨、范晓俊.运营简史:一文读懂互联网运营的20年发展与演变[EB/OL].[2016-12-26]https://www.huxiu.com/article/176091.html.

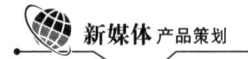

第一节　新媒体产品的概念

新媒体产品,主要是在互联网出现之后才开始流行、普及的一个概念。为了更好地理解这个概念,有必要对与之相关的几个概念做简单的梳理和介绍。

一、产品

人类的生存与发展,离不开各式各样的产品,包括满足衣、食、住、行等需求的物质产品,满足信息、知识、情感、观念的交流和传递等需求的精神产品。自从人类走出蒙昧时代,能够利用自己制造的工具改造自然之后,各种不同类型的产品就层出不穷地走入人们的生活,从农产品、手工制作的小产品,到机器制造、流水线生产的大件产品,再到基于网络平台的虚拟产品,还有为解决人的各种问题而衍生出的服务产品……可以说,对于人类生活而言,产品是如影随形、须臾难离的。

从市场与市场经济的角度,产品亦是不可或缺的重要因素。正是产品,在市场上将生产者和消费者、企业和客户连接在一起,并在产品的生产—交换—消费过程中完成某一特定功能、利益及价值的实现。没有产品,也就没有市场,没有市场经济。

那么,产品到底是什么呢?

对产品的概念及其构成所做的相关研究主要集中在市场营销学领域。现有的诸多研究成果中,获得最普遍认可与推广的则是被称为"现代营销学之父"的美国著名营销学家菲利普·科特勒的总结与界定。在菲利普·科特勒看来,产品指的是人们为留意、获取、使用或消费以满足某种欲望和需求而提供给市场的一切东西,包括有形的物品、服务、人员、地点、组织及观念。而且,每一个被市场接纳、受用户欢迎的产品,都具备三个基本的层次:核心产品、形式产品和附加产品。

核心产品:是产品最基本、最内核的部分,直接指向或呼应消费者最本质的需求,即产品具有的核心功能,以及这个功能能为消费者带来何种便利,解决什么问题,是消费者真正需要、想买的东西。

形式产品:是核心产品的外在呈现形式,如形状、式样、包装、质地、名称与商标,等等,又称为有形产品。

附加产品:是消费者在购买、使用产品的过程中获得的附加服务和利益,如免费送货上门、安装调试、售后维修以及信贷服务等,又称为扩大产品、延伸产品。

后来,在产品三层次的基础上,菲利普·科特勒又将之拓展为五个层次:核心产品、形式产品、期望产品、附加产品和潜在产品。所谓期望产品,指的是消费者在购买产品时特别渴望获得的东西。潜在产品则是从发展的角度着眼,指产品未来演变、更新的趋势与方向。

两相比较,产品三层次理论较为单纯地从产品生产者的角度和立场出发,探讨如何运作才能研发生产出既有用又有市场而且还充满竞争力的产品。五层次理论则在此基础上增加了两个层次,"期望产品"重点关注并强调消费者、使用者对产品的希望与期待,摆脱了以生产者为主导的单一视角与立场的局限和束缚;"潜在产品"则是在立足于产品现实、现状的同时,更以长远的目光,把握趋势,聚焦未来,视野更加宽广,而且兼顾了买卖双方的状况、需求和利益,更有利于达成双赢,并促进企业及行业的良性循环、有序发展。

进入互联网时代之后,"产品经理"的角色和职位日显关键与重要,由此视角切入,出现了很多关于"产品"的理解和定义:

在腾讯高级产品经理、腾讯学院讲师刘涵宇看来,"产品是指可以满足某种用户需求,由人类加工生产,可供给市场用于交换的任何东西"。[1]

《人人都是产品经理》的作者苏杰则认为"产品就是用来解决某个问题的东西"。[2]

百度前产品副总裁、首席产品构架师俞军对产品的理解有些独到:"产品是一些人加工过的与用户可交易的物品和服务。"[3]产品是一种价值交换的媒介,企业用产品与用户交换价值。

美国产品咨询师、精益产品专家丹·奥尔森给产品下的定义也很简单:"产品是指一种具体的供给,用以满足顾客的一组需求。"[4]

---

[1] 刘涵宇.解构产品经理:互联网产品策划入门宝典[M].北京:电子工业出版社,2018.
[2] 苏杰.人人都是产品经理:入行版.互联网产品经理的第一本书[M].北京:电子工业出版社,2021.
[3] 俞军等.俞军产品方法论[M].北京:中信出版社,2020.
[4] 丹·奥尔森.如何开发一个好产品:精益产品开发实战手册[M].张瀚文,译.北京:中国人民大学出版社,2017.

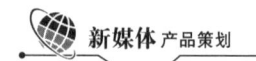

从上述说法中,我们可以提取出以下关键性的要素:

首先,产品是由人类研发、设计、生产的;其次,某个产品之所以被生产出来,是因为它能解决某些人的问题,满足某些人的需求;最后,产品在生产者和消费者之间充当着"媒介"角色,将双方连接在一起并完成价值的交换。

由此,我们可以说,产品就是人类生产的、能够满足消费者(用户)某种需求的东西。这个东西可以是看得见、摸得着的有形的物体,也可以是无形的服务、抽象又主观的体验。即只要能够为消费者(用户)提供某些便利、完成某个任务、解决某一问题,不管它是什么样的东西,都可称之为产品。

二、互联网产品

互联网产品,顾名思义,是基于互联网而诞生的一种新的产品形式。也就是说,互联网产品是由传统的产品概念衍生而来,但又必须借助、依赖互联网,并体现、发挥互联网的特质。

互联网是互联网产品诞生的基础和必备条件。那么,究竟什么是互联网产品呢?

有人从非常宽泛的视角来看待互联网产品,认为它指的是,所有通过互联网进行生产、销售和流通的产品,既包括传统行业生产,通过互联网进行销售和流通的各种产品,如通过电商平台销售的生活用品等;也包括既在互联网上生产又在互联网上销售和流通的产品,如软件、服务、虚拟货币等。[1]即只要在生产、销售和流通的任何一个节点与互联网发生关联与交集的产品,都可以被划归到互联网产品的范畴。这样的概念界定,基本上将互联网对产品的本质影响,以及互联网产品与传统产品之间的差异降低到最低限度,或者说完全忽略甚至是无视,根本无法凸显互联网产品的特质;于是,更多的时候,更多的人倾向于从狭义的角度来理解互联网产品——只有真正秉承着互联网的精神与思维,真正在互联网上完成生产、销售和流通、使用的产品,才能称其为互联网产品。这样,大量依据传统的思路和途径生产出来的传统产品就被剔除在外,进而使得互联网产品的内涵与外延更加清晰、明确。

互联网产品随着互联网的出现、普及而诞生,自然也会随着互联网以及相关技术和设施的发展而发展。

---

[1]龙思思.新媒体产品设计与项目管理[M].北京:中国人民大学出版社,2021.

互联网出现的初期,人们只是将它看成是一种新的传播媒介,因此,最早出现的互联网产品是用于传播信息的媒体产品——门户网站,如雅虎、新浪、搜狐、网易都是第一批著名的门户网站,其功能与作用与传统的媒体产品大同小异,只不过从线下搬到了互联网上(线上)而已。

慢慢地,互联网的多重属性与用途不断被人们发现,互联网产品也随之向更多的领域突破、进军。搜索引擎、网上商城、在线游戏、线上课程、网络支付、网络金融、外卖点餐……只要市场上有需求,互联网上就会出现满足这些需求的产品,而且比相应的传统产品更方便、快捷、经济,甚至很多时候还可免费使用,由此给诸多传统企业的传统产品带来极大挑战,一时之间,"+互联网"和"互联网+"在各行各业全面渗透、蔓延,这又反过来极大地刺激、促进了互联网产品的兴盛。如今,人们只要手握一部网络信号畅通的智能手机,日常生活的方方面面,无论是物质需求还是精神需求,都可以足不出户地通过一系列互联网产品以及连带的支撑服务予以解决、得到满足。

三、新媒体产品

如上所述,在互联网出现之后相当长的一段时期内,人们都是把它当作一种有别于传统媒体如报纸、杂志、广播和电视的新媒体——网络媒体。因此,很多主要用于交流、沟通、传播信息的互联网产品也可以称之为新媒体产品,但随着时代和相关技术的不断发展,新媒体的类型与形式更加丰富、复杂,新媒体这个概念所覆盖、包含的范围和内涵也更宽广、多元。中国人民大学新闻学院教授彭兰在《"新媒体"概念界定的三条线索》一文中,对新媒体及相关概念的演变、新媒体的主要特征以及使用的情境进行了全面的梳理与总结,在此基础上将新媒体界定为[①]:

"新媒体"主要指基于数字技术、网络技术及其他现代信息技术或通信技术的,具有互动性、融合性的媒介形态和平台。在现阶段,新媒体主要包括网络媒体、手机媒体及其两者融合形成的移动互联网,以及其他具有互动性的数字媒体形式。

既然网络媒体、手机媒体、移动互联网,以及其他具有互动属性的数字媒体都是新媒体,那么,是否可以说,在这些新媒体平台上生产、销售、流通及使用的所有产品都是新媒体产品呢?是否能在新媒体产品和互联网产品之间画上一个等号呢?

[①] 彭兰."新媒体"概念界定的三条线索[J].新闻传播与研究:2016(3).

答案应该是否定的。迄今为止,诞生于互联网、移动互联网,出现在电脑、手机上为人们提供服务的产品数不胜数,它们来自各行各业,针对、满足的是用户各种各样的需求;而"媒介""媒体"承担、完成的主要任务其实一直聚焦于信息的交流与传播,媒体产品理应是围绕着信息传播活动,以及信息传播各方主体传播或接受信息之所需而推出的,那些与信息传播活动无关的其他互联网产品、数字化产品,均不属于新媒体产品的范畴。

传统媒体时代,无论是在新闻传播学的研究语境里,还是在各媒体机构的日常运作中,使用频率最高的术语是"作品""新闻作品",很少出现"产品"一词。有研究者认为,"产品"一词和媒体发生直接关联,是受互联网公司产品思维影响的结果,传统的"新闻作品"越来越多地被"内容产品"取代。[1]在此背景下,"媒体产品""新媒体产品"也逐渐成为一个高频词汇。

对于媒体机构特别是传统媒体机构而言,其所生产的产品主要是"内容产品",也就是各种用以承载内容、传播信息的作品,包括文字报道、图片、音频与视频作品,再加上承载、传递这些作品的介质、渠道与终端。但在进入新媒体时代之后,媒体产品绝不仅仅只有内容产品和终端产品。新华报业传媒集团的任志强将"媒体产品"界定为:"某一相对独立的传播载体及其包含的旨在满足用户需求的各种内容、形式和功能的集纳体。从这个意义上说,无论一张报纸、一份刊物,还是一家新闻网站、一个手机新闻客户端,都是媒体产品。"[2]

媒体产品是一个"集纳体",它包含、集纳了多种不同层次和不同类型的产品形式,既可以是人们都非常熟悉的内容产品,又可以是承载、传播这些内容的载体、渠道与平台,如一张报纸、一份杂志、一家网站、一个APP本身,还应该包括这些载体、渠道及平台为了吸引用户更好地参与到信息传播活动中来,或为了媒体机构更有效益地运营而推出的各种工具……

由此,本书所要分析、讨论的新媒体产品,主要指的是在诸多新媒体平台上生产、获取、使用,并以信息的交流、沟通、传播及转化为目的的数字化产品,具体包括各种程序、应用、软件以及相关服务,其构成非常丰富、多元。为了行文的简洁、方便,在本书之后的章节中,将新媒体产品简化为产品。

---

[1] 任志强."媒体产品"的概念辨析及实践意义[J].城市党报研究:2021(3):90-92+95.
[2] 任志强."媒体产品"的概念辨析及实践意义[J].城市党报研究:2021(3):90-92+95.

第二节 新媒体产品的类型与特点

与传统产品、传统媒体产品相比,新媒体产品在很多方面都呈现出鲜明的个性特色。

一、新媒体产品的类型

几乎所有的产品,都是为满足人的需求而诞生的;而人的需求,又是丰富、复杂、多变的。因此,不同产品在功能、用途、生产原料及流程等方面都各不相同,人们为了研究、使用的便利也就自然而言地对数不胜数的产品按照一定的标准进行区分,将之分门别类地划归到不同的范畴和类别,不管是传统产品、互联网产品,还是新媒体产品,都莫不如此。特别是互联网产品普及之后,因其与传统产品在很多方面都不可同日而语,传统的划分产品类型的依据已不再适用,一些新的分类方式便开始出现。

包括新媒体产品在内的所有互联网产品,无论是生产、销售还是使用,都是基于互联网、移动互联网、物联网等平台,很多时候都不是以实实在在的物质形式呈现在人们面前的,其分类的标准和依据普遍聚焦于以下几点。

其一,依据服务对象的不同,互联网产品常被分为:2B和2C,即面向客户的产品与面向用户的产品两类;

其二,依据使用终端的不同,互联网产品常被分为:移动端产品、PC端产品、其他智能设备端产品三类;

其三,依据用户需求的不同,互联网产品常被分为:交易类产品、社交类产品、内容类产品、工具类产品、游戏类产品等;

其四,依据市场目标的不同,互联网产品常被分为:免费产品、盈利产品、辅助产品(带来少量流量与收入)三类。

具体到新媒体产品,也有很多不同的分类方式。

龙思思在《新媒体产品设计与项目管理》一书中对新媒体产品的分类作了较为全面

介绍,认为新媒体产品可以从四个角度出发进行分类[1]:

第一,按产品终端划分,有PC端产品、移动端产品、WEB端产品;

第二,按产品功能划分,有新闻资讯类产品、工具类产品、电子商务类产品、社交服务类产品、休闲娱乐类产品;

第三,按独立程度划分,有平台产品、入驻产品、独立产品;

第四,按商业模式划分,有B2B型产品、B2C型产品、C2C型产品、C2B型产品。

还有人认为新媒体产品主要有三大类:内容产品、服务产品、关系产品。内容产品即用户在新媒体上接触到的各种文本,也就是传统媒体时代所说的"作品"。它可以是纯文本或图文结合形式,可以是纯音频作品,还可以是长、短视频。服务产品,指的是为用户日常生活的方方面面提供便利的产品,如电子商务、电子政务、美颜相机等。服务产品往往是新媒体机构赢利的主要手段与工具。关系产品则主要发挥导流的作用,如滴滴打车、在线支付、抢红包等就是典型的关系产品,能有效地拉近与用户的距离、增强用户粘度。

易钟林、姚君喜则依据美国学者赖特的媒体"四功能说"——环境监视、解释与规定、社会化功能和提供娱乐,将新媒体产品分为四大类别[2]:

内容信息产品:包括各种新闻客户端和渠道端,如电子杂志、鲜果网等。

电子商务产品:如淘宝网、大众点评、汽车之家、饿了么等。

社交服务产品:即时通讯、微博、微信、知乎、豆瓣等基于UGC的信息和互动。

休闲娱乐产品:游戏、视频网站。

在为龙思思的教材《新媒体产品设计与项目管理》所写的推荐序中,彭兰从新媒体机构整体运营的视角切入,将新媒体产品分为内容产品、社交产品和经营产品三大类:

新媒体的产品,既包括内容产品,也包括社交产品与经营产品。从内容产品角度看,要能够根据不同用户的特点,针对性地选择媒介载体和内容形式,实现信息的有效传递,并能对市场环境与反馈进行有效的分析。从社交产品角度看,要能通过产品的开发与运营吸纳用户能量,维系与用户的关系,实现媒体品牌的增值。从经营产品角度看,要开发出不同于传统媒体的经营模式与营利空间。

在更早些时候的另一篇文章中,彭兰对新媒体产品的类型还有另一种总结[3]:

---

[1] 龙思思.新媒体产品设计与项目管理[M].北京:中国人民大学出版社,2021.
[2] 易钟林,姚君喜.新媒体产品创新的特征与过程[J].现代传播:2016(3):129-132.
[3] 彭兰.正在消失的传媒业边界[J].新闻与写作:2016(2):25-28.

新媒体是由四大类产品共同支撑的：接入产品(如接入终端、接入服务等)、内容产品、关系产品(如社交应用和平台等)、服务产品。其中，接入产品无疑是基石。关系产品为内容产品和服务产品聚集规模化用户，并提供了内容产品和服务产品的黏性。内容产品满足人们对环境认知的需求，同时也成为社交的润滑剂。服务产品则是盈利的主要体现，它同时也可以为内容产品与关系产品积累用户规模与用户数据。对于新媒体经营来说，理想的状态是同时拥有这4种产品，并使4者形成相互融通、相互支撑的关系。

综合以上各种产品分类的方式，我们从保障信息传播活动能够有效进行，以及新媒体机构和相关互联网平台能够良性运营的角度切入，可以发现，作为"集纳体"的新媒体产品应是一个良性的生态系统。在这个系统内，多种不同类型的产品——平台类产品、内容类产品和工具类产品——既有各自不同的分工及特色，同时又彼此融合互补，由此形成环环相扣、循环往复的"闭环"，并最终保证参与其中的所有主体都能获得各自追求的价值。

平台类产品，与彭兰所说的"接入产品"指向一致，是新媒体产品链的基石。依据徐晋在《平台经济学——平台竞争的理论与实践》中的解释，所谓平台，实质上是一种交易空间或场所。在一个个交易空间或场所里，汇集着多方客户，他们按照各自不同的需求发出交易行为，最终实现共赢的目标。

互联网本身就是一个虚拟的大平台，经过近多年的发展，如今的互联网早已成为一个"内容平台+社交平台+工作生活平台"的综合性平台[①]，人们各方面的需求都可以在这个综合性平台上得到满足。对于新媒体机构及相关互联网公司的运作而言，必须在互联网上通过推出自己的平台类产品，搭建起属于自己的交易空间及场所，拥有自己的"地盘"，并采用有效方式将参与交易行为的各方客户引入其中，特别是将"流量"引进、汇聚到自己的平台，才能为工具类产品、内容类产品奠定坚实的用户基础，进而通过流量的转化实现市场效益的最大化。换句话说，没有好的平台类产品，就不可能吸引、积蓄流量；没有流量，也就没有需求，更不可能有流量的转化与变现；没有需求，无论推出什么产品都不可能畅销……最终，盈利、价值实现就是一句空话，一种奢望。另外，平台类产品吸引、汇集的客(用)户类型往往是多方、多元的：需求方、供给方、提供各种配套服务的第三方……这些不同类型的主体汇聚在同一个平台上，都能够找到自己的位置，

[①] 彭兰.网站经营：从"内容为王"到"关系为王"[J].网络信息，2010，(5)：12-15.

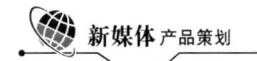

并交织产生各种不同的关系,最后实现各自追求的利益与价值。

内容类产品,一直以来都是媒体机构的主打产品、主导产品,指的是呈现在各种媒介上,用以传播信息的各类文本、作品。内容产品是衡量媒体人、媒体机构专业精神与专业能力的标尺,也是人们最熟悉的一种新媒体产品形式。

在我国各传媒机构的改革与发展过程中,互联网世界流行的产品思维、产品概念被引入其中,慢慢地,传统的"新闻作品"概念被"内容产品"取代,像做产品一样做内容的意识开始普及。曾在传统纸媒从业多年又亲身参与了新媒体产品19楼的创业的陈文武、汪震宇结合他们的实际经历和体验,认为这种替代与转换其实是有连续性与合理性的。在他们看来,从比较宽泛的视角出发,"传统媒体的优秀报人、经营者,本质上就在干着今天互联网公司产品经理们干的活儿",[①]做媒体机构的记者编辑和做互联网产品经理,在以下三个方面是具有相通之处的:都需要琢磨目标用户是谁,都需要琢磨稿子(或产品)怎样才能贴近用户,都需要琢磨用户体验的持续优化。学者彭兰则更进一步将著名市场营销学学者菲利普·科特勒的产品五层次理论引入对内容产品的分析之中,强调"对于内容产品来说,竞争往往是在核心利益之外的层次展开。充分认识内容产品的不同层次,将各个层次的价值充分释放并挖掘出来。是内容转化成产品的一个重要途径"。由此,她总结了构成内容产品核心价值的7大要素:技术基础、个性价值、性能表现、价格策略、用户黏性、文化基因和盈利模式。[②]

在如今的新媒体行业,必须本着产品思维系统化地运作内容已成为普遍共识,从内容的生产,到内容的输出,再到内容的转化,每一个环节、每一个步骤都要以用户为中心进行科学策划,做到目标明确、定位精准、针对性强,以优质的内容吸引用户,并通过用户的后续行为实现产品价值和商业价值。

同时,随着时代的发展,内容产品在生产主体、生产方式、表现形式、盈利模式等方面也都发生了巨大的变革。生产主体在职业生产者或专业生产者的基础上,拓展到了每一位喜欢并愿意表达的人,现在又有了人工智能的加入;既有专业媒体、平台将多种媒体整合在一起的团队大制作,又有专注于某个垂直领域的个人小制作;既可以图文并茂,也可以是随手拍摄的风格各异的小视频;广告插入、品牌代言、直播带货、粉丝营销等多种盈利方式,亦可保证优质内容创作者的每一份付出都有认可与回报……由此,一

[①] 陈文武,汪震宇.19楼产品经理的"心经"[J].中国记者:2014(11):59-60.
[②] 彭兰."内容"转型为"产品"的三条线索[J].编辑之友:2015(4):5-10.

个良好的"百花齐放、百家争鸣"、优质内容一定会有丰厚回报的内容生态得以初步建成。

工具类产品,它的覆盖范围、包容面非常宽泛,指的是能满足人们方方面面的需求,解决人们各种各样的问题,能使人更加便利从事各种工作、发出各种行为的产品,包括上面所列举的服务产品、关系产品、经营产品、休闲娱乐产品等。如社交产品、出行产品、美颜产品、游戏产品、电商产品、音乐产品……工具类产品最大的特点就是直接针对某个问题提供简便的解决方案,让人有问题就用产品,用完即走。也正是因为工具类产品能帮人解决各种问题,为人们提供各种服务,它往往成为各平台吸引流量、激活用户、提高用户黏性的重要因素。

新媒体产品可以分为多种不同的类型,但特别需要提醒与强调的是,互联网世界是"平"的,"去中心化"是互联网最大的特色之一,这就直接导致在互联网上,许多先前泾渭分明的界线日趋模糊,甚至逐渐消失,"你中有我、我中有你"成为普遍现象。对于新媒体产品来说,虽然每一类产品都有自身的侧重点和特点,但在不同类型的产品之间,其实并没有绝对的分界线。反而是更普遍地呈现出相互渗透、彼此融合的局面,或是从某种特定的产品类型起步,再根据用户的规模与多元的需求,将产品功能和属性不断向外拓展、扩充,为用户提供更多的服务和便利。比如微信,2011年1月上市的1.0版本只是一个功能单一的移动即时通讯软件,即单纯的社交工具;到了2013年,经过数次更新升级后的微信5.0版本已成为聚集了众多产品的开放平台,逐步建构起涵盖社交、金融支付、应用开发、智慧商务、智慧政务等在内的生态体系。

二、新媒体产品的特点

与传统媒体相比,新媒体在很多方面有了质的改变和飞跃,自然而然地,新媒体产品也就拥有与传统媒体产品迥异的特质。

(一)数字化

与传统产品相比,新媒体产品和互联网产品最直接、鲜明的外在特色就是其数字化的呈现形态。大多数传统产品都是以实实在在的物质形式展现在人们面前,看得见、摸得着;而新媒体产品则是由看不见、摸不着的代码构成的程序、应用、软件与终端,都是带有"虚拟"性质的数字化产品。虚拟的数字化产品既能节约资源,不耗费生产资料,在使用过程中又能反复复制,做到消费无损耗。甚至还可以"小步快跑"的形式及时发现问题、更新产品,实现产品的快速迭代与"再生"。

(二)交互性

传统媒体产品的策划、生产、销售、流通和传播,均是在传播者的强力主导下运行完成的,而产品的消费者、使用者则长期处于被动接受的地位,既没有自主选择的自由,也没有条件、途径和机会表达感受、反馈意见,更不可能直接参与到产品的研发、生产、流通等系列活动中去。新媒体产品最大的突破与飞跃则是在传统的"单线循环"的基础上全面实现了"双向互动"。所谓"单线循环",指的是产品的生产方与使用者之间,几乎所有的流程和要素,仅由一方,也就是生产方主导、掌控,单线条地向前推进;而"双向互动"则是将"用户至上"的理念落到实处,充分尊重用户的权利,有效激活用户的积极性。一方面,生产方要积极、主动、全面地了解用户的真正问题和实际需求,为之量身定制相关的产品,全程密切关注用户的感受、体验和反馈,随时依据来自市场和用户的数据调整、改进、完善产品。另一方面,用户也从先前完全被动接受的角色中走出来,被赋予了很多权限,如他们可以自主地选择使用或不使用某个产品;可以在消费、使用产品的过程中随时随地便利快捷地表达自己的感受,做出自己的评判,而且其感受和评判能直达生产方,并对其他用户的行为产生直接影响;若有兴趣,他们甚至还可以转化角色,变身为生产者,参与或主导产品的生产……时至今日,"双向互动"已成为所有新媒体产品的标配,任何不具互动性的产品,都不能称之为真正的新媒体产品。

(三)生态化

关于新媒体及新媒体产品,人们有很多通俗、简要的描述,如:"原来的媒体是给人看的,现在的媒体不仅是要给人看,还要给人用"。[①]"新媒体产品的核心理念不在于信息告知,而在于用户需求的满足。"[②]一方面,从用户的角度出发,用户对新媒体产品的需求具有明显的多样性,他们希望新媒体产品不仅仅能为其带来信息与知识,而且还期望用它们便利、快捷地解决日常生活中各个方面的各种问题;另一方面,对于新媒体机构

[①] 居新宇.新媒体下做内容还是做产品[J].中国纺织,2017(2):118—119.
[②] 黄楚新,王丹.新媒体产品的研发思路与规律[J].新闻与写作,2015(3):21—24.

及公司来说,在其平台上聚集了多种不同类型的用户,这些用户的各种不同的产品需求,它都应千方百计、分门别类地予以满足。而且由于大量新媒体产品都是免费提供给用户使用的,因此这些机构和公司还有非常迫切的创收、盈利的目标和任务,必须广开财源,通过开发并生产多种不同类型、不同层次且市场前景好的产品,以获取丰厚的市场效益与资金回报,为其日常运作提供有力的经济支持,并实现可持续发展。综合考虑以上两方面的因素,新媒体产品无论是其产品类型,还是产品形态,都会一步步朝着多元化、系列化、生态化的方向发展,最终形成一个由多种不同类型、不同层次的产品组成的新媒体产品生态链,切实、有效地为每一位用户提供"一站式""全方位"的服务。

第三节 新媒体产品策划的原则与流程

包括新媒体产品在内的所有的产品,都不可能是某个人一拍脑门、凭空想象出来的,也很难在很短的时间内一蹴而就。可以说,每一个新产品的诞生,都是一个浩大的系统工程,首先,它需要很多人参与、付出和投入,同时这些参与者还要在各有分工的基础上齐心协力、团结作战;其次,它得从零起步,一步一个脚印踏踏实实地往前走,只有在历经多个阶段、解决多个难题、完成多项任务之后,好的产品才能"破土而出"。

一个浩大的系统工程要得以顺利并有序地展开、推进,首先必须未雨绸缪,着眼于全局,进行全流程的科学策划。所谓策划,按照中国自古以来流行的俗语,就是为了最终能够"决胜千里"而预先进行的"运筹帷幄",即在一场战争(也可指一项活动)打响(启动)之前,要做好周密的调研、筹措、协调与安排,只有这样,才能保证战斗与活动有条不紊地向前推进。美国哈佛企业管理丛书编撰委员会的解释更加专业,他们认为策划是一种程序。在本质上是一种运用脑力的理性行为。基本上所有的策划都是关于未来的事物,也就是说,策划是针对未来要发生的事情做当前的决策。

新媒体产品策划,即在充分的市场与环境调研的基础上,对某一新媒体产品的市场目标、开发、生产及运营的整体战略与具体策略进行全面、系统的筹措和安排。

一、新媒体产品策划的原则

要想策划出用户喜欢的新媒体产品,必须遵循以下原则:

(一)用户至上原则

在网络世界"产品至上"的时代早已结束,"用户至上"的理念得以全面落实。互联网的出现,给人类社会带来很多根本性的转变,颠覆了很多先前人们习以为常、奉为圭臬的思维方式与行为方式,以及恪守多年的观念、规则与规范。在信息传播与市场营销领域,最大、最根本的改变就是主导信息传播和市场营销活动的主要因素由传播者转移到接受者,由广告主、品牌主转移到消费者与用户,曾经处于被动地位的消费者和用户成为真正决定信息传播和市场营销活动成败的决定性因素,一时之间,"用户思维""用户立场""用户至上"的说法和理念得以广泛普及并流行。在产品策划领域,无论是一般的互联网产品,还是新媒体产品;无论是在最初的产品立项和研发阶段,还是产品成型后的测试和推广时期,以及后续的产品更新与迭代升级,用户的需求、体验、感受与评价都发挥着最重要、最关键的决定性作用。如果说,传统时代一个产品的诞生主要是生产方基于对自身方方面面因素的考量,进而"以我为主"地进行研判、决策的话,那么,如今的互联网产品、新媒体产品必须更多地从用户的立场和角度入手,去寻找产品研发的方向和落点,并将"用户至上"的理念贯穿始终。

2016年1月11日,张小龙出现在2016微信公开课PRO版现场,首次公开演讲,讲述了微信的四个价值观[1]:

一切以用户价值为依归。

让创造发挥价值。

好的产品,是用完即走的。

让商业存在无形中。

位居首位的价值观就是"一切以用户价值为依归",而且这句话被张小龙在很多场合反复提及,最后成为微信甚至腾讯一直倡导、推崇的理念。在张小龙看来,正是这句很简单的话,让一个好的产品和一个坏的产品拉开了差距。很多人都明白用户很重要,但在产品策划中真正把用户价值放到第一位的却很少。很多人只是把这句话作为口头禅挂在嘴边,而没有真正落实到实际工作中去。

---

[1] 李建征.张小龙首次公开演讲,谈微信四大价值观[EB/OL].[2016-1-19].https://www.sohu.com/a/55345754_105821.

张小龙认为,在产品策划过程中,"一切以用户价值为依归"最直接的体现就是"只做对用户有益的事"。凡是用户需要的,能给用户带来好处的,就一定要想方设法地予以满足;凡是用户不感兴趣的,或是可能给他们带来不便和烦恼的,即使产品人自己觉得非常好,都要果断舍弃。因为"只有用户追求的价值通过产品实现了,产品的价值才能真正体现出来"。

(二)至简原则

所谓至简,就是将简单做到极致,或是一直坚持简单。2021年1月19日,在纪念微信诞生10周年的微信公开课《微信十年的思考》中,张小龙用两个关键词"连接"和"简单"高度概括地描述微信:微信就是一个中介,从连接人与人开始,走向连接人与内容、连接人与服务;简单的产品才好用,十年来,微信加了很多功能。但庆幸的是,现在的微信,还几乎和十年前一样简单。虽然比十年前多了非常多功能,但这些功能,都已经以最简单的方式呈现。产品应该有自己的灵魂、审美、创意和观念,而不是数字的奴隶。在张小龙看来,极简主义是互联网最好的审美观,简单这个关键词及其与之相近的说法,经常、反复出现在他的各种谈话和演讲中。比如,产品应该"隐藏技术,永远展示最简单的、人性化的、符合人类直觉的界面。开发不可以为了炫技而展示功能,产品不可以为了炫耀而功能堆砌"。还有上面的"好的产品,是用完即走的",小程序就是一个典型代表,不需要下载、安装应用软件,用户直接扫一扫或搜一下即可使用,既免去了用户下载安装的麻烦与担心,同时又做到了无处不在、随时可用,非常简单、简洁。

要使产品使用起来很简单,产品策划者必须摆正自己的位置,不能本着"炫技""炫耀"的目的盲目追求高大上,而应像行业内人士普遍认可的那样,像"小白"一样去思考如何做产品。这里的"小白",与专家相对,指的是绝大多数对产品及其相关专业知识知之甚少的普通用户。在做产品策划时,产品人应将自己从一个专业人士转换为普通用户,以"小白"模式、"白痴"模式进入工作状态。这一说法最早出自张小龙,周鸿祎对之做了更深入的解读:产品人与行业专家经常会形成惯性思维,陷入"知识的诅咒"——当自己头脑中拥有很多专业知识时,很容易被这些知识拖累,认为其他人也和自己一样具备同样的知识积累和职业素养。周鸿祎认为,如果像专家一样去思考如何做产品将是一件非常可怕的事情,那样只会做出一些"常人难以理解的产品",于是他提出了一句口

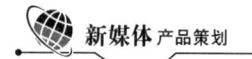

号作为自己的座右铭:"像白痴一样去思考,像专家一样去行动。"①

(三)向善原则

向善,与作恶相对。人类的一切发明、创造,都是为了使人们摆脱贫困、愚昧、灾难,生活得更好、更文明、更健康,进而推动整个人类社会不断向前发展。在新媒体产品策划活动中强调向善原则,就是要将"一切以用户价值为依归"真正落到实处,保证推出的产品真的能够为用户排忧解难,使其在生活、工作各个方面都拥有积极、阳光、正面的状态,不至于将自己的时间和精力过多地消耗在一些无意义的甚至是有害的行为上。

在2019年5月6日召开的第二届数字中国建设峰会上,马化腾谈及腾讯公司的未来愿景与使命时,提出了"科技向善"的主张和理念。他强调,人类应该善用科技,避免滥用,杜绝恶用。科技应该努力去解决自身发展带来的社会问题,只有这样,科技才能真正造福于人类。之后,"科技向善"一语在行业内被人频繁提及。2020年1月,在腾讯研究院主办的第三届"科技向善"年度论坛上,腾讯主要创始人之一、原CTO张志东进一步提出:科技向善可以看作是一种产品能力,是一种产品机会,是所有科技类企业和组织都可以思考和实践的。

有人曾将互联网行业内创业的核心本质概括为两个:Kill time(打发、消磨时间)与Save time(提高效率、节约时间),也有人将之看作是使用产品的用户的两大需求。这两种说法落实到每一个产品身上,其指向其实是共同的:要针对用户的需求做出积极的、正面的呼应和满足。具体来说就是:为抱有Kill time需求的用户提供的产品,就应该让他们在闲暇时间通过使用产品收获轻松、愉悦和快乐;对那些希望Save time的用户,则需注重产品的使用效率,使之能够快速、有效地解决问题、完成任务。绝不能为了追求某些商业利益而有意地背道而驰:本来应简单、快速解决问题的产品,却设计得异常复杂,使用起来很烦琐、麻烦,白白浪费掉用户的宝贵时间;一些打发闲暇时间的产品,如娱乐、游戏,一味诱导、助长用户无节制地把大量的时间耗费在产品上,甚至沉湎其中、难以自拔。这样做的结果不仅会给用户个人带来时间、精力的损失和身体及精神上的伤害,还会导致一些社会问题的产生与蔓延。

张小龙在阐述微信价值观时反复强调:好产品的标志不是黏住用户,而是更高效率帮助用户完成任务。也就是说,站在用户的角度考虑,好产品应该是用完即走的:在用

---

① 周鸿祎.极致产品[M].北京:中信出版社,2018.

户需要的时候,产品能切实发挥作用,方便快捷地帮助他完成任务;一旦任务完成,则应尽量让用户离开产品,去做他应该做的其他事情,而不是对产品形成依赖,甚至上瘾到离不开产品。这正是向善原则的具体体现。

从更为长远的目标来看,向善原则不仅是保护用户的切身利益、保证用户的价值得以实现的基础,同时也是企业利益、产品的商业价值能够如愿达成的前提与保障。只有当用户利益、用户价值都真正落实之后,企业利益、产品价值才有实现的可能。正如张小龙所说,一个好产品,它的商业化和商业价值,与用户价值、用户体验其实是并行不悖的,"好的商业化应该是不骚扰用户,并且是只触达它需要触达的那一部分用户。"可以说,从用户利益出发,不骚扰用户是向善原则的底线,在此基础上,还应想用户之所想、急用户之所急,为之提供各种便利,提高工作效率,丰富业余生活,同时又不给用户增添过多负担,更不能将之引入误区、歧途。只有在这个层次上,用户与企业才能最终达成双赢。

(四)小步快跑原则

互联网产品、新媒体产品普遍采用的是敏捷开发的方式,敏捷开发的精髓与原则便是"小步快跑、快速迭代"。2012年,马化腾结合互联网公司特征,对华为老总任正非的"灰度"概念进行了更加具体的阐发,进而提出了"灰度法则的七个维度"——需求度、速度、灵活度、冗余度、开放协作度、进化度、创新度。在具体论证"速度"时,他如是说[①]:

快速实现单点突破,角度、锐度尤其是速度,是产品在生态中存在和发展的根本。

我们经常会看到这样几种现象:有些人一上来就把摊子铺得很大,恨不得面面俱到地布好局;有些人习惯于追求完美,总要把产品反复打磨到自认为尽善尽美才推出来;有些人心里很清楚创新的重要性,但又担心失败,或者造成资源的浪费。

这些做法在实践中经常没有太好的结果,因为市场从来不是一个耐心的等待者。在市场竞争中,一个好的产品往往是从不完美开始的。同时,千万不要认为,先进入市场就可以高枕无忧。我相信,在互联网时代,谁也不比谁少5秒钟。你的对手会很快醒过来,很快赶上来。他们甚至会比你做得更好,你的安全边界随时有可能被他们突破。

我的建议就是"小步快跑、快速迭代"。也许每一次产品的更新都不是完美的,但是如果坚持每天发现、修正一两个小问题,不到一年基本就把作品打磨出来了,自己也就

[①] 吴晓波.腾讯传:1998—2016:中国互联网公司进化论[M].杭州:浙江大学出版社,2017.

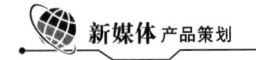

很有产品感觉了。所以,这里讲创新的灰度,首先就是要为了实现单点突破允许不完美,但要快速向完美逼近。

马化腾的这段话,全面而又简要地阐释了互联网产品开发为什么要"小步快跑、快速迭代"的原因及其结果。允许不完美,同时又要快速逼近完美,一语道出了其中的真谛。

二、新媒体产品策划的流程

如上所说,每一件新产品的研发、生产过程都是一个浩大的系统工程,绝非一人之力、一日之功所能支撑完成。如何才能既顺利又便捷地策划并推出一个受用户欢迎的新产品,自然就成为很多人关注、研究的重点。进入互联网时代之后,人们对于这个问题的探索已找到三种答案。

(一)瀑布式开发

是互联网早期从传统产品生产领域沿用而来的一种方法,相对比较老套、陈旧。其大致流程是:当公司从整体市场目标与战略的角度确定开发某一产品之后,产品开发团队便以连续的方式相继展开并完成系列活动,主要包括:产品定义、设计、编码和测试,只有在完成前一个阶段的任务之后,才能开启下一个阶段的工作。当这一系列活动都完成、结束后,产品才会被交付给典型终端用户进行测试,测试中发现的各种问题,只有最严重的才会被重视并予以解决,因为每次变更都会增加将新错误引入系统并延迟产品交付的风险。在产品开发的早期阶段,如产品定义和设计阶段,这种变更带来的风险和成本相对较低,一旦开发完成,变更的成本就会越来越高,特别是进入测试和生产阶段后会成倍地增加。[1]由此使开发产品的企业与机构陷入被动。

(二)敏捷开发

与线性推进、环环相扣的瀑布式开发方式不同,敏捷开发是将一个产品开发项目分解为一个个既相互联系又相对独立的小项目,各个小项目分别推进,完成测试,并对测试中发现的问题及时、反复进行改进,最后在小步快跑、频繁迭代的基础上集合成完整的产品。换句话说,敏捷开发方式不是以开发者为主导,也不遵循定义、设计、开发、测

---

[1] 格雷格·科恩.敏捷产品开发:产品经理专业实操手册[M].陈秋评,译.北京:电子工业出版社,2021.

试的既定线性流程,而是以用户的需求和反馈为核心,通过"自动化单元测试、频繁集成及验收测试",最终将正确的产品以更快的速度交付给用户,获得更好的市场回报。[1]

对于敏捷开发的优势,格雷格·科恩将之简要地概括为三个方面[2]:

项目的进度更具可见性,因为你是根据实际可以工作的软件而不是根据状态报告来跟踪项目的。

在开发过程中可以更灵活地处理变更,因为可以在每次迭代之前调整优先级。

更高的质量和更短的QA周期(在我采用敏捷的一个项目中,QA周期从两周缩短到四小时)。

(三)集成产品开发(IPD)

这种方法最初由美国PRTM公司提出,IBM公司率先采用。1999年华为公司从IBM引入IPD体系,结合自身实际对之进行了变革和丰富,最终形成了华为的IPD体系[3]:

IPD是基于市场和客户需求驱动的产品规划和开发管理系统。其核心是由来自市场、研发、制造、服务、采购等方面人员组成的跨部门团队共同管理整个规划和开发过程,即从客户需求、产品规划、任务书开发、概念形成、产品开发、上市,直到生命周期的完整过程。通过IPD管理体系,使产品开发更加关注客户需求,加快市场响应速度,缩短产品开发周期,减少报废项目,降低开发成本,提高产品的稳定性、可生产性、可服务性等。

华为的IPD体系结构庞大,可以从宏观、中观和微观三个不同的角度加以界定:宏观的IPD又称大IPD,指的是端到端的产品管理体系,几乎可以全面覆盖整个公司的管理体系;中观的IPD则是指产品创新管理体系,主要包括市场管理及产品规划、需求管理和产品开发三大流程;微观的IPD专指新产品的开发流程,简称IPD流程(小IPD),具体分解为变革规划和项目任务书、概念、计划、开发、验证、推广六个阶段。[4]

三种方式各有特点,特别是敏捷开发和集成产品开发,可以为新媒体产品的开发提供借鉴与指导。

对于新媒体机构而言,产品是非常重要的工具与中介,正是一系列产品,将新媒体

---

[1] 格雷格·科恩.敏捷产品开发:产品经理专业实操手册[M].陈秋评,译.北京:电子工业出版社,2021.
[2] 格雷格·科恩.敏捷产品开发:产品经理专业实操手册[M].陈秋评,译.北京:电子工业出版社,2021.
[3] 刘劲松,胡必刚.华为能,你也能:IPD重构产品研发[M].北京:北京大学出版社,2015.
[4] 刘劲松,胡必刚.华为能,你也能:IPD重构产品研发[M].北京:北京大学出版社,2015.

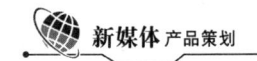

机构与用户连接在一起,并最终实现各自追求的价值。因此,产品的研发、生产、运营及维护是新媒体机构日常运作的中心和重点,必须高度重视。同时,新媒体产品研发、生产、运营及维护又绝非个人力量所能支撑、完成,必须集众人之力、群策群力、假以时日,方能水到渠成。也就是说,新媒体产品的策划是一个以团队形式开展的、会延续一段时间的动态过程。在或长或短的一段时间内,产品团队会按以下流程开展相关工作:

第一步,组建产品团队。新媒体产品的研发、生产与运营,需要一群拥有不同专业技能的人才聚在一起群策群力。因此,团队的搭建是产品策划活动顺利推进的必备基础与条件。一般来说,新媒体产品团队的人员构成主要包括策划人员、技术人员、设计人员和运营人员,其在行业内具体对应的岗位及称呼分别是:产品经理、开发工程师、设计师、运维工程师以及相关配套服务人员,如用户调研人员、数据分析师、测试工程师等。

第二步,基于某个产品的大致研发方向,开展全面的市场调查与分析,包括宏观的社会经济文化背景、行业现状与发展态势、同类产品的竞争格局等,并结合机构和公司自身的资源与条件,进行充分的可行性论证。如果产品论证获得通过,则可启动下一阶段的工作。

第三步,沿着前期确定的产品研发方向进一步深化、细化,使之从一个较为抽象的想法,逐步走向具体。这个环节主要从洞察用户需求入手,确定产品的基本功能,给产品一个清晰的定位,在此基础上明确产品形态,理清产品逻辑,为后续的技术开发和视觉设计画出直观的流程图。

第四步,实现最初的产品构想,推出产品原型,并对原型进行内部测试。

第五步,测试结果良好,即可将产品推向市场,并启动相关的营销活动。

第六步,跟踪市场反馈数据,及时对产品进行维护、优化,必要的时候考虑对产品的迭代升级。

如果在以上几个步骤的基础上进一步整合,一个完整的产品策划过程可以分为四个大的阶段:市场调查与产品立项、产品定位、产品研发和产品运营。在每一个阶段,产品策划活动都有明确的目标与任务。

知识回顾

新媒体产品主要指的是依托于互联网平台，充分利用各种高新技术研发并推出的，以交流、沟通、传播各种信息为主要目的，并为用户提供各种增值服务的数字化产品。与传统的产品概念相比，其内涵与外延都有极大的拓展。无论是在产品的形态还是类型上，新媒体产品都有自身的独特之处。

新媒体产品的策划，需要策划团队所有成员本着用户至上、至简、向善及小步快跑等原则，全情投入时间、精力及智慧，按流程依次推进相关环节，以充分的市场与环境调研为基础，经由产品立项、产品定位、产品研发，选择恰当时机上线发布，并做好后续的营销传播活动，塑造良好的品牌形象，营建和谐的用户关系。

思考题

1. 简述产品、互联网产品、新媒体产品的含义与关系。
2. 新媒体产品的主要类型有哪些？
3. 新媒体产品有何特点？
4. 新媒体产品策划应遵循哪些原则？
5. 简述新媒体产品策划的基本流程。

第二章 产品立项：多方调研,确立目标

知识目标

1.市场调查与分析的意义和流程。

2.市场调查与分析的内容与方法。

3.商业需求文档的内容与框架。

能力目标

1.了解市场调查与分析的意义和流程。

2.熟悉市场调查与分析的内容、商业需求文档的体例和结构。

3.掌握市场调查与分析的方法,会撰写商业需求文档。

思维导图

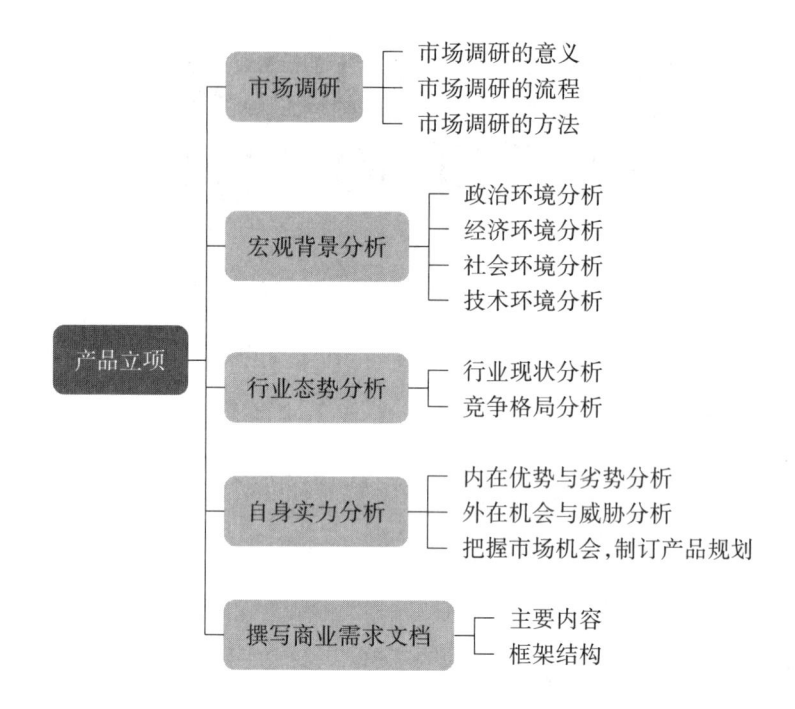

- 产品立项
  - 市场调研
    - 市场调研的意义
    - 市场调研的流程
    - 市场调研的方法
  - 宏观背景分析
    - 政治环境分析
    - 经济环境分析
    - 社会环境分析
    - 技术环境分析
  - 行业态势分析
    - 行业现状分析
    - 竞争格局分析
  - 自身实力分析
    - 内在优势与劣势分析
    - 外在机会与威胁分析
    - 把握市场机会,制订产品规划
  - 撰写商业需求文档
    - 主要内容
    - 框架结构

案例导入

1998年春节后的某一天,马化腾和大学同学张志东相约在深圳金威大厦附近的一家咖啡馆聊天,当时马化腾还是深圳润迅通信集团有限公司的一名软件工程师。从1993年大学毕业进入这家公司,马化腾先后设计、开发了股票行情分析系统、股票行情接收系统等软件产品,在惠多网上开设了以自己的姓氏命名的"马站"(Ponysoft),还兼任《计算机世界》报在深圳的通讯员,被人称之为"中国第一任产品经理"。在与张志东聊天的过程中,马化腾突然说:"我们一起办一家企业吧。"接着便兴致勃勃地描绘起未来公司的第一款产品——把刚刚兴起的互联网与非常普及的寻呼机联系在一起,开发一款软件系统,能够在寻呼机中接收到来自互联网端的呼叫,可以接受新闻和电子邮件等,其销售对象是全国各地的寻呼台,并将之称为"无线网络寻呼系统"。

从当时的情形来看,马化腾已在寻呼机领域浸泡了5年,有一定的经验,张志东研究生期间专攻算法技术,是做集成技术的高手,而且他对马化腾描述的产品很感兴趣,二人联手,一定会是"天作之合","无线网络寻呼系统"也会是一个很有前途的项目。但后来的事实证明,这其实是一个"糟糕"的产品。它之所以糟糕,不是因为技术上不成熟,而是它违背了一条非常简单却不易被察觉的竞争原则:在一个缺乏成长性的产业里,任何创新都很难获得等值的回报,因而是没有意义的。马化腾关于"无线网络寻呼系统"的所有设想与创新几乎全部基于一个前提:寻呼机被人们广泛使用。但在进入1998年之后,随着大哥大的日益普及,寻呼机逐渐被人们淘汰,全国所有的寻呼台都停止了扩张和投入。前面等待、迎接马化腾的是寻呼机市场的迅速下滑,甚至消失。

然而,正沉浸在创业激情中、自称"做任何事情都不喜欢冒险"的马化腾没有觉察到这种正在逼近的危险,在1998年5月至7月间,4次往返石家庄,为河北电信完成了"无线网络寻呼系统",收获20万元。其后,再无一家寻呼台愿意以20万元购买这一产品,只能不断降价销售,10万、8万、5万,直至3万的成本价,总共也只做成十余单业务,致使新成立的公司陷入一段"狼狈不堪"的岁月。[1]

小米创始人雷军有一句话在互联网行业流传甚广:只要站对了风口,猪也能飞上天。什么是风口?一般词典的解释是:风大的地方,通风的口子,或是矛盾冲突激烈、生活比较艰苦的地方,如风口浪尖。但雷军所指以及今天大多数人对风口的理解,则是更进一步地指向其引申意义——机遇、机会、先机。很多时候,一个人的成功,一件事的成功,除了努力和坚持之外,很大程度上取决于能否抓住、把握好机会。

人人都希望自己能够抓住机会、走向成功。究竟如何才能发现并抓住机会?在此,我们可以用四个字来回答,那就是"审时度势"。普天之下,绝大多数事有所成者,莫不是能在关键时刻明察秋毫、审时度势、顺势而为。

审时度势,简单地说,就是全面把握当前的时局,并对未来的发展趋势和方向做出合理的预判,这是我们做出各种决策的基础与前提。因为所有的决策,基本上都是针对未来的状况和趋势而提出、确立的,如果不对现实的"时"与未来的"势"进行全面而周密的审视和评估,就很难保证决策的科学性和正确性。

因此,新媒体产品策划的首要任务就是进行全面而深入的调查与分析,通过对时代、社会、行业以及企业自身方方面面信息的了解和综合考量,明确产品的研发方向及目标。

---

[1] 吴晓波.腾讯传:1998-2016:中国互联网公司进化论[M].杭州:浙江大学出版社,2017.

第一节 市场调研

市场调研(marketing research)是指围绕着企业市场营销过程中的相关问题所进行的信息的收集、汇集与分析的过程。无论是新媒体机构、新媒体平台的整体运营,还是新媒体产品的研发、生产,市场调研都非常重要、必不可少,并自始至终贯穿整个活动的全过程,其覆盖的范围、涉及的要素非常广泛。

美国市场营销协会对市场调研的定义做了非常简要的总结和介绍:

市场调研是通过信息将消费者、顾客和大众与营销人员相互连接的过程。这些信息用于识别与界定营销机会与问题,提出、提炼和评估营销行动,监督营销绩效,推进人们对营销的理解。市场调研要确定所需要调研的相关信息、设计数据搜集方法、管理和执行数据搜集、分析所搜集的数据,并与他人沟通调研发现和所得的现实意义。

一、市场调研的意义

市场调研的主要任务就是搜集、汇集、分析相关信息,获取信息蕴含的意义与价值,并以此指导营销活动的策划、推进、检验,体现营销活动的实际效果。

常言道,没有调查研究就没有发言权。新产品往往都是从零起步、从无到有,或者说就是无中生有。如何才能保证新产品推出之后有人用、用得顺手、能够解决人们面临的问题、让很多人都喜欢用?对这一系列问题的回答都需要借助于市场调研,也都离不开市场调研,其重要意义主要体现在以下几个方面:

第一,了解市场现状,发现市场机会。所有成功的产品,都能恰到好处地满足目标市场内的某种迫切需求,同样,但凡是失败的产品,很多时候就败在对市场需求的误判或是忽视上面。美国科技市场研究公司CB Insight曾研究了101家科技创业企业的失败案例,发现有42%的失败案例就源于其产品不符合市场需求。[1]企业在决定向某个细分

---

[1] 王海峰等.新媒体产品策划[M].北京:机械工业出版社,2021.

市场推出某个产品之前,必须全面、细致地考察细分市场的现有状况。如已有哪些企业推出了哪些产品?其产品特质与市场占有率如何?消费者对其评价怎样?产品还存在哪些缺陷与不足?还有哪些需求没被满足或未被发现?只有在弄清这些问题的答案的基础上,才能及时发现市场空隙,准确把握市场机会。

  第二,知己知彼,科学决策。企业与机构的良性运作和稳步发展,都依赖于科学的决策,新产品的研发、生产与营销也不例外。科学、正确的决策,大多建立在全面、详实的市场调研的基础上。从宏观的社会、文化、政治背景,经济形势与发展状况,到中观的政府及相关部门的各种政策、方针,再到微观的行业内的现实格局、竞争态势,还有目标用户各方面的具体情形……都直接或间接地影响、制约着最终的决策。掌握的各方信息越全面、丰富,分析、思考越到位,得出的结论就会越合理、准确,最后形成的战略和策略就会更加科学、可行、有效;反之,信息零乱、分散,有明显的疏漏与缺失,其决策就如无源之水、无本之木,必将失之偏颇、难以万全。

  第三,跟踪市场变化,优化产品策略。变化是永恒的,特别是进入互联网时代之后,影响市场营销的因素不断增多,各种因素变化的速度也不断加快,可以说是瞬息万变。"天下武功,唯快不破。"面对时刻千变万化的市场,唯有快速辨明变化的方向、跟上变化的节奏,方能掌握主动权,及时调整、优化产品研发及营销策略,赢得先机,并有效规避可能出现的各种威胁与风险。另外,互联网产品、新媒体产品的研发、生产普遍采用的是"小步快跑、快速迭代"的敏捷开发方式,快速迭代的依据和方向就来自于对用户体验及反馈信息的了解与分析。总之,市场调研活动贯穿新媒体机构、新媒体平台日常运营和产品生产的全过程,同时也直接制约、影响着其日常运营与产品生产方方面面的效果和效益。

二、市场调研的流程

  一个完整的市场调研活动,依流程可以分四个步骤进行:

  首先,明确营销问题,确定调研目标。每一个市场调研活动,都会围绕、针对某个具体的问题展开,只有把问题界定清楚了,整个调研活动才会有明确的目标和方向。有研究者认为,"确定问题和调研目标常常是整个调研过程中最困难的步骤"[1]。对于新媒体

---

[1] 菲利普·科特勒,加里·阿姆斯特朗.市场营销:原理与实践:第17版[M].楼尊,译.北京:中国人民大学出版社,2020.

产品的策划来说,须面对、解决的问题主要有:目标市场需要什么样的产品,目标用户在怎样的场景下使用产品,主要竞品的特点及竞争力,等等。对于新媒体产品的策划来说,市场调研人员要清晰、明确地回答三个问题:产品研发生产团队立足当下可以生产什么产品,能够生产什么产品,应该生产什么产品。

市场调研活动的目标,则可分为三类:搜集信息、确定问题并提出假设,此项目标由探索性调研完成;对某个具体问题进行描述,此项目标由描述性调研完成;对因果关系进行检验,此项目标由因果性调研承担。一般来说,市场调研往往从探索性调研开始,经由描述性调研,最后归结为因果性调研。①

其次,制订调研计划。问题和目标明确后,市场调研人员接下来就需拟定一份完整的调研计划,包括调研对象、调研内容、数据来源、调研方法、抽样方法,等等。

再次,实施调研计划。即按拟定的计划完成对相关信息的搜集和分析。将从各种渠道、运用各种方法搜集到的各种信息汇集在一起,对其真实性、准确性、完整性进行初步的甄别,提取重要、关键数据,然后将各种有效数据录入系统,借助各种软件进行统计分析,在此基础上,调研人员再作深入研判,最后形成结论。

最后,基于分析的结果撰写调研报告,供决策者参考。将分析、思考的结果以文字和各种可视化的图表形式完整、系统地呈现出来,作为决策的依据,并为产品策划活动奠定坚实的基础。

三、市场调研的方法

市场调研涉及的要素众多,过程繁杂、琐碎,是一项非常耗时、耗力的活动。由此,市场调研活动是否能够有序、有效地展开,方式、方法的选择就显得尤为重要。方法恰当、对路,就能事半功倍;反之,则会事倍功半。

概括而言,每一个市场调研活动都需运用多种方法,如定性调研方法与定量调研方法的结合,传统的线下调研方法与线上调研方法的结合,人工调研与机器分析的结合,还有企业、产品团队自主调研与专业调研咨询机构调研的结合,等等。这些方法各有特色,只要是有利于调研活动的进行,都可拿来为己所用。

按照性质的不同,市场调研获取的信息可以分为一手信息和二手信息。一手信息,

---

①菲利普·科特勒,加里·阿姆斯特朗.市场营销:原理与实践:第17版[M].楼尊,译.北京:中国人民大学出版社,2020.

又称为一手数据、原始数据,指的是市场调研人员带着具体问题和明确目标,直接通过实地访谈、询问、问卷、测定等方式获得的信息、数据。二手信息,又称二手数据,指的是其他人、其他机构基于各自的问题和目标已经收集、整理好,并对市场调研人员正在进行的调研项目有借鉴、启发意义的系统信息与数据。相对而言,二手信息的获取比较方便、快捷,所需投入也较低,一般情况下,市场调研活动多数从二手信息的调研开始。

获取二手信息的途径很多,如政府职能部门、行业协会、专业调查咨询公司以及一些媒体平台定期或不定期公布、发表的各类调研分析报告,以及企业拥有的客户数据库等。政府职能部门、行业协会和专业调研咨询公司等机构的调研报告,有的可以直接购买,有的可以在互联网上非常便利地搜索、查询到,而且这些调研报告提供的信息是企业或产品团队倾其全力也难以得到,甚至不可能得到的,其重要性也是不言而喻的。但这些二手信息与具体的调研项目的关系相对比较松散,大多只能从宏观的社会、行业及市场背景与整体格局方面为调研活动奠定基础、指明方向,提供一个良好的起点,即明确市场调研的问题和目标,还需在后续的调研活动中采集更多的一手信息。

收集一手信息、原始数据的方法主要有观察法、调查法、实验法。[1]

观察法:调研人员深入调研现场,直接或间接通过仪器观察、记录被调查者的行为、言辞与表情,以获取信息的一种调研方法。在实际使用过程中,观察法越来越多地与人种志学研究方法相结合,在自然状态下,观察人员观察顾客、用户,并与他们互动交流,常常能获得其他方法难以得到的细节,非常真实、宝贵。

调查法:又称询问法,调研人员围绕调研的问题和目标拟出调研提纲,以面谈、电话或书面等形式,寻求调研对象答案的一种方法,也就是人们常说的面谈调查、电话调查、问卷调查。调查法是收集一手信息、原始数据最常用的方法。

实验法:针对某个具体要素,以配对的方式进行小规模实验,根据实验结果的差异探究要素间的因果关系,如互联网广告营销中常用的A/B测试。

运用以上调研方法,市场调研人员收集、获取的大量一手信息和二手信息,可汇集在一起形成海量数据。但数据本身并不能解决问题,海量数据只是基础,更关键的是要对数据进行多角度、多层面的分析,由表及里、由此及彼、探求本质、发现问题,最终找到解决问题的方式方法。在新媒体产品的立项阶段,应主要从宏观环境、行业态势和企业自身实力等方面综合考量,寻求好的市场契机。

---

[1] 菲利普·科特勒,加里·阿姆斯特朗.市场营销:原理与实践:第17版[M].楼尊,译.北京:中国人民大学出版社,2020.

第二节 宏观环境分析

被称为现代营销学之父的菲利普·科特勒非常欣赏兵法家孙武的一句话:"不知山林、险阻、沼泽之形者,不能行军。"[1]行军打仗,必须对沿途及战场周边的地理环境了如指掌,方能指挥若定、决胜沙场。做产品策划,亦不能盲目、轻率地启动某个产品的研发,而是应该全面了解、研判所处的宏观环境,以把握市场发展、变化的总体方向。

宏观环境,指的是各企业与机构自身难以掌控,但又会对企业及机构的经营造成极大影响与制约的外部环境。无论是对一家企业、一个机构的整体运营,还是对一个具体产品的研发与生产,它们都必然、必须依附于一定的时代、社会,会受当时、当地的各种政策、环境、条件及思潮的影响和制约。因此,企业与机构在做重大的战略决策时,必须先对宏观环境进行全面、周密的调查与分析。

宏观环境分析主要围绕四个要素展开:政治(politics),经济(economy),社会(society),技术(technology),简称PEST分析。

一、政治环境分析

主要涉及政治环境和法律环境两个方面。

政治环境主要包括:某个国家或地区的社会制度,政府出台的各种政策、方针与规范,政策的稳定性和延续性,执政党的性质,等等。

法律环境则是指法律、法规制度的建立及实施状况。

不同的国家与地区,有着不同的社会制度;基于不同的社会制度,其制定、实施的政策、方针、法令自然也各不相同。任何一个组织、机构与企业,其所有的市场行为都必须符合其所在国家与地区的各种要求,遵守各种法律、法规与限定。

同时,一个国家与地区的政治、法律环境,以及全球环境,又具有不规律、难预测的

---

[1] 大卫·霍夫曼.现代营销之父——菲利普·科特勒营销精华[M].乔木,译.北京:线装书局,2003.

特点,充满了不确定性。如果其中的某一个要素发生细微的变化,都可能给企业、机构及组织的经营活动带来生机或者灾难。

因此,一旦准备启动某一个市场或研发某一件产品,必须首先全面、详细地了解当地的政治、法律环境,具体应关注的主要变量有:

①国家、政府、政党的各项制度、政策、方针以及各项规定。

②国家的法律体系以及各项法律法规的具体内容,如税法、劳动法、专利法、环境保护法、消费者保护法、反垄断法,等等。

③政府与行业及相关机构、组织的关系,以及针对市场、行业出台的相关政策,以及具体措施,如产业政策、投资政策、相关的扶持政策,等等。

在了解、掌握了上述变量的具体内容的基础上,进一步思考、分析其对企业的产品研发及其后续的经营活动带来的各种影响,是有利还是不利,是促进还是限制,为最终的决策提供重要的参考。

对于新媒体产品的策划来说,2022年党的二十大的召开,开启了国家各项建设的"全新赛道",每个策划者都必须深入领会二十大提出的新精神、新理念,沿着数字中国建设、全媒体发展的方向去思考与实践。

二、经济环境分析

经济环境主要包括一个国家或地区的经济制度、经济结构、产业分布与资源配置状况、经济运行的具体状况、经济发展的水平及其速度、经济的繁荣程度,以及未来的走向与趋势等。

很多时候,人们又将经济环境细分为宏观经济环境和微观经济环境。宏观经济环境主要指一个国家的经济制度与市场体系、经济发展阶段与水平,国家财政预算、贸易与国际收支状况,国民生产总值、国民收入及其变化情况,总人口数量及其增长趋势;微观经济环境则具体指向企业所在地或所服务地的实际经济状况,如消费者的收入水平、消费偏好、储蓄情况、就业程度等。

不同国家和地区对经济制度与市场体系的选择是不一样的。关于经济制度,保罗·萨缪尔森和威廉·诺德豪斯认为有三种类型:市场经济、指令经济和混合经济。市场经济(market economy)是一种主要由个人和私人企业决定生产和消费的经济制度。价格、市场、盈亏、刺激与奖励的一整套机制解决了生产什么、如何生产和为谁生产的问题。指令经济(command economy)则是由政府做出有关生产和分配的所有重大决策。在保罗·萨缪尔森利和威廉·诺德豪斯看来,当今世界上没有任何一个经济完全属于上述两种极端之一。相反,所有的社会都是既带有市场经济的成分也带有指令经济的成分的混合经济(mixed economy)。①当然,混合经济中市场经济与指令经济各自所占比重,在不同的国家和地区是有明显的差异的。相对而言,市场经济所占比例大,市场体系就会比较健全、成熟;反之,市场体系则比较脆弱、稚嫩。我国在新中国成立之后的相当长一段时期,主要以计划经济(指令经济)为主导;1978改革开放,开始注重市场这个调节因素,提出了社会主义商品经济的概念;1992年解放思想,之后逐步探索并建立起社会主义市场经济体制。

经济发展水平指的是一个国家经济发展的规模、速度和所达到的水准,一般从其规模(存量)和速度(增量)两个方面来进行测量。国民生产总值、国民收入、人均国民收入、经济发展速度、经济增长速度,这些指标通常被用来衡量、反映一个国家的经济发展水平。

关于经济发展阶段,经济学家罗斯托将之划分为六个阶段:传统社会阶段、起飞准备阶段、起飞阶段、走向成熟阶段、高消费阶段、生活质量阶段。对于经济发展而言,有两个很重要的衡量标准:速度与质量。在中国共产党的十九大报告中,习近平总书记指出:中国特色社会主义进入新时代,我国社会主要矛盾已经转化为人民日益增长的美好生活需要和不平衡不充分的发展之间的矛盾。我国经济已由高速增长阶段转向高质量发展阶段。也就是说,我国现阶段的经济生产与发展的主要目标就是满足人民高质量生活的需求。

在考察了这些宏观经济要素的基础上,还应进一步关注一些具体的经济变量,如GDP及其增长率、贷款的可得性、居民可支配收入水平与购买力、居民消费或储蓄倾向、居民消费模式、居民失业趋势、利率、通货膨胀率、规模经济、政府预算赤字、劳动生产率水平、汇率变动、证券市场状况、进出口因素、不同地区和消费群体间的收入差别、价格波动、货币与财政政策等。②

---

① 保罗·萨缪尔森,威廉·诺德豪斯.经济学:第19版教材版[M].萧琛,主译.北京:商务印书馆,2013.
② 于琪.产品之路:从靠谱想法到产品落地再到产品推广[M].北京:电子工业出版社,2017.

三、社会环境分析

社会环境主要由社会和文化两大要素构成。

简单地说,社会就是基于人与外在环境而形成的各种关系的总和。如人与人,人与自然,个体与集体,集体与集体,等等。更多的时候,社会主要聚焦的是人和人类,也就是说,社会特指人类社会,落脚于分享同一种文化,占据某一个特定疆域,认为自己属于某一统一和独立的存在体的一群人。

人与人聚集在一起,自然会产生各种不同的关系,进而形成各种各样的社群、社区。处于不同社会、社群的人,其观念与行为又会深受社群或社区力量的影响。人是一切社会关系的总和,各种社会因素,如阶层、参照群体、性别、种族、家庭以及社区等,都会直接或间接地支配、决定人的各种需求和行为,特别是消费需求与行为。

文化的涵盖面相当宽泛,从广义的角度,文化泛指人类在社会实践中所创造的一切物质财富和精神财富。但在具体讨论、研究文化时,又常常是从狭义的角度切入,特指精神财富、观念产品、意识形态。可以说,文化渗透并体现于人类生活的方方面面。每个人的成长都离不开文化的浸润与滋养,从接受教育、增长知识,到摆脱愚昧、走向文明,再到修身养性、信仰坚定、志趣高雅,文化在其间始终伴随。同时,每个人对外在世界的感知、理解和认识,其选择与遵从的行为方式、生活方式也深深地打上了特定文化的烙印。正是基于此,有人认为,人在文化中,文化在人心中,二者难以分离。

在此基础上,身处于不同的社会背景与不同的文化氛围,必然导致行为方式、生活习惯、生活形态以及价值观念的差异。无论是对企业的经营,还是对产品的营销来说,了解并尊重、适应某个国家、民族或地区独特的社会文化环境,是顺利进入其市场必备的前提条件。

因此,对社会、文化环境的了解与分析主要围绕着"人"展开,对从外在层面的人口统计数据的分析,如结婚率、生育率、死亡率、移民率、平均寿命、受教育程度、职业、性别、年龄、各年龄段人口的数量与比例、人均收入、平均可支配收入,到人们的行为方式和生活方式,包括储蓄倾向、投资倾向、消费习惯、职业规划、社会保障计划等,再到生活态度、人生理想、价值观念、宗教信仰等,通过多层面、多角度的拓展和深入,可达成对特定社会文化环境的准确把握。

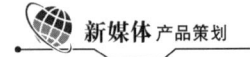

四、技术环境分析

有人认为,技术环境可能是迄今影响人类命运的最引人注目的因素。科学技术创造了如抗生素、器官移植和笔记本电脑等这样的奇迹,但也带来了像原子弹、神经毒气和半自动武器这样恐怖的东西。它还带来了一些好坏参半的事物,如汽车、电视和信用卡。[①]

一方面,新技术不断超越、取代旧技术,推动着无数新产品取代旧产品、新产业取代旧产业,进而不断创造新的市场、行业和机会。

另一方面,技术也犹如一把双刃剑,手握高新技术的人往往决定着技术的走向:是帮助人类解决问题,走向健康、和平、文明,还是仅仅为了追求名和利,而将人类引入陷阱、动荡甚至战争。很多时候,表面看来这只是一个简单的二选一的问题,但最终的结果却是差之千里。这就提醒我们,在新技术的运用、新产品的开发这个看似很简单的问题背后,应该包含着更多、更深层次的考量与抉择。

首先,对于互联网产品、新媒体产品而言,技术含量越来越高,而且一件产品往往需要多项技术的融汇与支撑。这就要求产品的策划和开发人员时刻关注、了解最新科技动态,以最快的速度学习、掌握最新技术,并找到将之应用于人类生活的途径与方法。

其次,全面了解在将最新技术付诸运用的过程中应该注意并落实、解决的相关事宜,如对知识产权的尊重与保护,技术专利的转让与转让所需的费用,技术转化为产品的难度与速度,国家职能部门对相关技术及产业的政策、规范,以及扶持的措施与力度,等等。这些因素将直接决定有关产品的立项是否具有可行性。

最后,还应对技术融入产品之后产生的各种影响和后果做出理性的预判,特别是对那些可能出现的消极、负面作用,尽可能提前采取措施避免或将之降低到最低程度,如互联网产品、新媒体产品都是朝着为人们便利、快捷地解决问题的目标而去的,但越是被人们喜欢的产品越让人沉迷;产品占用、消耗人的时间和精力越多,则会越影响其在学习、工作及生活其他方面的投入,进而产生极大的矛盾和冲突。再比如在大数据、算法和人工智能技术的支撑下,内容产品投放的精准性不断提高,但随之而来的"信息茧房"效应却让人的视野、信息面越来越狭窄……总之,如何让技术最大限度地有益于人与人类社会的生存与发展,这是考察、分析、运用技术的最终落脚点。

[①] 大卫·霍夫曼.现代营销之父——菲利普·科特勒营销精华[M].乔木,译.北京:线装书局,2003.

第三节　行业态势分析

在通过PEST分析对宏观环境有了全面了解和把握之后,应该将视线进一步拉近,关注企业与机构所属行业或产业内的总体状况、现有的主要竞争对手,从中发现、寻找市场机会。

一、行业现状分析

每一家企业与机构,都不可能是一个孤独的存在。即使是某一个从未有过的全新行业的开拓者,在它诞生之后,很快就会有诸多的跟进者出现,慢慢形成一个新的行业。换句话说,每个企业与机构都必然身处于一个特定的行业或产业之中。行业的整体格局、资源配置状况、竞争态势以及所处阶段都直接影响、制约着每一家企业与机构的整体经营目标和战略。所谓"知己知彼,百战不殆",说的就是要在正式"战斗"开始之前,对主要对手进行深入的调查、分析和研究,绝不盲目、冲动地吹响进军的号角。

(一)行业整体发展状况

对进入的行业要做出一个最基本的判断:这是一个已有的行业,还是一个亟待开发的全新行业。如果是已经存在的一个行业,则要掌握行业当前的总体面貌,如行业目前处于哪个发展阶段,是蓬勃发展期,还是相对成熟期,抑或是已经进入疲惫、衰退期。在不同的发展阶段,行业内的各种关系是有明显的差异的。如果是一个待开发的新行业,那就是从零开始,要全面了解、梳理初创一个产品、一家公司所需的各种条件与各种资源,看自身是否有人力、物力、财力和毅力去做开创者。

(二)行业内的竞争程度

在市场经济体制下,无论哪个行业,从发展期开始,竞争就无处不在、如影随形。但在不同的时期与阶段,竞争的集中点与激烈程度是各不相同的。

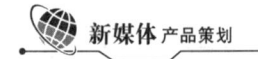

如在初创时期,一般只有率先开拓市场的一家或几家企业存在,彼此之间的关系相对而言比较平和,各自都怀抱着自己的理想和目标专心致志地研发产品。此时的市场常被人称之为"蓝海",每个人对未来都充满了希冀和信心。特别是在资源、实力及能力上得天独厚的企业,更是有可能一家独大,处于独占甚至垄断地位。这样的企业,很多时候掌控着行业内的基本格局与发展方向,少有企业能够撼动其龙头地位。

随着行业的不断壮大与日趋成熟,越来越多的同行与同类品牌纷纷进入、崛起,行业内的竞争由此开始趋于白热化,各家企业及品牌犹如走进一片"红海",稍不留神就会陷入被动,甚至遭遇"灭顶之灾"。在激烈的竞争环境中,企业与品牌所有的决策与经营活动,除了从自身的实际出发之外,还需眼观六路、耳听八方,时刻瞄准主要竞争对手的举措,以及行业内竞争格局的变化,快速应对、及时调整。

(三)行业的发展前景

天下没有一成不变的事物,变化是永恒的。无论什么产品,无论哪个行业,只要天时、地利、人和皆备,都可以从无到有、从弱到强;同样,随着时间的推移、世事的变迁,几乎所有的旧事物、旧产品、旧行业,都会迎来被新事物、新产品、新行业取代的那一天。因此,在考察一个行业时,发展、前瞻的眼光必不可少。这个行业是属于蒸蒸日上的朝阳行业,还是属于日薄西山的夕阳行业?如果是前者,可以大胆进入,因为在一个朝阳行业里,其未来充满了无限的可能性,会有许多的机会等着有准备的人去发现、利用;如果是后者,则应该理性、果断地舍弃,因为它的未来就直观地呈现在眼前:被抛弃、被颠覆、被取代。

另外,更加重要的是,身处一个行业内,还需基于对方方面面现实状况的了解与分析,对行业未来的发展前景做出准确的把握和预判,这样才能始终走在潮流的前端,及时抓住机会,引领市场、行业的走向。

如本章导入案例中马化腾为其即将成立的公司畅想、规划的第一款产品"无线网络寻呼系统",最后之所以成为一款"糟糕"的产品,就是因为马化腾对当时寻呼机市场的走向缺乏清晰、准确的把握,忽视甚至无视寻呼机已逐渐走向落寞、即将被移动手机淘汰的行业现实。正如吴晓波在《腾讯传》中给出的评价:在行业的重大转折点上,马化腾站在了落后的一边,他所提供的软件产品看上去与最时髦的互联网搭上了关系,但是,显然无法真正挽救寻呼机被抛弃的命运。既然寻呼机都被人们抛弃了,那么,依托于寻呼机的"无线网络寻呼系统"则既无生存的必要,更无生存的空间,可以说必败无疑。

(四)相关行业的现状

任何一个行业,都不可能单独、孤立地存在。特别是在互联网时代,许多先前泾渭分明的边界趋于模糊甚至消失,各种事物之间、各个行业之间的联系更加普遍、密切。对于每一个行业来说,其正常的运转都离不开相关行业的配合、支持和支撑。如果相关行业出现一些变化、变动,很快就会波及、影响某一行业,甚至直接决定其生死存亡。因此必须时刻关注相关行业的现状,慎重对待。如智能手机添加了拍照功能后,一方面拓展了智能手机的运用范围;另一方面也使得传统的相机、胶卷和冲印服务行业与市场快速萎缩直至消失,就是一个典型的例证。

新媒体产品,主要归属于传媒产业的范畴。传媒产业又常常被一分为二:传统媒体产业和新媒体产业。前者包括图书、报纸、杂志、电影、广播、电视等传统媒体形态产品;后者指的是依托于互联网、移动互联网、物联网诞生的新型的媒体形态和产品。如今的传媒产业,更是突破了新旧之间的界限,走向了全面、深度的融合。新媒体形态及其产品,已成为传媒产业的主流与主导。

从总体来看,传媒产业是典型的交叉、综合型产业,第三产业、信息产业、文化产业、知识产业、创意产业,这些词汇都经常被用来描述传媒产业。如果说,传统媒体产业主要以内容产品吸引受众的注意力,引领社会并赢得市场的回报,那么,新媒体产业则依托于政策的扶持,技术和资本的支撑,渗透、深入到人类生活的方方面面,为人们的生活提供各种必不可少的产品和服务。如今,传媒产业的内涵已得到延伸:从有组织的传播机构和内容生产商扩展为数字化、智能化生活空间的塑造者和多功能交流服务平台。[1]

一直以来,媒体融合都是传媒行业改革、创新与发展的主要方向。一方面,传统媒体积极转换思维和意识,主动拥抱、接纳新媒体,拓展业务范畴和传播领域;另一方面,新媒体继续发挥在技术、市场、接地气等方面的优势,在内容、数据、传播、服务等方面进行反向融合,与传统主流媒体"联姻",也提升了内容质量和公信力。传统媒体与现代媒体、主流媒体和新媒体、官方媒体和社交媒体,正在通过深度融合走向全媒体传播时代。[2]随着新旧媒体双向互融的深入,更多新兴的媒体产品将会层出不穷。

---

[1]李华君,王凯悦.智能物联时代传媒产业的业态创新、关系重构与发展路径[J].新闻爱好者,2022,(4):10-14.
[2]柳斌杰.大变局之下传媒的重构与能力再造——2021年中国媒体发展特点与未来趋势展望[J].新闻战线,2022,(3):12-17.

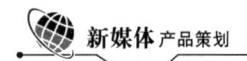

对于传媒行业的最新状况,清华大学新闻与传播学院教授柳斌杰做了非常简要的描述:据相关统计数据,2021年前三季度传媒产业的增长速度超过了其他产业。报纸和广电行业营收所有下降,但利润都是上升的,书刊行业总体稳定增长,达到疫前水平,而新媒体新业态行业营收和利润都增长快速。传媒产业在文化产业和文化经济中比重上升,成为发展新格局中的增长点和社会消费的热点。与互联网经济相关的国民收入中,90%以上与传媒、信息和知识服务相关。由此可见,传媒产业是发展新经济、满足人民美好生活新期待的主要力量。[1]

二、竞争格局分析

市场经济环境中,竞争无时不有、无处不在。因此,在对行业的现有状况有了基本的了解之后,还需重点关注市场的竞争态势,特别是对主要竞争对手的方方面面的情况,务必做到事无巨细、了如指掌。

首先,必须及时、准确地识别细分市场内的主要竞争者。对于竞争者,可以从狭义和广义两个角度理解。狭义的竞争者往往集中在同一个细分市场内,主要指"以相似的价格向相同的顾客提供类似产品和服务的其他企业",广义的竞争者的范围更加广泛,指"所有生产相同或类似产品的企业"。而在更广泛的意义上,"竞争者可能包括所有彼此争夺顾客手中钞票的企业"。[2]很多时候,终结某一产品的对手并非行业内的直接竞争者,而是相隔甚远、来自其他行业的黑马。如人们经常谈及的柯达公司,夺走其胶卷市场的并非直接竞争对手——另一家胶卷生产商富士公司,而是生产完全不用胶卷的数码相机产品的企业。因此,在识别竞争者的时候应尽量避免"竞争者近视症"[3]。也就是说,不仅要跟踪研究直接竞争者,还需扩大关注范围,及时、敏锐地发现潜在竞争者,为快速应对危机奠定基础。对于新媒体机构而言,其竞争对手就来自于多个方面:基于互联网诞生的纯粹的新媒体机构,转型而来的传统媒体机构,还有大量的互联网科技公司,如人人都熟悉的BAT、TMD,未来可能还有更多的其他领域、行业的公司……

其次,对主要竞争者进行全面、深入的评估。仔细梳理每个竞争者的市场目标、营销战略、市场影响力、目标消费者和品牌用户现有状况、产品和品牌的优势与缺陷、未来

---

[1] 柳斌杰.大变局之下传媒的重构与能力再造——2021年中国媒体发展特点与未来趋势展望[J].新闻战线,2022,(3):12-17.
[2] 菲利普·科特勒,加里·阿姆斯特朗.市场营销:原理与实践:第17版[M].楼尊,译.北京:中国人民大学出版社,2020.
[3] 菲利普·科特勒,加里·阿姆斯特朗.市场营销:原理与实践:第17版[M].楼尊,译.北京:中国人民大学出版社,2020.

可能的行动方向与应对挑战会做出何种反应，以及其在哪些方面对本机构、平台、品牌及产品构成威胁等，做到知己知彼，不打无准备之战。

再次，多方权衡比较，发现市场空隙。从应对竞争的角度来说，采用"正面交锋"与"剑走偏锋"两种不同的策略，其投入与产出比有很大的差别。与主要竞争者直接针尖对麦芒地正面交锋，结果不是"你死我活"就是"两败俱伤"；而巧妙地发现、选择不被竞争者注意的空间和领域，避其锋芒，往往会别有洞天。

最后，制定竞争战略。基于以上评估、分析的结果，结合企业自身的目标、资源与实力，确定如何应对行业竞争的总体战略和具体策略。竞争战略，在很大程度上体现为企业在其目标市场中扮演何种角色：是市场领导者、挑战者，还是市场跟随者，或是市场补缺者。角色不同，其面临的市场状况和营销策略特别是竞争策略都存在着很大的差别。一般来说，每个细分市场都有一个市场领导者，即排名第一的"龙头老大"，它占有细分市场内最大的市场份额，在很多方面拥有主动决定权，且选择余地很大。当然，"高处不胜寒"，市场领导者需居安思危，随时做好应对后来者挑战的准备。市场挑战者大多为细分市场内排名第二、第三等排名比较靠前的企业，本身实力不弱，正在为增加自己的市场份额而努力。在竞争战略的选择上，市场挑战者可进可退，进可直接针对市场领导者发起挑战，退则紧随市场领导者，并与其他挑战者和平共处。市场跟随者往往试图在现有行业秩序下维持自己的市场份额，跟着市场领导者往前走，可以很方便地借鉴成功的经验，少走弯路，通过对市场领导者品牌的复制与改良获得市场效益。市场补缺者多为小、微企业，往往在夹缝中求生存，发现并服务于那些不被其他企业重视的小细分市场，通过专业化赢得生存空间。[1]策划者应根据自身企业在行业中所处的位置、扮演的角色制定相应的竞争战略，如下表：[2]

---

[1] 菲利普·科特勒，加里·阿姆斯特朗.市场营销：原理与实践：第17版[M].楼尊，译.北京：中国人民大学出版社，2020:511.
[2] 表格来源：菲利普·科特勒和加里·阿姆斯特朗所著《市场营销：原理与实践：第17版》.

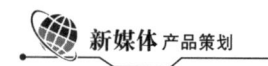

表2-1　行业位置与竞争战略

市场领导者战略	市场挑战者战略	市场跟随者战略	市场补缺者战略
扩展整个市场 保护市场份额 扩大市场份额	全面正面进攻 间接进攻	紧紧跟随 保持一定距离跟随	根据顾客、市场、质量、价格和服务补缺 多重补缺

第四节　自身实力分析

所有的企业、公司与机构，在确定某个决策或做出某项规划时，除了要结合政治、经济、社会、技术等宏观环境，以及行业的整体格局与竞争态势等要素仔细斟酌之外，还需认清自身的实力、条件以及现实状况。只有知己知彼，才能保证最后的决定是客观、科学、合理的。

企业与机构在决策前对自身进行剖析时，最常采用的方法就是SWOT分析。SWOT分析法最早于20世纪80年代初由美国旧金山大学管理学教授海因茨·韦里克提出，后被广泛应用于分析竞争对手、制定企业战略之中。SWOT由四个英文单词的开头字母组成，分别是：S(strengths)指优势、W(weaknesses)为劣势、O(opportunities)是机会、T(threats)代表威胁。其中的S和W主要建立在对企业内部环境、条件及能力进行审视的基础上，O和T则是基于外部环境变化考察其对企业与机构经营、决策带来的正反两方面的影响。

一、内在优势与劣势分析

新媒体机构与新媒体平台在决定做什么、不做什么，开发、生产什么样的产品时，必须量力而行。如果不自量力，仅凭一时的热情与冲动贸然行事，最后的结果只能是事与愿违。这里的"力"，指的就是机构与平台各方面实力与能力的汇聚，具体包括：经济实力、技术研发能力、市场拓展能力、盈利能力，以及其所拥有的品牌及产品的竞争力等。

同时，一家机构与平台的实力、竞争力又是在与细分市场内其他竞争者相互比较的基础上体现出来的。也就是说，机构与平台在进行自我审视、自我评估时，始终存在着一个参照系——主要竞争对手。缺少了这个参照系，得出的结论就会有失全面、公允。

在与主要竞争对手相互比较的框架下，通过对诸多要素的深入分析，将机构、平台与产品团队在开发新产品、进军新市场方面现有的优势与劣势一一梳理、总结出来。

一般来说，对内在优势与劣势的总结可从以下几个层面深入：

第一，机构与平台层面。主要关注要素：企业形象与企业文化，拥有的资源与资产，人力、财力、物力状况，对高新技术的掌握与应用程度，市场规模与经济效益等。

第二，产品层面。主要关注要素：产品链的构成、产品的数量和质量、产品的特色与核心竞争力、品牌形象与市场评价、产品的营销及盈利模式等。

第三，消费者、用户层面。主要关注要素：目标消费者与目标用户的构成及规模，其特有的心理、行为及生活观念与生活方式，内在需求及发展趋势，品牌忠诚度，以及潜在消费者、潜在用户的开发等。

优势，即在各方面体现出来的超出主要竞争对手，能在激烈的市场竞争中为自身助力、加分，有益于自身生存和发展的特色与长处，如丰富的社会资源、充足的经费投入、优秀的人才队伍、强大的技术创新与应用能力、有效的品牌经营、市场营销推广的经验……这些优势是在逐年累月、日复一日的工作中慢慢积累而成的，他们是机构与平台、产品团队宝贵的财富。一旦某个市场机会出现在眼前，凭借着这些优势，机构、平台与团队往往能很快地识别、抓住机会，并将之转化为实实在在的成功和胜利。

劣势，则是相对于市场内其他竞争者体现出来的机构、平台与团队的不足和缺陷，这些缺陷和不足会严重削弱企业与团队的竞争力，直接导致难以把握住稍纵即逝的市场机会，或者即使赶上了千载难逢的机遇和机会，也很难将之转化为胜利的成果。

当然，优势和劣势只是相对的、暂时的，而不是绝对的、一成不变的。因此，机构、平台及团队在面对自身的优势与劣势时，应秉承辩证、发展的立场和态度，一方面，充分利用、发挥自身的优势，将优势转化为实实在在的胜势；另一方面，理性地正视自身的劣势，想方设法全力弥补，改善不足和缺陷，以避免因为自身的缺陷和不足丧失机会，甚至可以促进劣势慢慢向优势方面转化。

二、外在机会与威胁分析

所有事物的存在与发展,都是内力、外力综合作用的结果,机构、平台的运营,产品团队的研发、生产活动,都概莫能外。在做自我分析时,除了梳理、总结自身内在的优势与劣势,还需将视线向外拓展,探明现实的社会、行业、市场环境及其发展趋势,看其中有哪些有利因素、不利因素存在或可能出现,以及这些因素会对企业经营和产品团队的研发可能造成何种积极、消极的影响。这就是外在机会与威胁分析。

所谓机会,就是外部环境中有利于机构、平台与团队向好的方向发展,实现突破的有利因素,如政府、行业的利好政策出台,整体经济出现了明显复苏或繁荣,自身掌握的技术、行业标准有了大的突破与提升,大笔投资到位,市场需求有集中爆发的趋势,或是新的市场需求开始萌动,甚至包括直接竞争对手出现了一些失误,这些对企业与团队来说,都是很重要、关键的契机,须及时、准确地抓住。

与机会相对的威胁,则是指外部环境及其变化中会给机构、平台及团队的运作带来消极影响的不利因素,如更新的技术、市场、竞争者及替代产品出现,整体经济出现下滑、疲软迹象,市场需求趋于低迷状态,市场竞争日趋激烈等,这些因素会直接或间接给机构、平台与团队的经营和产品研发活动造成阻碍,降低效率与效益。

无论是机会还是威胁,都是不以人的主观意志为转移的客观存在,必须客观地、理性地对待。当机会出现时,一定要及时发现、快速出击,结合自身的优势制定行之有效的经营战略和产品研发策略,不让机会从眼前滑过或白白浪费宝贵的机会。面对避免不了、绕不过去的威胁,也应沉着应对,利用自身的优势尽可能化解或降低外在威胁带来的伤害与风险,或是暂停、暂缓某些高风险、低回报的活动与项目,等待威胁消除或是新的机会出现。

三、把握市场机会,制订产品规划

通过对以上各个不同角度、不同层面——从宏观的社会、时代背景,到中间的行业、市场状况,再到具体的机构、平台与产品团队的现实处境——全面、深入的分析,机构、平台与产品团队可以做什么、能够做什么、应该做什么这些问题便有了一个相对清晰、直观的答案。这也就意味着产品研发团队发现了一个自己可以抓住、利用的市场机会,而且有实力、能力以此为契机,研发、生产出好的产品,满足目标用户的需求,并为机构、平台带来实实在在的效益。

以此为基础，接下来产品团队就需在团队负责人也就是产品经理的带领下，围绕着准备立项的新产品做初步的产品规划，即在前期市场调研的基础上，对新产品的开发或现有产品的迭代进行系统的可行性论证，并将调研、论证的结果形成报告或方案，呈报给机构与平台的高层决策者或是投资人，以获得决策者与投资人的认可与青睐，同意新产品的开发或产品迭代立项，并提供各种资源与资金的支持，这是前期围绕立项所做的所有工作的最终落脚点和主要目标。

产品策划团队在立项阶段需要撰写、提交的文档主要有市场调研报告、商业需求文档以及商业计划书等。其中最主要的就是商业需求文档，它是产品策划团队前期所有工作的集中展现，同时也是新媒体机构与平台决策的主要依据。

第五节　撰写商业需求文档

商业需求文档（Business Requirement Document，简称BRD），指的是为了新媒体产品研发、生产项目能够成功立项，产品策划团队针对机构与平台高层撰写的有关产品的商业价值、商业目标的策略性的构想与规划。作为策略性的产品构想与规划，突出、强调的都是与整体战略决策相关的重大问题，如做什么产品，这个产品为什么值得做，大致的行动方案，需要什么资源、投入多少，预计能获得怎样的回报，以及存在何种风险等，一般不会涉及具体的产品细节和实施步骤。换句话说，商业需求文档就是在产品研发及生产活动正式立项、启动之前，高屋建瓴地绘制的一幅未来的实施蓝图，让机构与平台的决策者和投资人非常直观地了解产品项目的主要目标与行动方向，以及所需的投入与产出情况，为其做出客观、理性的判断和决定提供事实依据。

商业需求文档的撰写，目前行业内还没有一个统一、标准的模板。就现有的市面上常见的商业需求文档来看，有的写得非常详实，凡涉及市场、产品、用户、研发与生产、盈利模式的诸多要素，都事无巨细、面面俱到；有的则非常精炼，只聚焦与战略决策息息相关的重大、关键要素。从敏捷开发务实、小步快跑的特点及原则出发，高度精练、重点突出的商业需求文档应该得到更多的提倡和效仿。

一、主要内容

很大程度上,商业需求文档就是要充分论证新媒体产品研发、生产、迭代的重要性、必要性与可行性,以说服决策者、投资者欣然同意项目立项并注入资金。由此,商业需求文档的重点与中心自然而然地落到了新媒体产品的商业价值和投资价值上面。

所谓商业价值,通俗地说就是经济价值,指某个事物、某个产品在生产、消费、交易过程中产生的直接以货币单位来衡量和显示的价值。也就是人们常说的赚不赚钱,能赚多少钱。站在企业、公司、新媒体机构的立场,其投入大量的人力、财力和物力研发生产一款产品,最直接、最主要的目的就是在为人们生活带来便利和帮助的基础上获得经济利益。而投资人决定是否投资某个新产品,几乎无一例外地也是看好产品的市场前景,能使他们的投入换回丰厚的市场回报。在商言商,这样的追求名正言顺、无可厚非。

一款产品有没有商业价值、有多大的商业价值,是由多方面的因素决定的。几乎所有的产品都扮演着"中介"的角色——连接起生产者和消费者——生产者投入经费,依据消费者的需求研发、生产产品,解决他们的问题与烦恼,进而从商品交换活动中获得经济利益;消费者付出一定的代价,买到心仪的产品,使自己摆脱困境或是收获良好的体验。双方都付出了某种成本,但也都从交易活动中获得利益:消费者占用产品的使用价值,实现了用户价值;生产者获得产品的交换价值,赢得了经济价值。曾在百度、滴滴做过十几年产品经理的俞军对此有独到的理解和阐释:"企业以产品为媒介,与用户进行价值交换,达成创造商业价值的目的。而本质上,交换的不是产品这个媒介,而是产品背后的各种用户价值。在这个过程中,产品是用户价值交换的媒介。"[①]

因此,商业需求文档首先应该简要介绍新产品的研发方向和核心概念,即这个产品主要针对的是怎样的消费需求、能解决用户的什么问题,也就是产品能达成、实现的用户价值具体体现在哪些方面。只有用户真正需要、喜欢使用的产品才值得研发出来并推向市场;也只有用户愿意付出各种成本去使用的产品才能为企业、公司带来商业价值。正如俞军简要总结的好产品的三个属性:有效用、有利润、可持续,首要属性就是"对用户有使用价值"。网友西湖渔歌在探究产品成功的要素时,也强调了三点:能做、要做、可做。所谓能做,指的就是产品要有用户价值,用户面临的问题、现有的"痛点"永远是产品的出发点和落脚点,没有用户需求,就不可能诞生好的产品。如果某个产品的用户价值足够清晰、有规模、有延展性,就可以做。

---

① 俞军等.俞军产品方法论[M].北京:中信出版社,2020.

对于企业与公司而言，还需进一步追问：有用户价值、可以做的这个产品，究竟值不值得去做。也就是回答是否"有利润"、是否"要做"的问题。"有利润"指的是这个产品可以直接或间接为企业、公司带来的经济利益，"要做"则是产品符合企业、公司的愿景与战略，以及业务发展的需要。

以上两种价值：用户价值和商业价值的结合与统一，就是俞军所说的"可持续"，即能让用户和企业、公司双方追求的利益与价值最大化并长期延续。

西湖渔歌所说的"可做"，则指向另外一个关键要素：产品的最终实现需要很多资源和资金的支持，需要人力、物力、财力的投入，需要技术及相关条件的支撑等。只有相关的资源、资金和条件齐备，产品的研发与生产才能顺利落地。换句话说，有投入才能有产出，新媒体机构与平台是否同意某个产品的研发和生产，还得盘点一下自身的家底，看各方面的资源、条件是否具备，是否能为产品项目各项工作的顺利开展提供切实的保障。

既然在产品项目上投入了资源和资金，就应该理直气壮地要求市场回报。商业需求文档最后一项重要的内容就是"算账"：这个产品项目的投资回报率大概是多少？在计算产品项目的经济账时，会涉及项目成本、项目收益，以及可能遭遇到的各种风险与应对措施；同时，对主要的盈利模式也应做简要介绍，让决策者、投资者心中有数。

二、框架结构

围绕以上内容，商业需求文档的体例、结构大致如下：

第一部分：项目背景。简要介绍产品立项时的总体社会、时代背景，主要基于PEST分析的结果，以及对整个行业的现实状况与发展趋势的梳理，对预立项的产品项目的重要性与必要性进行充分的论证。

第二部分：市场分析。对预立项产品的目标市场进行全面、深入的分析，重点展示目标市场的现有格局、消费需求及其变化情况、用户亟待解决的主要问题、主要竞争者的状况与动态、产品团队发现的市场机会以及可行的解决方案。

第三部分：产品规划。简明扼要地介绍立项产品的核心功能，绘制直观、清晰的产品规划图和产品路线图。

第四部分：盈利模式。介绍未来产品如何盈利，如何为企业、公司创造商业价值。

第五部分:收益成本。罗列项目启动、运行所需的各项投入,对未来的预期收益做一个初步的评估。

第六部分:风险与对策。对产品研发、生产过程中可能遭遇的风险以及应对之策做简要说明。

下面是截选自Senyi在人人都是产品经理网上发布的其为点友撰写的商业需求文档(已获得作者转载授权)[1],可供学习、借鉴。

1.前言

刚刚过去的2018年,我们送走了23位名人,在这个丁酉年相信对于每一个都是很难忘的一年,资本寒冬席卷了整个行业。而对于二八定律中的"二"来说,在寒冬里也要捂紧自己的大衣。众多大厂不得向外界宣布裁员、缩招,更别说那些创业公司,能熬过这轮的创业者可能不多。

但在2019第一个月中你会发现社交产品层出不穷,资本并没有放弃这块战略要害。多闪、MT(马桶)、聊天宝这些产品接踵而至,说明这是寒冬中的一抹温暖,2019年对于社交产品来说将是风险与机遇并存的一年。

2.项目背景

随着中国经济的快速发展,来到2019年这个重要的时间节点。5G到来、泛娱乐产业融合、真正的"人工智能"的到来,各项技术在急速互动、融合和更新之中,而社交作为互联网应用的必备元素,不再局限于信息类别的传递,而是与沟通交流、商务交易类应用融合,借助其他应用的用户基础,形成更强大的关系链,从而实现对信息的广泛、快速传播。

今年5G的到来,有人可能会问,5G跟社交有什么关系?其实不然,我们仔细挖掘会发现未来5G网络将会拥有高速下载、无限流量、接近零延迟等待等特点,而这些将改变对于曾经深度依赖文字为社交基础的传播方式,改变其原有的固定社交模式,对于视频类、直播类、资讯类的社交发展更加友好。而VR、AR也会相应地结合物联网有更多的较为成熟的使用场景。这对于我们娱乐与社交都会有极大的改善和提高。

而泛娱乐产业更趋向成熟化、规模化、产业化,根《泛娱乐社交一代:95后社交行为洞察报告》中的报告指出三点尤为明确:

---

[1] Senyi.点友商业需求文档BRD:2019社交新起点[EB/OL].[2019-1-30].https://www.woshipm.com/pmd/1880331.html.

由此可以看出社群交流、寻求归属感、扩大交际圈、排解孤独是泛娱乐社交的几个要点,而当社交已成为用户上网的核心需求时,社交应用由即时通信向综合性、娱乐化方向发展。

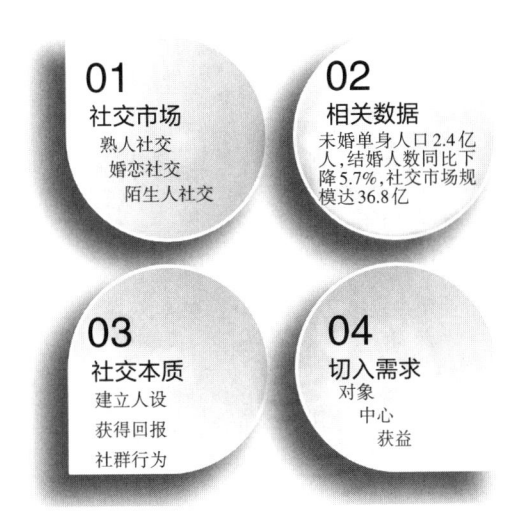

01 社交市场
熟人社交
婚恋社交
陌生人社交

02 相关数据
未婚单身人口2.4亿人,结婚人数同比下降5.7%,社交市场规模达36.8亿

03 社交本质
建立人设
获得回报
社群行为

04 切入需求
对象
中心
获益

▶ **项目背景**

我国社交网络发展经历了萌芽(1999—2004)、起步和发展(2005—2007)、全面流行(2008至今)三个阶段,然而随着中国经济的快速发展,来到2019年这个重要的时间节点。5G到来、泛娱乐产业融合、真正的"人工智能"的到来,各项技术在急速互动、融合和更新之中,而社交作为互联网应用的必备元素,不再局限于信息类别的传递,而是与沟通交流、商务交易类应用融合,借助其他应用的用户基础,形成更强大的关系链,从而实现对信息的广泛、快速传播。

图 2-1　项目背景与市场分析

3. 市场分析

移动社交市场从社交关系来分,主要可以分为以熟人沟通为侧重的熟人社交和以陌生人交流为主的陌生人社交。而两类社交关系中的代表则是"微信"和"陌陌"。在熟人社交领域微信几乎"一家独大",王欣说过:"微信比想象的更强大,熟人社交不要碰,匿名熟人的可以。"从正面回应了微信的强大。

我们可以预测,在未来的几年里,全球社交网络的市场规模将进一步扩大,达到近30亿人群。

根CNNIC调查结果显示,40.4%的社交用户使用社交应用的目的是认识更多新朋友,45.2%的社交用户联系人中有网上认识的朋友。陌生人社交其实一直贯穿于人类社交行为中,在移动互联网时代,这种需求通过陌生人社交应用产品被引导和释放。定位为认识新朋友的社交平台通过引入可识别的身份和个人标签,建立接近真实的社交场景,让相似社会经历的用户能够对位匹配,极大地发挥弱关系的价值。

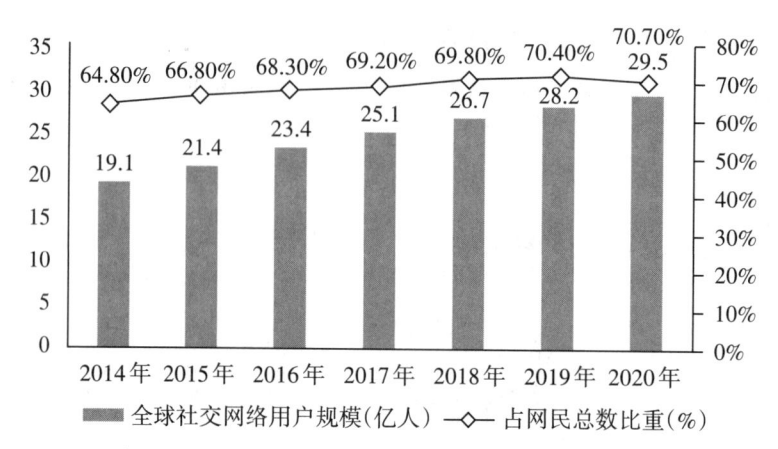

图 2-2　2015-2022年全球社交网络行业用户规模及预测(单位：亿人,%)①

现有平台所存在以下几点问题：
● 缺乏自我沉淀以及有效的传播方式；
● 内容同质化现象严重，缺乏创新；
● 产品出现运营不够成熟，缺乏有吸引力的持续内容和热度；
● 信任、破冰、可持续的共同话题这些都是赤裸裸的核心需求。

而我们的产品——点友，正是从陌生人社交出发，定位于兴趣社交的一款产品。把共同的兴趣爱好作为人与人之间的交集，让兴趣相投的人在点友遇见。兴趣点作为基础搭建链接，以相同的观念和爱好来打破陌生人之间的那层隔阂。减弱尬聊、无话可说的存在感，找到志同道合的小伙伴。

1. 缺乏自我沉淀以及有效的传播方式
2. 内容同质化现象严重，缺乏创新
3. 产品出现运营不够成熟，缺乏强有力的持续内容or热度
4. 信任、破冰、可持续的共同话题这些都是赤裸裸的核心需求。

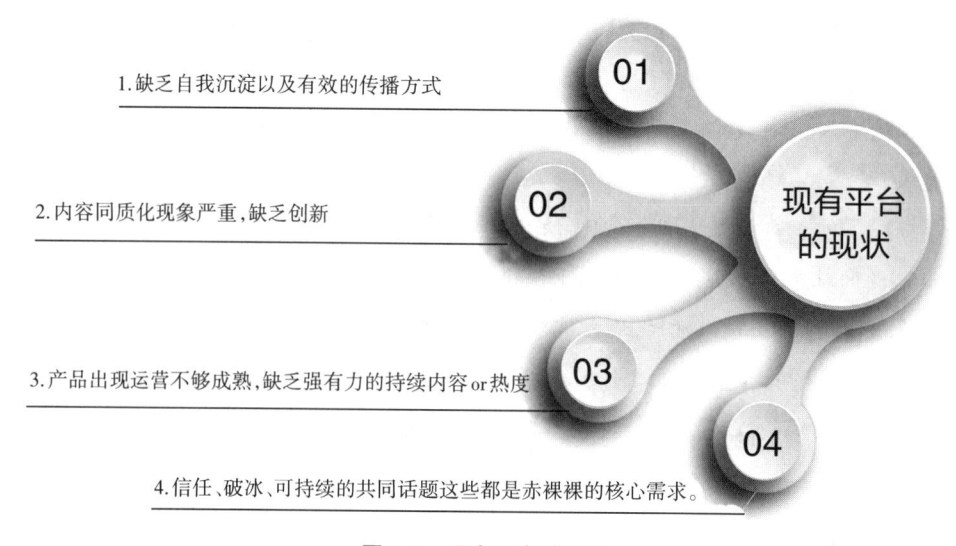

图 2-3　现有平台的现状

---
① 图来自前瞻经济学人App.

4.产品结构规划

点友是一款陌生人社交产品,下面是产品的规划图。核心功能其实就三点:算法匹配、动态分享、兴趣沟通。基于最初的设想就是解决孤独感,所以我们会在用户的人设方面精心设计,诱导用户去一步一步搭建自己的人设,形成自己的社交"参天大树"。

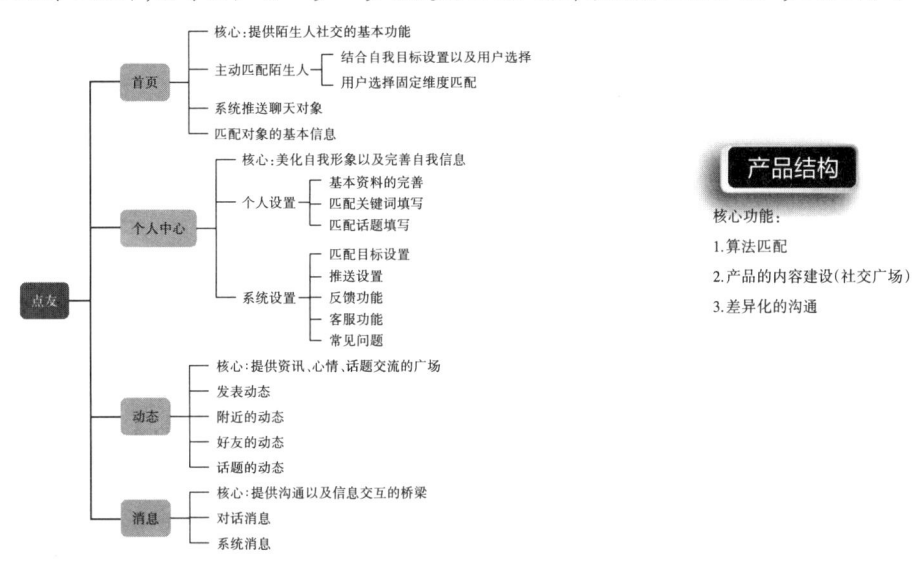

```
点友 ─┬─ 首页 ─┬─ 核心:提供陌生人社交的基本功能
      │        ├─ 主动匹配陌生人 ─┬─ 结合自我目标设置以及用户选择
      │        │                  └─ 用户选择固定维度匹配
      │        ├─ 系统推送聊天对象
      │        └─ 匹配对象的基本信息
      ├─ 个人中心 ─┬─ 核心:美化自我形象以及完善自我信息
      │            ├─ 个人设置 ─┬─ 基本资料的完善
      │            │            ├─ 匹配关键词填写
      │            │            └─ 匹配话题填写
      │            └─ 系统设置 ─┬─ 匹配目标设置
      │                          ├─ 推送设置
      │                          ├─ 反馈功能
      │                          ├─ 客服功能
      │                          └─ 常见问题
      ├─ 动态 ─┬─ 核心:提供资讯、心情、话题交流的广场
      │        ├─ 发表动态
      │        ├─ 附近的动态
      │        ├─ 好友的动态
      │        └─ 话题的动态
      └─ 消息 ─┬─ 核心:提供沟通以及信息交互的桥梁
               ├─ 对话消息
               └─ 系统消息
```

产品结构
核心功能:
1.算法匹配
2.产品的内容建设(社交广场)
3.差异化的沟通

图2-4 产品结构规划

5.产品路线预测

根据公司的研发能力以及产品迭代周期控制,我们大致需要分为四个阶段。

第一阶段,结合微信公众号完成区域性试点工作:从本地资源开始试点并快速根据市场反应作出调节。

第二阶段,整合现有资源(市场、推广、研发)规划多端发展方向:前期我们选择快速验证迭代的方式,选择公众号和小程序作为切入点验证想法,当然在此期间App同步跟进。一旦被验证快速跟进用户需求,完善产品瑕疵。

第三阶段,规范产品细节并初步验证商业模式:经过前期的野蛮生长后,需要对产品进行精心打磨。并开启商业模式的验证(会员系统,增值业务),评估市场对产品的信任感。

第四阶段,推进产品增长且保障产品与市场的同步:无论商业模式在前期是否得到有利的验证,保持产品的沉淀以及自我传播是必不可少的,此时考虑基于信任的用户转化率提升以及扩张模式的抉择。

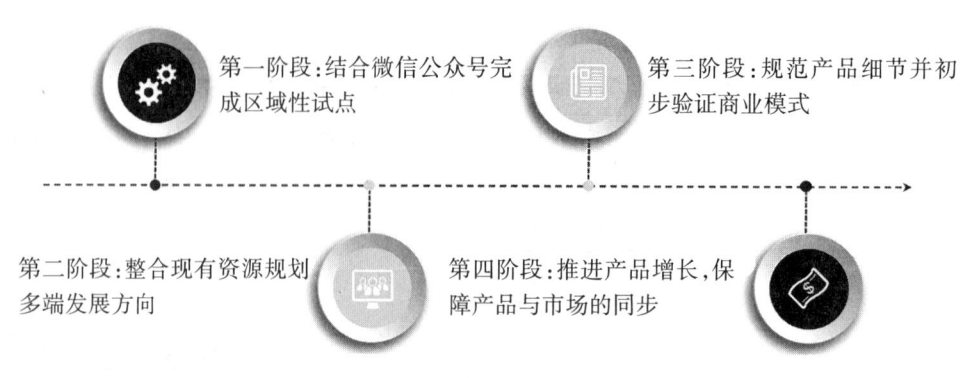

图 2-5　产品路线预测

6. 产品盈利模式

所有移动端产品的盈利模式逃不出这几个方式：会员收费模式、入口广告模式、增值业务模式、电商联合模式、企业服务模式、线下合作模式。而我们的产品选择相对成熟且用户接受程度较高的会员收费、入口广告、增值业务这三种形式。当然，在开启盈利模式前我们需要控制步伐，以循序渐进的方法走入用户视野，造成"轻轻的我走了，正如我轻轻的来"的错觉。

会员收费按照15元一个月的情况（据调研，市面上的社交产品的会员费20元到30元不等），提供区别化、优质化的服务，前期甚至可以免费以养成用户习惯。而入口广告将以用户"动态"的形式展现在"社交广场"中，广告要切合自身产品定位而合作。在产品中后期增值业务以付费表情、用户问答等方式展开，这块内容属于针对性比较强的用户需求，现社交市场还未养成延续性较好的增值业务消费模式，这部分需要根据用户需求逐步改善。

▶产品盈利模式

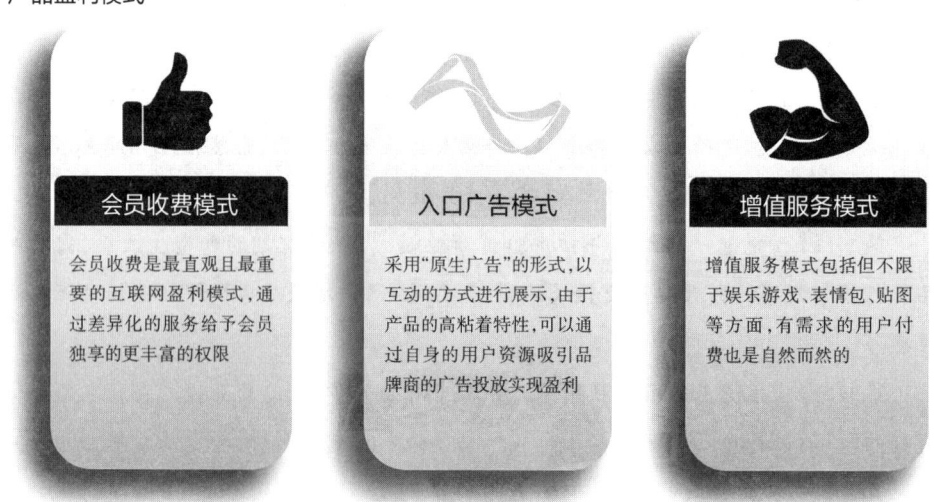

会员收费模式	入口广告模式	增值服务模式
会员收费是最直观且最重要的互联网盈利模式，通过差异化的服务给予会员独享的更丰富的权限	采用"原生广告"的形式，以互动的方式进行展示，由于产品的高粘着特性，可以通过自身的用户资源吸引品牌商的广告投放实现盈利	增值服务模式包括但不限于娱乐游戏、表情包、贴图等方面，有需求的用户付费也是自然而然的

图 2-6　产品盈利模式

7.产品收益成本

根据前面我们讲的产品盈利模式,我们可以分析,在根据现有市场的商业模式且从产品未来发展趋势来看,会员收费与广告营销是产品收入的主力军,而增值服务是我们的后备军。

而未来我们会更注重流量变现的能力。在不偏离产品核心定位的情况下,适度尝试或发展更多商业化模式,其中不乏O2O模式、游戏周边、虚拟礼物等,以产品流量本身为中心发展多维盈利模式。

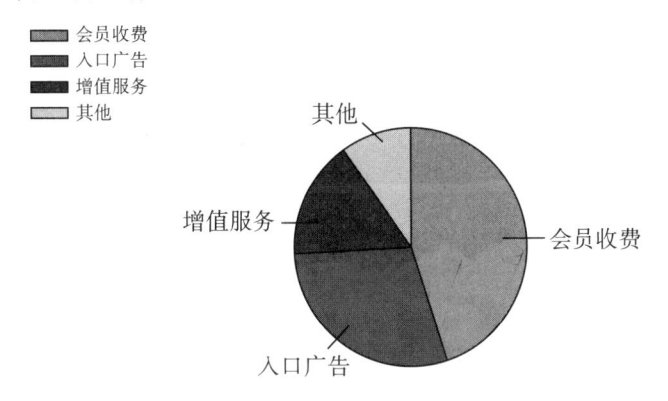

图2-7 产品收益模拟分析

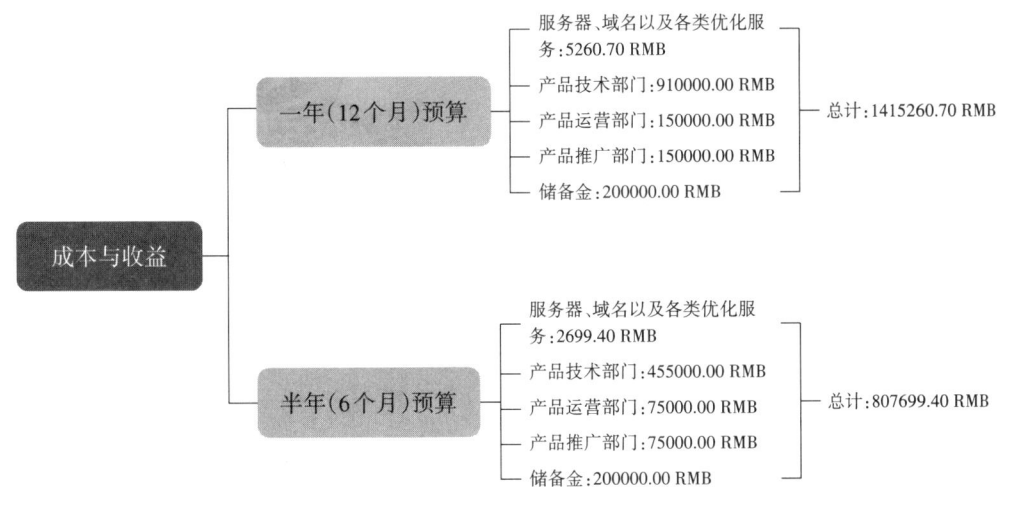

图2-8 成本与收益

一年(12个月)预算
- 服务器、域名以及各类优化服务:5260.70 RMB
- 产品技术部门:910000.00 RMB
- 产品运营部门:150000.00 RMB
- 产品推广部门:150000.00 RMB
- 储备金:200000.00 RMB
- 总计:1415260.70 RMB

半年(6个月)预算
- 服务器、域名以及各类优化服务:2699.40 RMB
- 产品技术部门:455000.00 RMB
- 产品运营部门:75000.00 RMB
- 产品推广部门:75000.00 RMB
- 储备金:200000.00 RMB
- 总计:807699.40 RMB

8.风险与对策

(1)SWOT分析。

陌生人社交产品的风险是存在的,而风险是因人而生,当然也可以因人而去。任何产品都是需要掌控一个尺度,一个边界,一个底线才能适应市场。我们用SWOT法来分析。

S:团队成员对社交产品经验丰富;现有平台拥有大量粉丝群体;拥有强大的技术支撑。

W:产品起步稍晚且竞争较大;团队成员较为年轻对人性、细节、设计拿捏不到位;产品前期曝光率低。

O:社交领域需求强烈且长期保持行业增长;算法匹配愈加重要,可从侧面精准定位用户需求;竞品提前踩坑,避免走弯路。

T:各家新秀逐渐进场,竞争激烈;陌生人社交演变到最后的熟人社交。

Strengths	Weaknesses	Opportunities	Threats
●团队成员对社交产品经验丰富 ●现有平台拥有大量粉丝群体 ●拥有强大的技术支撑	●起步稍晚且竞争较大 ●团队成员较为年轻对细节、设计拿捏不到位 ●产品前期曝光率低	●社交领域需求强烈且长期保持行业增长 ●算法匹配愈加重要,可从侧面精准定位用户需求 ●竞品提前踩坑,避免走弯路	●各家新秀逐渐进场,竞争激烈 ●陌生人社交演变到最后的熟人社交

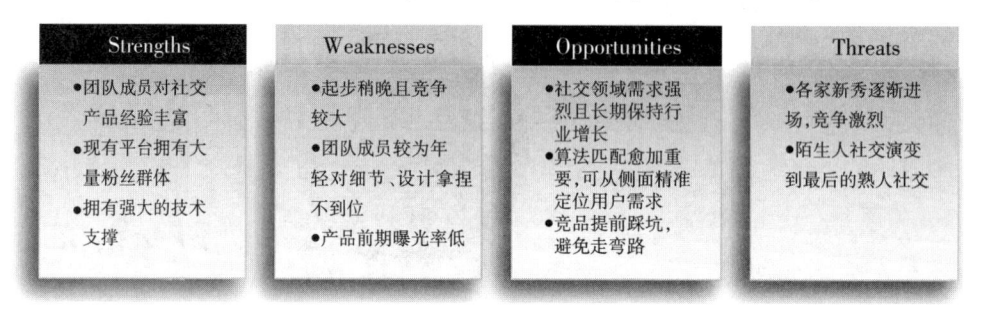

图 2-9 SWOT分析

(2)了解风险。

根据以上分析我们不难看出,机遇和风险是共存的,但我们既然有成功的欲望,就要敢于承担风险,只有这样才能够最终实现伟大的目标。对于一个想要在众多产品中杀出一条血路的团队来说险中有夷,危中有利。要想有卓越的结果,我们就得敢冒风险,而我们需要了解的风险包括但不限于以下内容:

●产品潜在内容风险(违反社会底线的内容);

●产品核心技术人员的流失;

●竞争对手的模仿、超越以及不断迭代;

●用户数据安全风险;

●竞品打压风险;

●财务风险;

了解风险

市场风险
数据风险
财务风险

- 产品潜在内容风险
- 产品核心技术人员的流失
- 竞争对手的模仿、超越以及不断迭代
- 用户数据安全风险
- 竞品打压风险
- 财务风险

图2-10　了解风险

9.掌握对策

《左传·襄公十一年》中有一句:"居安思危,思则有备,备则无患。"正所谓有备无患,掌握好能预知的问题并控制其对策,是对每一个产品的负责。所以我们根据以上风险,制定了相应的备选策略:

- 采用算法匹配以及人工审查等方法处理不良内容;
- 签署竞业协议,从企业福利以及同事关怀多方面鼓励核心技术人员;
- 运用人无我有,人有我优,人优我廉的政策应对竞品;
- 从物理层面以及算法层面多方面对数据进行安全保障;
- 采取多渠道发布、多方法引导、多层次吸引保证产品的传播性;
- 在项目初期建立后引入资本融资,缓解公司资金压力;

处理对策

市场对策
数据对策
财务对策

- 采用算法匹配以及人工审查等方法处理不良内容
- 签署竞业协议,从薪资以及人性多方面鼓励核心技术人员
- 运用人无我有,人有我优,人优我廉的政策应对竞品
- 从物理层面以及算法层面多方面对数据进行安全保障
- 采取多渠道发布、多方法引导、多层次吸引保证产品的传播性
- 在项目初期建立后引入资本融资,缓解公司资金压力

图2-11　处理对策

10.总结

对于社交市场来说,没有竞争力就没有生机没有活力,而没有创新就意味着没有突破没有未来。尤其在2019年,"社交蛋糕"所剩不多,而难度系数和收益系数也在同倍增长。

总体来说目前移动社交产品的商业潜力正在被各家逐渐挖掘探索,而未来的社交市场是个性化社交,而每个人会根据自己的喜好以及兴趣选择两到三款作为常用社交产品。当然,社交只是工具,人也不可能花大量的精力和时间只玩社交,最终会淡化为生活中的一种方式,我们的目标就是成为生活方式中最特别的那一种,在市场的磨砺下逐渐成长!

知识回顾

对于所有策划活动的开展与推进而言,审时度势都是必备的基础和条件。凡成功者,从来不打无准备之战。

新媒体产品的策划,最首要的工作及任务就是进行全面、深入的市场调研,具体包括宏观环境、行业态势以及自身实力等方面的调查与分析。唯有通过科学、详实的市场调研,方能敏锐地发现、把握机会,找准产品的研发方向,为产品立项奠定坚实的基础和充分的理由,并最终将机会转化为成功。

思考题

1. 简述市场调研的意义、流程与方法。
2. 简述PEST分析的主要内容。
3. 行业态势分析可从哪些方面切入?
4. 简述SWOT分析的主要内容。
5. 选择自己熟悉的一款产品,模拟撰写商业需求文档。

第三章 产品定位：聚焦用户，明确功能

知识目标

1. 产品定位的相关概念。
2. 用户分析的内容与方法。
3. 产品概念的提炼。
4. 市场需求文档的内容与框架。

能力目标

1. 了解STP的主要内容、产品概念的提炼方法。
2. 熟悉用户分析的主要内容、市场需求文档的体例和结构。
3. 掌握产品定位、用户分析的方法，会撰写市场需求文档。

思维导图

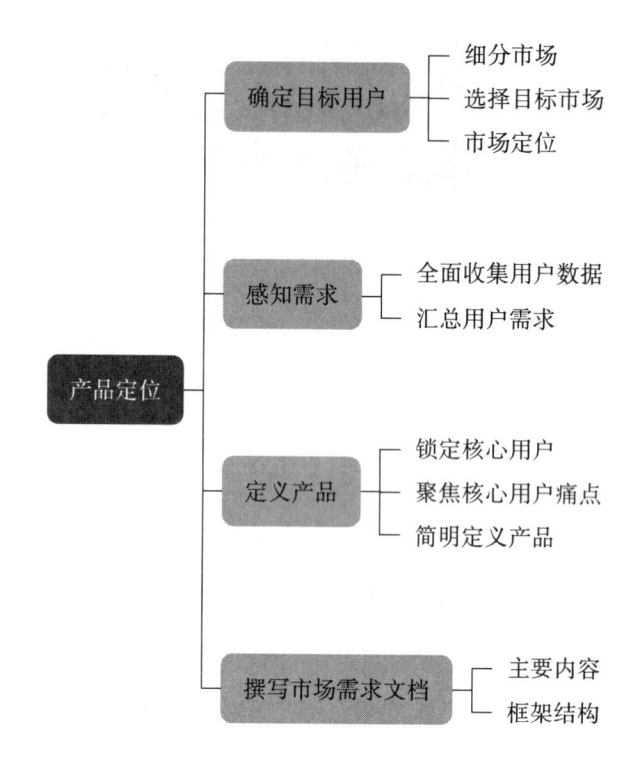

- 产品定位
  - 确定目标用户
    - 细分市场
    - 选择目标市场
    - 市场定位
  - 感知需求
    - 全面收集用户数据
    - 汇总用户需求
  - 定义产品
    - 锁定核心用户
    - 聚焦核心用户痛点
    - 简明定义产品
  - 撰写市场需求文档
    - 主要内容
    - 框架结构

案例导入

1996年,三位以色列青年维斯格、瓦迪、高德芬格联合开发了一款互联网交流软件——ICQ(意为 I SEEK YOU,我找你)。使用 ICQ,不需要借助第三方服务就可以在互联网上聊天、发送信息、传递文件,互动性远远高于当时的 BBS 和电子邮件,因此其用户增长数"非常惊人",问世不到一年时间,ICQ 就成为世界上用户数量最大的即时通信软件。

马化腾很早就注意到了 ICQ。1998年8月,广州电信面向全社会公开招标征集类似 ICQ 的中文即时通信工具,马化腾当即与公司成员商议,准备参与竞标。马化腾和张志东写了一份竞标书,并给规划中的产品取名 OICQ(O 取自 OPEN),中文名为"中文网络寻呼机"。

在竞标失利之后,马化腾提议把 OICQ 先"养起来"。当腾讯正式创办的时候,已经看到寻呼机行业的下滑趋势,但是又无能为力。他们当时的想法是,先把 OICQ 做出来,养着,反正它也不大,赚钱还是要靠卖软件。

其后,张志东带着几位技术高手开始研发 OICQ。1999年2月10日,OICQ 的第一个版本——OICQ 99 beta build 0210 正式发布。在市场早已有三款汉化版的 ICQ 产品供人们使用的现实状况之下,腾讯的OICQ很快后来居上。上线两个月之后,其用户增长态势就呈现为"一条非常陡峭的抛物线",高峰时期每90天就增长4倍,完全超出了马化腾和张志东最初的设想。

OICQ如此成功的主要原因,吴晓波将之总结为两点:一是对手的麻痹与羸弱,二是技术的微创新。那些基于ICQ基础上的微创新,主要是针对中国市场,针对当时中国互联网和网民的实际状况而做出的应用性创新。

其一,ICQ中用户内容和朋友列表都直接存储在电脑的客户端上,这在美国一点问题都没有,因为在当时的美国,个人电脑已经非常普及,很多中产家庭拥有一台以上的电脑,绝大多数白领都有自己的电脑。对于他们来说,内容放在哪里都无所谓。而在当时的中国,个人计算机的普及率不足1%,已有的240万网民中,70%以上都是25岁以下的年轻人,他们都没有自己的专用电脑,只能到街头网吧或工作单位去上网。无论是单位或是网吧的电脑,都无法做到一人独享,所以时常须换用不同的电脑。这样,存储在客户端的内容和朋友列表就没办法保留,这无疑是一件让人非常烦恼的事情。于是,OICQ将用户内容和朋友列表从客户端搬到后台服务器,彻底解决了用户的烦恼和痛点:任何人在任何一台电脑上使用OICQ,都能找到自己的朋友列表。

其二,ICQ软件的体积一般是3MB—5MB,而当时中国的互联网还是非常原始的窄带,只能拨号上网,网速非常慢,普通的上网带宽只有14K、28K,54K就算是很快的速度了。在这样的网速条件下,下载一个ICQ软件需要几十分钟,非常考验一个人的耐心。OICQ的开发者对软件的体积进行了卓有成效的控制,第一个内部版本全部完成只有220KB,用户下载只需要5分钟左右,与ICQ相比实乃有天壤之别。

除了上述的两项创新之外,最初版本的OICQ还针对ICQ自带的一些缺陷进行了修订与改良。如有别于ICQ只能与在线好友聊天、只能按照用户提供的信息寻找好友,OICQ增设了离线消息功能,还允许用户直接添加在线陌生网友为好友,极大地拓展了社交功能;有别于ICQ单调的用户图像显示方式——一个用户名+一个标准的花形,在线为绿色,离线为灰色,OICQ提供一些个性化头像,如唐老鸭、加菲猫、皮卡丘、大力水手等,供用户选择以展现自己的个性;另外,OICQ还设计了消息提示音……

对于腾讯OICQ的这些创新和修订,吴晓波有很中肯的评价,这一系列看似细微的创意和设计,导致了一个截然不同的结果:腾讯的OICQ是一款看上去源自ICQ,其实更属于中国用户的产品。它们的思考出发点均非技术的革命性突破,而是客户的点滴体验!"在OICQ这款产品上所展现出来的智慧,几乎是优秀的中国互联网从业者们的共同

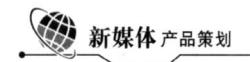

特质:从互联网产业诞生的第一天起,中国人在核心技术的开发和基本产品模式的发明上就不是美国同行的对手,他们从来就是一群大胆的'拿来主义者'。然而,在本土化的改造上,他们却进行了无数的应用性创新,这些微小的、细节性的、更为务实的创新让那些外国开发者望尘莫及,甚至难以找到规律。从本质上说,这些创新属于经验和本能的范畴。"①

在此,腾讯于"经验与本能的范畴"对ICQ进行的"本土化的改造",主要、直接体现为立足于当时中国网络环境的实际,特别是根据中国网民上网条件和方式的特点,进行有针对性的改进与完善,也就是做到了"有的放矢"。

无数的产品被研发、生产出来,其最根本的目的就是为有需求的人服务,解决他们面临的问题,帮助他们走出困境。当有越来越多的用户喜欢并不断消费、使用某个产品时,产品便成为成功的、知名的产品,企业也会从中获得不菲的经济利益和商业价值。因此,对于新媒体产品研发团队而言,能否准确把握市场需求,找准用户"痛点",推出适销对路的新媒体产品,这是必须面对、解决的重大问题。

第一节 确定目标用户

常言道:"人上一百,形形色色。"一般情形下,很少会有一种产品能够满足所有人的需求和喜好。因此,对于企业、公司的产品研发和生产而言,必须在对整个行业和市场做过全面了解和分析的基础上,进一步根据一些重要的变量对市场进行细分,从中找到适合自身进入和发展的目标市场。

所谓市场,依据世界著名市场营销学家菲利普·科特勒的总结,其最初的含义是产品买卖双方聚集交易的场所,如菜市场、建材市场等;在经济学家的研究中,市场往往用来泛指某种或某类产品的买方和卖方的总和;市场营销学者则认为,产品的卖方构成了行业,买方构成了市场。②在此,我们讨论新媒体产品策划过程中对市场的细分,沿用的是市场

---

①吴晓波.腾讯传:1998-2016:中国互联网公司进化论[M].杭州:浙江大学出版社,2017.
②科特勒等.市场营销管理:亚洲版·上[M].郭国庆,等译.北京:中国人民大学出版社,1996.

营销学中的市场概念,主要指的是新媒体产品的消费者、使用者,也就是用户。

按照用户的不同特性,新媒体产品的市场可以分为两种形态:To B(To Business)和 To C(To Consumer)。To B指的是面向企业、公司和机构开发产品,简称B端,To C则是直接为普通消费者、终端用户提供产品,简称C端。

对于企业与品牌而言,在这两种市场形态的基础上,还需继续细分,以找到有较大需求并适合自己进入的目标市场,以此为主战场,重点经营,将之做大做强。

围绕细分市场这一活动,许多前辈在实践和理论两方面进行了探索和总结,提出了很多观念与主张。在此基础上,美国市场营销学家菲利普·科特勒做了进一步的提炼、丰富与发展,将之升华为完整的营销战略体系——STP。企业或产品团队要有效建构一个完整的营销战略体系,必须依次推进、完成三项核心任务:市场细分(market segmenting)、目标市场(market targeting)、市场定位(market positioning)。市场细分的目的就是为了确定目标市场,明确商品的目标消费者究竟是哪一群人、是怎样的一群人,进而针对目标消费者的实际状况和需求,为之生产、提供有独特特点和鲜明个性的产品以及品牌形象,在目标消费者心中占据重要的位置。

一、细分市场

细分市场,即按照一定的参考变量,对某种或某类产品的市场做进一步的条块分割,将整个市场细分为数个小市场,以彰显各个小市场之间的差异和区隔。在同一个市场内,不同的企业、公司可以根据自身的实力和条件,针对不同的小市场,开发、生产差异化的产品,以满足其目标消费者个性化的需求。

对市场进行细分,是商品、市场发展到一定程度的必然产物。简单地说,市场就是由买方和卖方基于商品的交换活动而形成的。买卖双方也就是商品的供求双方之间的关系,随着商品数量、规模的不断增长,呈现出明显的变化,甚至是质的转变。

在商品匮乏乃至紧俏的时代,作为卖方的企业,也就是商品的生产者占据主动位置,主导着市场的格局和走向。此时的市场属于典型的卖方市场,同时也是一个统一的大市场,即卖方生产什么、生产多少;买方就只能买什么、消费多少,几乎一切都是卖方说了算,买方完全是被动的,其个性化的需求也处于沉睡状态。在这样的时代背景、市场状况之下,企业只需按自己的计划生产出自己能生产的产品,再投入市场即可,根本无须再考虑其他的因素。只要有相应的广告营销活动的配合,几乎所有企业的产品皆能在市场上畅行无阻。

生产力的不断提高,商品种类和数量的不断增多、丰盛乃至过剩,直接导致市场内的供求关系发生反转——从供不应求走向供过于求,决定市场走向的主要因素自然也开始由卖方转移到买方,买方不仅有了选择的空间,也拥有了选择的权利。此时,对于商品的生产者、供应者来说,不能再奢望以一款产品覆盖全部市场、满足所有消费者的需求,必须找准具体的市场目标,即选择哪一群人作为自己的目标消费者、为之提供其特别渴求的产品与服务,才能在日趋激烈、残酷的竞争中占据有利位置,立于不败之地。到了20世纪中期,先前大一统的市场观念便被新的市场细分的观念取代。

1956年,美国市场学家温德尔·史密斯率先提出市场细分的概念,强调应该依据不同消费者在需求上的差异将某种(类)产品或服务的市场细分为多个互有区别的小市场。每家企业与机构,都必须结合自身的实力和条件,在某个大市场中寻找适合自身发展的目标市场,将人力、物力和财力集中在这个目标市场进行深耕,研发出有个性特点的产品,最终形成自身的特色和优势。

(一)市场细分的必要性

首先,市场是由一个个具体的消费者组成的。很大程度上,每个消费者的生活状况、面临的问题、内在的需求、观念和趣味、行为方式等都各不相同,作为供人消费、为人服务的产品来说,理应充分考虑并满足每一个个体的独特需求。只有投其所好、对症下药,方能事半功倍,获得好的反馈和回报。

其次,每个企业、每家机构的人力、物力、财力都是有限的。即使倾其所有也很难全面覆盖、有效满足整个市场的需求。最聪明的做法就是选择自己擅长的领域作为主攻目标,集中力量在某一点(或几点)进行深挖与拓展,有针对性地打造拳头产品、提供个性化的服务,慢慢做出自己的特色、做成自己的特长。某个产品及服务一旦有了自己的特色与特长,那么,它在这个特定的市场内也就有了很强的竞争力和号召力,进而占据主动地位。

最后,激烈而又残酷的竞争存在、弥漫于所有的行业与市场内,如何灵活、巧妙地应对竞争,是每个企业、每家机构时时刻刻都需高度重视、密切关注、审慎处理的问题,稍有懈怠就可能给企业带来厄运,使公司陷入困境。面对无时不有、无处不在的市场竞争,特别是在强劲的对手面前,与其针尖对麦芒地硬碰硬,最终落得两败俱伤或是惨败而归,不如主动采取差异化市场策略,既可避其锋芒,又能扬己之所长,从而使自身立于不败之地。

(二)市场细分的主要依据

一般来说,在对某个市场进行细分时,可以从以下几个因素入手。

第一,地理因素。即依据消费者所处的地理位置、地理环境(包括地形、气候等)等因素细分市场。如国内市场与国际市场,城市(又可分为一、二、三线)市场与农村市场,东北市场、华中市场、华南市场……

第二,人口统计因素。主要以人口统计的常规变量:年龄、性别、职业、收入、受教育程度、家庭人口、家庭类型、家庭生命周期、国籍、民族等,对市场做最基础的细分。如男性市场、女性市场;老人市场、儿童市场、婴幼儿市场……

第三,用户心理因素。主要从消费者与用户的内在心理、精神层面切入,对市场进行分割。不同的消费心理,不同的购买动机,不同的性格,不同的审美标准、价值观念以及生活方式,都会导致人们的需求以及对相关产品和服务的要求,在其内在的品质和外在的形态与设计方面,呈现出巨大的差异,非常有必要区别对待。

第四,用户行为因素。主要基于用户对产品的了解、态度、购买及使用情况与反应,如购买时间、地点、方式、频率以及购买习惯、追求的利益、使用频率、对品牌的忠诚度等,对市场进行细分。很多市场营销学者认为,行为变量是进行市场细分的最佳起点。[1]

在具体操作实践中,可以根据实际情形和需要,采用不同的方法对市场进行分析、研判。如基于单一变量细分、综合多个变量细分、系统梳理系列变量细分等。

(三)市场细分的步骤

在新媒体机构与平台决定开发某个新媒体产品之前,对将要进入的市场进行细分是非常重要、关键的。那么,应当遵循怎样的过程与步骤来具体实施呢?有很多学者对此进行了总结和描述。其中,美国市场学家杰罗姆·麦卡锡提出的"市场细分七步法"获得了很多人的认可与推广。其"七步法"主要包括:基于市场的细分、细分市场的识别、

---

[1]菲利普·科特勒,加里·阿姆斯特朗.市场营销:原理与实践:第17版[M].楼尊,译.北京:中国人民大学出版社,2020.

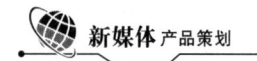

细分市场的吸引力、细分市场的盈利性、细分市场的定位、细分市场的"最后考验"和营销组合战略[1]，见表3-1。

表3-1 市场细分七步法

步骤	描述
1.基于市场的细分	根据顾客在解决特定消费问题时所追寻的相似的需要和利益将顾客划分为不同的细分市场。
2.细分市场的识别	对于每一个基于需要的细分市场，判断哪些人口统计特征、生活方式和使用行为使得这个市场与众不同和易于识别（可操作）。
3.细分市场的吸引力	使用预先确定的细分市场的吸引力标准（例如市场增长率、竞争强度和市场可入性），判断每个细分市场的总体吸引力。
4.细分市场的盈利性	判断细分市场的盈利性。
5.细分市场的定位	针对每一个细分市场，根据该细分市场独特的顾客需要和特征创造一个"价值主张"和产品价格定位策略。
6.细分市场的"最后考验"	创造"细分市场的分镜头脚本"来检验每一个细分市场定位战略的吸引力。
7.营销组合战略	扩展细分市场定位战略以包含营销组合的所有方面：产品、价格、促销和地点。

将一个大市场细分为数个小市场，其具体流程大致如下。

第一步，确定产品即将进入的市场范围，即哪个行业、什么产品、主要消费者是谁，首先要有比较明确的意向和初步的设想。

第二步，了解、梳理市场内主要消费者的基本需求。产品是顺应需求而诞生的，需求直接决定着产品的走向。

第三步，了解不同潜在消费者的不同要求。即在明确基本需求的基础上，区分、把握潜在消费者的个性化需求。不同的消费者对同一款产品，在满足几乎一致的基本需求之外，还各有一些特殊化的需求，要梳理清楚，并将之一一罗列出来。

第四步，忽略潜在消费者共性化的要求，围绕每一个特殊化的需求点，深入探究、琢磨。

第五步，依据潜在消费者差异化的基本需求，将市场划分为由不同消费群体组成的数个子市场。

第六步，进一步分析每个细分市场内潜在消费者需求和购买行为上的特点，探究其

---

[1] 科特勒,凯勒.营销管理:第15版[M].何佳讯,等译.上海:格致出版社,上海人民出版社,2016.

内在的心理动机,看它是否能够成为一个真正有效的细分市场。

第七步,对每一细分市场的规模等相关要素进行评估。

以上七个步骤环环相扣、依次推进。当然,实施过程中应结合实际情形,随机应变,主要能抓住关键要素,有些步骤也可融合在一起,齐头并进。

二、选择目标市场

对于新媒体产品的策划来说,细分市场是为了选择适合产品进入的目标市场。

所谓目标市场,就是企业在对某个或某类产品的市场进行细分的基础上,最终确定要进入、主攻的市场。在著名的市场营销学者麦卡锡看来,目标市场往往由一个特定的消费者群体构成,只有找准目标消费者,充分了解、准确把握特定消费群体的独特需求,才可能为之量身定制真正适合他们的产品和服务。

通过市场细分,某个(类)产品的市场被细化为数个子市场。接下来,就应对每一个子市场进行更加全面、深入的分析,并结合企业、研发团队自身拥有的相关条件综合考量、权衡、比较哪个或哪几个子市场是最佳选择,进而将之确定为企业和团队主要针对的目标市场。

(一)对各个细分市场进行全面评估

市场被细分为数个子市场之后,每一个子市场的规模、增长趋势、竞争状况、是否适合企业进入、其发展前景如何……这些问题都必须加以仔细的梳理和分析,以为决策提供参考。在对不同的细分市场进行评估时,企业通常重点围绕两个方面的因素展开,一是细分市场的总体吸引力,二是企业自身的目标和资源。[①]

首先,对各个细分市场内的需求状况加以梳理、分析及识别。明确每个细分市场的目标消费者是谁,其主要特征是什么,面临的何种问题与困境,对产品有何期待,等等。

其次,了解各细分市场内的现实状况,如已有哪些企业和产品进入,消费者的满意程度怎样,盈利状况和竞争态势如何,有何缺陷、威胁乃至风险,等等。在此基础上对细分市场的总体吸引力做出客观、理性的评估。

最后,结合企业自身的状况,看投资各细分市场是否契合企业的目标和总体营销战

---

① 科特勒,凯勒.营销管理:第15版[M].何佳讯,等译.上海:格致出版社,上海人民出版社,2016.

略,也就是投资某个细分市场是否具有意义,投资价值有多大;再权衡以企业现有的资源和能力进入细分市场之后,是否有机会和实力提供用户急需的产品进而赢得利润。

经由以上几个方面的分析、考量,对整个行业与各个细分市场基本可以形成一个比较客观、理性的评估。

(二)判定细分市场的有效性

在对各个细分市场进行全面分析的基础上,结合企业、产品研发团队自身拥有的资源和条件,继续对细分市场的有效性做出判断。

一般来说,有效的细分市场应该具备以下基本特征[①]。

其一,可测量。指的是评判细分市场的一些关键性要素,如市场规模、购买力及其特征等,都可以被测量。如果某细分市场不能被客观、准确地测量,也就意味着这个市场充满了未知性,难以被明确界定,不是有效的细分市场,需谨慎对待。

其二,足够大。指的是细分市场的规模和利润大到值得为之服务。也就是企业进入这个细分市场之后可以实现盈利。对于企业来讲,盈利是其走向良性循环、实现可持续发展的基础和保障。因此,细分市场的规模、效益及其回报是否够大、够充足,这是决定企业是否进入的关键因素。

其三,可接近。指细分市场可以被有效地接近和服务。这里包含两个方面的含义:一是细分市场有很大的吸引力,企业与产品研发团队愿意进入,能够获得相应的回报;二是以企业与产品研发团队自身的实力和条件,在与竞争对手的比较中占据一定的优势,有信心、有能力进入。

其四,可区分。指的是细分市场在主打概念上能够被清晰地予以区分,也就是能够与相邻的其他细分市场形成鲜明的差异,使彼此清晰地区别开来,以突显个性。如果缺乏与相邻市场之间明显的差异,则细分市场难以成立。

其五,可操作。即针对细分市场,企业与产品研发团队能够准确把握目标消费者的实际需求,制定相应的整体营销战略,并有序又有效地推进、实施。

(三)选定目标市场

某个行业、某个(类)产品的市场可以被分成数个小市场,但并不是每一个细分市场

[①]科特勒,凯勒.营销管理:第15版[M].何佳讯,等译.上海:格致出版社,上海人民出版社,2016.

都是有效的,都值得企业重视。同时,每一个企业的实力和能力也根本不可能兼顾每一个细分市场的需求,因此,选择重点、淘汰非重点,就是顺理成章、自然而然的事情。

对于企业的整体经营而言,目标市场的确立非常重要、关键。一般来说,可供选择的目标市场的类型有四类:大众市场、单一(或利基)细分市场、多元细分市场和个人市场。[①]

大众市场基本忽略市场的差异,以一种产品覆盖、服务于整个市场和所有的消费者,实行无差异化的大众营销。传统媒体时代的媒体产品大多沿用的都是大众市场策略,如今的新媒体产品则早已告别这一传统市场策略,普遍采用在细分的基础上选择目标市场的方式,即菲利普·科特勒和凯文·莱恩·凯勒所说的单一(或利基)细分市场、多元细分市场:

单一(或利基)细分市场。所谓单一细分市场,即只选择某一个细分市场作为目标市场,针对其独特的需求专门开发、生产产品,集中在此细分市场内进行营销。利基市场则"是一个定义更狭窄的顾客群体,他们在细分市场中寻求与众不同的利益组合。营销者通常通过把细分市场划分为次级细分市场来确认利基市场"。[②]换句话说,利基市场是在某细分市场中的进一步细分。

多元细分市场则是从各种角度入手,寻求、确定差异化的营销策略,常见的方式有以下四种。

其一,产品专业化。企业瞄准几个细分市场作为目标市场,重点研发、生产一种产品,以期能够满足带有共性的市场需求。

其二,市场专业化。企业只选择某一个细分市场作为重点目标,研发、生产出系列产品以满足目标消费者的多点需求。

其三,选择专业化。企业选择几个自身具有优势且适合发展的细分市场作为目标市场,并聚焦每个细分市场的消费需求,分别提供与之相适应的产品。

其四,市场全覆盖。指企业将所有的细分市场都作为自己的目标市场,分别研发、生产各种不同的产品,分别满足每一细分市场各不相同的个性化需求。这种方式既考验企业决策者的胆识和魄力,也对其拥有的各种资源有相当高的要求,不是一般企业敢于尝试、能够施行的。

[①]科特勒,凯勒.营销管理:第15版[M].何佳讯,等译.上海:格致出版社,上海人民出版社,2016.
[②]科特勒,凯勒.营销管理:第15版[M].何佳讯,等译.上海:格致出版社,上海人民出版社,2016.

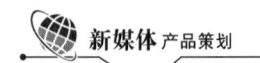

个人市场则是将市场细分演绎到极致的结果,即在大数据和相关技术支撑的基础上,与最具价值的目标消费者建立有效的沟通和牢固的关系,为之量身定制产品、提供服务,更通俗的说法就是"私人订制营销""一对一营销""个人定制化营销"。

当然,不同的企业肯定会有不同的选择;即使同一家企业,在不同时期、不同阶段的选择可能也会有很大差别。最重要的是要以理性、谨慎的态度,综合考虑各方面的多种复杂要素,做出最适合自身、最顺应市场需求和发展方向的选择。

三、市场定位

目标市场确定之后,就要集中力量对之进行全面、深入的调查、分析及研究,找准市场定位。就像罗杰·J.贝斯特强调的那样,针对目标市场潜在消费者独特的需求和特征,创造一个相应的"价值主张",以获得他们的共鸣与认同。

定位这一概念由两位美国人艾·里斯和杰克·特劳特提出。从最初艾·里斯强调的每个品牌都需要一句话来表述它与竞争对手的区隔,经由杰·特劳特用"定位"一词来概括这种工作方法,再到二人合作发表系列文章、出版专著,定位理论最终定型为:"定位是你对未来的潜在顾客的心智所下的功夫,也就是把产品定位在你未来潜在顾客的心中。"这一论述进一步说明了真正决定产品命运和走向的不是企业,不是生产者,而是产品的消费者和实际用户。对于所有产品而言,只有真正契合、满足目标消费者的心理预期和实际需要,才有成为畅销好产品的可能。在相当程度上,定位是否准确、恰当,直接决定着产品及其企业的成败和命运。由此,定位理论诞生后,在商业、营销领域应用很广、影响很大,2001年被美国营销学会评选为"有史以来对美国营销影响最大的观念"。

市场定位就是基于对目标市场内诸多要素的全面分析和准确把握,针对目标消费者的心理需求,结合自身的特长和优势,确立企业、品牌及产品独特的形象与追求,并通过相关营销活动将之深深地植入目标消费者心中,与竞争对手形成鲜明的对比。

(一)研究目标市场,明确竞争态势

在确定了目标市场之后,接下来的工作就是对目标市场进行全面、深入的调查与分析,弄清市场内的现有格局,特别是主要、直接竞争对手的状况。具体分析、思考时,可重点围绕以下问题展开。

第一,目标消费者的主要需求有哪些?目前这些需求在多大程度上得到满足?在哪些方面还存在不足,或是有明显欠缺?还有哪些沉睡的需求可以被激活?

第二,目标市场内的直接竞争对手有哪些?已有产品满足了哪些具体需求?这些产品的现有市场状况与竞争力如何?

基于对以上问题的思考研究,可以像菲利普·科特勒和凯文·莱恩·凯勒推荐的那样,确定一个"竞争性战略框架",准确识别并全面分析主要竞争者,梳理出彼此的共同点和差异点,以便从中发现、寻求突破的机会。

(二)反复比较分析,明确自身优势

一般来说,机会都具有稍纵即逝的特点。同时,当一个机会真的出现时,会有诸多企业、数个产品团队摩拳擦掌、跃跃欲试。要想牢牢抓住机会并走向成功,首先,要眼明手快,快速而又准确地分析、判断机会的价值,即这个机会是不是一个真机会、好机会,值不值得全力以赴地去抓、去争取。这需要企业和产品团队,特别是其领导者、决策者有胆有识,以及对相关领域的长期关注和思考。其次,还要从多角度与层面切入,将多种因素结合在一起进行客观、理性的比较分析,权衡自身有没有实力和能力去利用好这个机会,直接将之转化为胜利。

比较分析,就是要综合考量多方力量、多种因素,最后权衡利弊,看自身具有哪些有利条件、何种优势,能在激烈的竞争中抢得先机,进而锁定胜局。对于品牌的市场定位来说,就是要反复斟酌、比较自身与竞争者之间的各种差异点和共同点,找出自身的竞争优势,在此基础上再将之提炼为品牌的价值主张。

定位就是为了凸显品牌个性,以便与竞争品牌形成鲜明的区隔,由此,品牌价值主张往往会聚焦于品牌之间的差异性。在菲利普·科特勒和加里·阿姆斯特朗看来,能够实现差异化目标的差异点往往集中在以下几个方面[1]:

1. 重要性:对目标顾客而言,该差异点非常有价值。
2. 独特性:竞争者不能够提供,或者公司与竞争对手相比具有明显的优势。
3. 优越性:与向消费者提供相同利益的其他方法相比更加优越。
4. 可沟通性:该差异点适于沟通,购买者可以看到。
5. 专有性:竞争者不能轻易模仿。

---

[1]菲利普·科特勒,加里·阿姆斯特朗.市场营销:原理与实践:第17版[M].楼尊,译.北京:中国人民大学出版社,2020.

6.经济性:购买者能够买得起。

7.盈利性:推广该差异点可以为公司带来利润。

(三)提炼价值主张,形成独特定位

定位的主战场是目标消费者、目标用户的心智。相较于先前所有的营销理念,定位理论最大的改变就是将营销的重点从产品转向人心。对于消费者、用户来说,许多需求是与生俱来、人人皆有的。当他们有某种需求的时候,会首选哪个品牌,或者说"我为什么要购买你的品牌"? 这是所有品牌都高度关心、关注的问题。而对这个问题的回答也非常简单,那就是品牌有直击人心的价值主张——该品牌赖以差异化和定位的所有利益的组合[①]。

价值主张一般都是一个抽象的概念,要想深入人心,还需要进一步具体化为"定位陈述"或"品牌真言"。有人为"定位陈述"概括了一个简单的格式——对于目标细分市场而言,我们的(品牌)是一种(与众不同的)概念。如"对需要帮助记住事情的多任务执行者而言,Evernote是一个数字内容管理应用程序,帮助你借助计算机、电话、平板电脑和网站轻松捕捉和记录日常生活中的瞬间和创意"。[②]"品牌真言"则是对品牌核心与灵魂的一个词或者三到五个词的清晰阐述,并且与其他诸如"品牌精髓"和"品牌核心承诺"等其他品牌概念密切相关。如麦当劳的"食物、家人和快乐(Food, Folks and Fun)"。[③]相较而言,"定位陈述"多用于内部的宣讲与推进,"品牌真言"常通过广告等营销活动直接与消费者和用户进行沟通。

当然,好的品牌定位很难一蹴而就。很多时候需要产品策划者结合用户、时代与市场变化等多方面的因素反复琢磨、不断改进,甚至有时还会走一些弯路。如抖音就曾"经历了三次截然不同的定位"——2016年刚推出时抖音(当时还叫A.me)的定位是专注于年轻人的音乐短视频社区,与之前的另一个产品Musical.ly太过相似,瞄准10—20岁的女孩子;2017年转变为一款针对年轻艺术生和嘻哈偶像的炫酷应用程序;2018年,在"制定了一个深思熟虑的系统性战略"之后,将触角"扩展到各种中尾和长尾的内容细分市场",不断贴近大众。与之相适应,其品牌口号也不断更新,从最初的"让崇拜从这里开始——专注新生代的音乐短视频社区",过渡到"年轻音乐社区",最后变成非常简单、

[①]菲利普•科特勒,加里•阿姆斯特朗.市场营销:原理与实践:第17版[M].楼尊,译.北京:中国人民大学出版社,2020.
[②]菲利普•科特勒,加里•阿姆斯特朗.市场营销:原理与实践:第17版[M].楼尊,译.北京:中国人民大学出版社,2020.
[③]菲利普•科特勒,凯文•莱恩•凯勒.营销管理:第15版[M].何佳讯,等译.上海:格致出版社,上海人民出版社,2016.

中性的"记录美好生活"。①

至此,针对产品、品牌进行市场细分,找准目标市场并实施准确市场定位的工作基本告一段落。品牌定位的明确,无疑为产品的具体研发指明了努力的方向。接下来的工作就是深入探究、洞察目标消费者和用户,抓住他们面临的最大问题,寻求高效的解决方案。

第二节　感知需求

正如菲利普·科特勒和加里·阿姆斯特朗所言,要想为顾客创造价值并与他们建立可盈利的关系,市场营销者必须首先获得关于顾客需要和欲望的新鲜的、深入的洞察。公司正是运用这种顾客洞察来建立竞争优势。②从20世纪后期开始,在市场营销活动中,顾客洞察、消费者洞察、用户洞察都是广受重视的高频词。进入互联网时代之后,"用户思维"更是得到全面普及和广泛认同,用户的地位与作用日益彰显。在一个个成功的产品背后,都有深刻、独到的用户洞察的支撑。"一切以用户价值为依归""用户至上"早已成为每一个互联网产品人行动的指南。

数十年来,著名的尼尔森(Nielsen)公司跟踪了成千上万款新产品的上市情况并发布报告,介绍这些新产品的市场表现。调查结果显示:"接近80%的新产品的表现远低于预期,最终被归为'失败''令人失望''撤销',年年如此,没有例外。"③在Google前工程总监阿尔贝托·索维亚看来,大多数新产品的失败不是因为人们缺乏设计、构建或营销的能力,而是因为它们并非市场所需。我们把它构建正确了,但我们并没有构建"正确的它"——一款有足够多的人想要或需要、值得开发的产品。由此,阿尔贝托·索维亚强调,做产品一定要"先确保你在构建'正确的它',再确保你能把它构建正确"④。

所谓"正确的它"指的是一个创意,关乎一款只要执行到位就能在市场上取得成功的新产品创意,与"错误的它"相对。80%左右的新产品之所以最终归于失败,主要原因

---

①马修·布伦南.字节跳动:从0到1的秘密[M].刘勇军,译.长沙:湖南文艺出版社,2021.
②菲利普·科特勒,加里·阿姆斯特朗.市场营销:原理与实践:第17版[M].楼尊,译.北京:中国人民大学出版社,2020.
③阿尔贝托·索维亚.做对产品[M].徐毅,译.天津:天津科学技术出版社,2021.
④阿尔贝托·索维亚.做对产品[M].徐毅,译.天津:天津科学技术出版社,2021.

就在于这些新产品的创意是一个个"错误的它"。在现实的产品策划与运作中,几乎所有"错误的它"也都很重视市场调研,并投入了的大量的时间与金钱,但针对这些失败的产品所做的所谓的市场调研大多数都不是在真正的市场中进行的,而是在称之为"空想之地"的一种虚构环境中进行的。空想之地是一个假想空间,在这里每个潜在的新产品都诞生于一个简单、纯粹且抽象的创意,我们可以把它想象成一个创意孵化所。也就是说,如果产品策划人员只待在空想之地,只依赖自己的思考、别人的观点、专家的意见,最终都无法找到"正确的它"。唯一正确、可行的途径与方法就是:"逃离空想之地""数据胜过事实,尤其是你自己的数据"。①

"你自己的数据(your own data,YODA)"与"他人的数据(OPD)"相对,是指"你自己的团队亲自收集的用于验证创意的第一手市场数据",这些第一手数据必须满足"新鲜度、强关联、可信度和统计学意义"等标准。②要保证新产品的研发、生产始终在正确的道路上行进,团队成员亲自收集、掌握大量的第一手数据,特别是关于目标用户的数据,是最基本的要求,也是最切实的保障。

一、全面收集用户数据

腾讯公司曾用8个关键词(用户、定位、需求、时机、匠心、危机、合作、商业)来总结、描述自己的产品心法,排在第一位的就是"用户",而且紧跟其后的两个关键词"定位"和"需求"也与之密切相关,由此可见腾讯对用户的重视程度;换个角度,也足以显现"用户"对产品成败的重要性。在腾讯的经营理念里,公司的一切活动都应该"以用户价值为依归",产品就是围着用户转的。这个理念流传很广、影响很大。腾讯内部有一个"10-100-1000"法则:产品经理每个月必须做10个用户调研,关注100个用户博客,收集1000个用户体验反馈。可以说,这个"10-100-1000"法则就是实现"以用户价值为依归"理念的基础、条件和保障。没有"10-100-1000"的投入与付出,就不可能准确找到用户价值;对自己的用户都不熟悉、不了解,"正确的它"自然很难出现。好产品的诞生,一定是基于全面、深入的用户研究。

---

① 阿尔贝托·索维亚.做对产品[M].徐毅,译.天津:天津科学技术出版社,2021.
② 阿尔贝托·索维亚.做对产品[M].徐毅,译.天津:天津科学技术出版社,2021.

1997年,在苹果全球开发者大会上,苹果创始人史蒂夫·乔布斯曾说过一段话,至今对产品策划人仍极富启示:你应当先从顾客体验的角度着手,然后再反推到具体技术上。你不能从技术出发开发产品,然后再尝试把它卖给消费者……当我们要尝试为苹果制定新的策略和愿景时,源头应该在这里:我们如何才能为顾客带来惊人的收益?……而不是:让我们与工程师一起坐下来,看看我们掌握了什么了不起的技术,怎样才能把它推向市场。我认为这才是我们应当选择的正确道路。[①]一切新产品的研发,都应该以顾客、用户的真正需求为起点、为指南、为归宿。

对于新媒体产品的策划来说,用户研究的主要目的、目标就是精准把握目标用户的需求,然后有的放矢、对症下药,研发、生产能满足其特定需求的产品。畅销书《人人都是产品经理》的作者苏杰认为:"用户是需求之源",用户研究的关键就是"从用户中来,到用户中去",并将用户研究的过程分解为三个步骤:需求采集、需求分析和需求筛选。[②]

需求采集,就是利用各种调查方法,实际接触经过选择的目标用户,观察其外在的言行举止,了解其内心的想法,汇聚成数据。需求采集是一件非常耗费时间和精力的工作,同时也需要一定的资金、资源作为支撑。而最终获得的数据的数量和质量,则很大程度上取决于采用的调查方法是否合适、恰当。

要全面、深入地了解、洞察一个活生生的人,一方面需要听他(她)怎么说、看他(她)怎么做,同时还要追寻其之所以如此说与做的内在的想法与原因,因此,在选用调查方法时,应综合运用定性研究和定量研究两类方法,以做到表里结合、内外兼顾。苏杰在已有的用户研究方法的基础上,重点强调、介绍了四种"常用的需求采集方法":调查问卷、用户访谈、数据分析、可用性测试,见图3-1。[③]

[①] 丹·奥尔森.如何开发一个好产品:精益产品开发实战手册[M].张潮文,译.北京:中国人民大学出版社,2017.
[②] 苏杰.人人都是产品经理:入行版.互联网产品经理的第一本书[M].北京:电子工业出版社,2021.
[③] 苏杰.人人都是产品经理:入行版.互联网产品经理的第一本书[M].北京:电子工业出版社,2021.

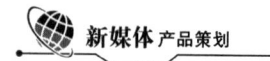

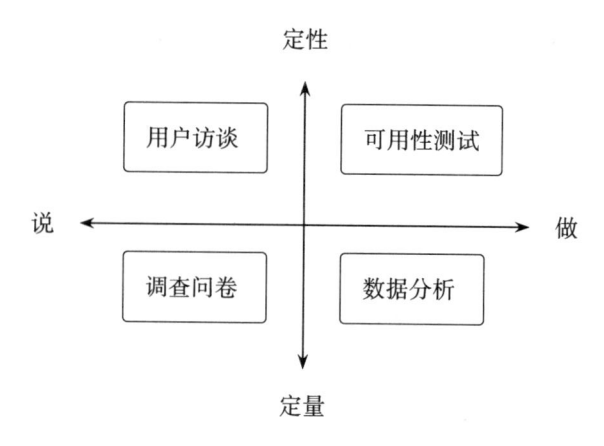

```
                          定性
                           ↑
        ┌─────────┐        │       ┌─────────┐
        │ 用户访谈 │        │       │ 可用性测试 │
        └─────────┘        │       └─────────┘
   说 ◄───────────────────┼───────────────────► 做
                           │
        ┌─────────┐        │       ┌─────────┐
        │ 调查问卷 │        │       │ 数据分析 │
        └─────────┘        │       └─────────┘
                           │
                           ↓
                          定量
```

图 3-1　常用的需求采集方法

（一）听用户"说"想法

用户访谈和调查问卷主要是听用户"说"，即通过访谈人员的提问或是一份直接、简单的调查问卷让用户作答：谈他们的想法，发表他们的感受、体验，提出意见或建议。在具体的实施过程中，两种方法都需要在前期经由案头工作积累、分析了大量二手信息的基础上，围绕调研目标与主要问题拟出采访提纲、调查问卷。依据苏杰的经验和体会，采访提纲和调查问卷既有区别又有联系："用户访谈的提纲通常是开放式问题，适合与较少的访谈对象进行深入的交流，以解决困惑、确定产品的方向；而调查问卷中通常封闭式问题比较多，适合大量用户的信息收集，但不深入，一般只能获得某些明确问题的答案。调查问卷不是考卷，不适合安排问答题。用户访谈与调查问卷之间也有联系，我们经常通过前者的开放式问题为后者收集具体的封闭式问题的素材。"[1]从这句话中，我们还可以看出一点：从调研流程的角度，一般情况下，最好先做开放式的用户访谈，围绕几个采访重点让用户们敞开了聊，这样可以为后续的调查问卷指明方向、确立重点。

相较而言，用户访谈属于定性研究，调查问卷则是定量研究的常规方法。用户访谈可以是一对一或者一对多（如焦点小组、用户大会）的面对面交谈；也可以通过电话、借助网络通信工具在线交流，方式灵活多样，但在用户规模和覆盖范围上比较受限。曾在惠普、网景、eBay等一流企业负责产品定义和发现工作的马丁·卡根认为，用户访谈是"任何一个产品经理最强大且最重要的技能之一，也常常是许多突破性产品创意的来源和灵感"。[2]

---

[1] 苏杰.人人都是产品经理:入行版.互联网产品经理的第一本书[M].北京:电子工业出版社,2021.
[2] 马丁·卡根.启示录(第二版)[M].朱丹俊,高博,译.北京:中国人民大学出版社,2019.

访谈过程中,访谈人员要做一个耐心的聆听者,抱着真诚的心态,冷静、理性地察言观色,始终牢记访谈的目的,把握好访谈的节奏与方向,不作过多的人为的诱导,也不放任访谈对象信马由缰、海阔天空。应充分利用宝贵的访谈时间,围绕、针对关键问题展开互动,探究用户的真实想法。在此,关键问题主要有[①]:

1.你的客户是你认为的那种人吗?
2.他们真的存在你认为的问题吗?
3.现在,客户是如何解决这个问题的?
4.他们需要什么才能改变?

有效的用户访谈,可以通过一问一答切实了解用户的目标、想法与观点,因此,"经常被用在新产品方向的预研工作中,或者通过数据分析发现现象以后,用来探索现象背后的原因"。[②]

调查问卷,也就是人们常说的问卷调查。这是人们最熟悉、最有效,运用最广泛的一种调研方法,也有人认为它是一种最简单、成本很低的方法。[③]调查问卷需事先设计、制作好问卷,确定好调查对象及其人数以及抽样的方式,然后将问卷以线上或线下的方式送达给调查对象,让其直接作答,或由专人(如调研人员或客服)询问并记录,最后回收、整理、甄别问卷,获取数据。

调查问卷的结果是否科学、真实、全面,与问卷的设计、样本的选择密切相关。针对调查问卷的设计,前锤子科技产品经理、嘟嘟美甲联合创始人刘飞总结出以下原则[④]:

1.切忌问题具有引导性;
2.切忌问题中有含糊不清的内容;
3.对于涉及敏感话题的问题要特别注意;
4.尽量少用问答题,让用户减少思考;
5.切忌问题过多。

关于样本的选择,苏杰在其《人人都是产品经理:入行版.互联网产品经理的第一本书》中强调了两个注意点:[⑤]

第一,尽可能覆盖目标群体中各种类型的用户,比如各种性别、年龄段、行业、收入等;

[①]马丁·卡根.启示录(第二版)[M].朱丹俊,高博,译.北京:中国人民大学出版社,2019.
[②]苏杰.人人都是产品经理:入行版.互联网产品经理的第一本书[M].北京:电子工业出版社,2021.
[③]刘飞.从点子到产品:产品经理的价值观与方法论[M].北京:电子工业出版社,2017.
[④]刘飞.从点子到产品:产品经理的价值观与方法论[M].北京:电子工业出版社,2017.
[⑤]苏杰.人人都是产品经理:入行版.互联网产品经理的第一本书[M].北京:电子工业出版社,2021:55.

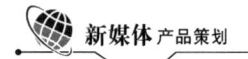

第二,要保证各种类型用户的样本比例接近全体的比例,比如目标用户中男女比例为7:3,样本也应按此比例抽取。

(二)观察用户行为

要真正了解一个人,不仅要听其言,更要观其行。在一些特别的场景中,人可能会言不由衷,带有很多掩饰或矫饰。有的人说话喜欢夸大其词,有的人不善于表达,言不及义,这都会在一定程度上影响其"言"的真实性。反观人的行动,一般情况下基本都受其内心的支配,是内在想法、冲动和欲望的直观外化。市场调查中常用的观察法,就是调研人员深入到各种场景中,如在购物或使用产品时去观察用户的一言一行、一举一动。如今,许多行业、企业纷纷运用人种志学研究方法,选派训练有素的观察者在自然状态下观察顾客、用户,并与他们互动交流,此种方法能够获得许多简单的访谈与调查问卷难以捕捉、了解到的信息。①

对用户行为进行观察、跟踪与记录的方式与方法,在传统时期与互联网时代有很大的差别。传统时期,这一切工作基本都靠调研人员在线下一一实施、完成,既费时费力,同时获取的数据也非常有限;进入互联网时代,特别是移动互联网和智能设备普及之后,用户线下线上的各种行为:消费行为,社交行为,搜索行为,互动行为如转发、留言、评论,自主创作与传播行为……均能非常便利、准确、快速地被跟踪、记录、储存,进而形成覆盖面广、内容丰富的海量大数据。当然,数据本身无论多少,并不能直接说明、解决任何问题。只有将众多零乱的、分散的信息与数据放在一起,进行一番整理、甄别,然后再深入地进行分析、挖掘,发现海量信息和数据之间的内在联系,提炼出其内在价值,并将之应用于各种实践之中,海量大数据的意义才能真正得以显现。因此,对从各种渠道汇集而成的海量大数据,调研人员须进行初步的甄别、整理,去伪存真,去粗取精,然后运用各种系统、技术对信息与数据进行深入的分析与挖掘,探究各种信息及数据之间的关系,在深刻洞察的基础上形成用户画像。

对用户行为数据进行分析与挖掘属于典型的定量研究,可用性测试则是让典型目标用户直接使用产品Demo或最小化可行产品(MVP),调研人员在一旁全程观察用户的操作行为,并了解用户的体验与感受。可用性测试的主要目的是发现用户在实际使用产品的过程中出现的各种问题,一般情况下主要安排在产品的最简易可用版本实现之

---

①菲利普·科特勒,加里·阿姆斯特朗.市场营销:原理与实践:第17版[M].楼尊,译.北京:中国人民大学出版社,2020.

后、正式版本上线之前进行。[1]但在实际的使用过程中,完全可以更加灵活、多样:"可用性测试在产品的各个阶段都可以做。在尚无任何成型的产品时,可以拿竞争对手的产品给用户做;在产品只有纸面原型时,可以拿着手绘的产品,加上纸笔给用户做;在产品只有页面Demo时,可以拿Demo给用户做;在产品已经上线运行时,可以拿真实的产品给用户做。以避免我们犯同样的错误。"[2]同样,调研人员在整个测试过程中只做冷静、客观的观察和记录,千万不要对用户有任何的引导和暗示,只有在用户实在进行不下去时,再给予一定的提示,以此保证产品存在的诸多问题都能暴露出来。[3]

  对信息和数据的收集是一个长期的过程,就像腾讯的"10-100-1000"法则所显示的,需落实到日常工作、生活的每时每刻与每个环节。只要坚持认真、投入地去做,那么从中获取的回馈也是能让人终身受益的。在2022年的年度演讲中,雷军回顾了自己职业生涯中的几次失败以及从中获得的感悟,带给人们很多启示。如他带着团队历时三年时间研发的金山盘古办公系统,目标就是要与微软的Office办公系统一较高低,但1995年4月发布上市之后,"销售极为惨淡,不及预期的十分之一",其心态"直接崩了"的同时也隐隐有一种不甘与不服:"金山这样的金字招牌,盘古这么好的产品,怎么就卖不动呢?"于是,下定决心要"一竿子捅到底",深入第一线去探究问题的症结何在。身为产品负责人、对销售毫无经验的雷军亲自到北京中关村最大的一家软件店去"站店卖货":头三天在店里喋喋不休地向顾客介绍,最后"颗粒无收";第四天,改变策略,转而静静观察其他销售员如何卖货;第五天,边琢磨边练习,到中午终于卖出第一单;第七天,一跃成为店内销售冠军。七天站店卖货的经历,雷军自认为"非常累,但收获巨大",一个典型的例证就是他发现每天都有几位顾客进店就问"有没有电脑入门的软件",刚开始很疑惑,"买本书看看不就行了吗"? 被问的次数多了,终于恍然大悟,"既然这么多人想买,做一个不就完了吗"? 由此,《电脑入门》以最快的速度推向市场,并迅速登上软件畅销排行榜,大获成功。这段经历让雷军感慨良多:"作为一个工程师,一定要做用户需要的产品,而不是做那些看起来只是高大上的产品。只要能做出用户想要的产品,销售就不是问题。""回头再看盘古的问题,原因非常简单,就是因为'闭门造车'。"[4]

---

[1]刘飞.从点子到产品:产品经理的价值观与方法论[M].北京:电子工业出版社,2017.
[2]苏杰.人人都是产品经理:入行版.互联网产品经理的第一本书[M].北京:电子工业出版社,2021.
[3]苏杰.人人都是产品经理:入行版.互联网产品经理的第一本书[M].北京:电子工业出版社,2021.
[4]引自雷军《穿越人生低谷的感悟》。

二、汇总用户需求

通过以上几种常用的用户调研方式,产品团队可以从多个角度获取关于用户的多方面的信息,最终汇聚成海量大数据。但各自分散、零乱的信息与数据本身并不能直接解决任何问题,唯有对信息和数据进行全面、深入、细致的分析,厘清、把握产品策划活动中最关键、核心的要素,方能制订科学、有效的产品目标和策略。

首先,要全面分析、梳理目标用户最基本的需求。对从各种渠道汇集的各种数据在去粗取精、去伪存真的基础上进行由表及里的分析,将用户的需求一一整理出来。在分析、整理时,一定要带着专业、职业的眼光和意识,不能盲目相信用户的表达和意见,否则就可能被用户带偏方向。丹·奥尔森曾善意地告诫产品策划人,别奢望顾客会把他们的问题空间完全展示在你面前。他们很难就抽象的潜在收益以及不同方案间的相对重要性做出正确判断,即使他们告诉你答案,也很可能是不准确的。因此发掘这些需求并定义问题空间是产品开发团队自己的工作。[1]产品人苏杰做用户研究的体会和经验就是:"要听用户的意见,但不要照着做。"在他看来,"有的用户很'危险',在提意见的同时还说你们应该做成什么样子,这时候产品经理一定要头脑清醒,用户提的解决方案往往是站在自己的立场上考虑的。""有时候,用户给出的做法存在明显的逻辑矛盾,就算他给出的解决方案合理,也要再深挖用户最根本的需求。"[2]就像那个流传很广的关于福特汽车的故事:亨利·福特为研发新产品做用户研究,问匆匆赶路的人他们最需要什么,得到的答案是"一辆更快的马车(Wagon)",最后福特给他们的却是和马车完全不一样的"汽车(Car)"。做用户研究,绝对不能偷懒,局限于用户当下的需求,停留在用户言辞和行为的表面,必须层层深入、不断追问:言辞与行为背后的原因、动机和目的是什么?这些原因、动机和目的又是基于怎样的人生理念与价值取向?在犹如剥洋葱的过程中将一些伪需求筛选出来予以剔除,最后留下来的基本都是用户内在的真正的需求。另外,大多数用户都并非专业人士,对自己的内在需求并不能非常准确、清晰地感知并描述出来,调研人员更多的时候还需从其模模糊糊甚至模棱两可的表述中去猜测、预知其需求,并找到解决方案予以满足。就像苹果创始人史蒂夫·乔布斯所说的:"要想按照大众的需求设计产品真的很难,在大多数情况下,人们根本就不知道自己需要什么产品,因

---

[1]丹·奥尔森.如何开发一个好产品:精益产品开发实战手册[M].张潮文,译.北京:中国人民大学出版社,2017.
[2]苏杰.人人都是产品经理:入行版.互联网产品经理的第一本书[M].北京:电子工业出版社,2021.

此,在他们知道自己的产品需求之前,主动告诉他们,他们所需要的产品。"前瞻的意识、专业的眼光,对于一个产品策划者来说非常重要,必须具备。

其次,对梳理出来的用户需求要按轻重缓急依次进行排序。人的需求是复杂、多样且多变的,不同的人有不同的需求,同一个人在不同的时间和空间有不一样的需求。面对琳琅满目的各种需求,调研人员需以专业的"火眼金睛",进一步识别需求的真伪,并依据主要的考量指标对所有的需求按照重要、急迫程度依次排队,形成清晰、直观的需求列表。

最后,对需求列表中位列前几项的需求反复进行权衡、比较,选出一个最重要、最急迫的"刚性需求"。对于刚性需求,苏杰曾用三个关键词——真实、刚需、高频——加以形容、描述:第一,它是真实的需求,不是幻想、臆想出来的伪需求;第二,它是很强烈的需求,不予以满足就会坐立不安、难以忍受;第三,这种需求发生的频率很高。[①]对于产品策划活动来说,只有找到并聚焦一个刚性需求,产品研发才有明确、具体的方向和起点。换句话说,所有的产品,特别是新产品,绝对不可能在起步阶段就能覆盖、满足多种复杂的需求,突出重点,先满足某个最重要的刚性需求,是最普遍、最行之有效的产品研发策略。

第三节　定义产品

找到了用户的刚性需求,接下来的工作就是思考、探索究竟应该用怎样的产品来满足这种需求。马丁·卡根将这一环节称之为"产品发现",强调产品发现是负责产品策划的产品经理的首要职责,产品经理需要花费大部分时间和他的产品团队、重要的利益相关者以及客户相处,从而发现客户喜欢并能解决业务问题的方案。并称产品团队发现、完成产品是一个"技术、思维方式和文化"相结合的过程,而不是任何单一的过程。[②]他认为,产品发现工作的基础框架"就是要确保一致性并识别关键风险"[③]:

第一个目标是确保团队在整体目标刻画上保持一致。我们必须达成一致的内容包

[①] 苏杰.人人都是产品经理:思维版:泛产品经理的精进之路[M].北京:电子工业出版社,2021.
[②] 马丁·卡根.启示录(第二版)[M].朱月俊,高博,译.北京:中国人民大学出版社,2019.
[③] 马丁·卡根.启示录(第二版)[M].朱月俊,高博,译.北京:中国人民大学出版社,2019.

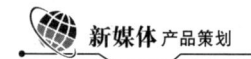

括：聚焦的业务目标，拟为用户或客户解决的特定问题，为哪些用户或客户解决问题，如何度量成功。这些应该正好与产品团队的目标和关键结果保持一致。

第二个目标是定位产品发现工作中需要解决的重大风险。我发现大多数团队倾向于以他们应对自如的方式处理特定类型的风险。

产品发现工作的主要任务就是要为整个产品策划团队确立明晰、一致的整体目标。

对于用户来说，刚性需求是其在现实生活中面临并需要解决的最大问题，也就是人们常说的"痛点"。这个痛点不消除，其生活、工作或学习就会不舒服、不顺畅。那些"适销对路"的好产品，都是能够很好地解决、消除用户痛点的产品。

著名产品人周鸿祎也曾用三个关键词来描述他心目中脍炙人口的极致产品——刚需、痛点、高频。在他看来，最符合人性的需求且需求非常强烈，甚至非要不可，就是刚需，痛点是用户在解决需求时，遇到的阻碍，比如时间、金钱、难易程度等；高频则是指产品的使用场景在用户的日常生活中经常出现。[①]

从实用的角度来看，用户之所以购买、使用某一产品，是为了解决某一问题。换句话说，产品其实也就是一种解决问题的方案。在诸多探讨互联网产品的书籍里，经常出现"问题"和"解决方案"两个概念。马丁·卡根在其著作《启示录(第二版)》中，专门将这两个概念并置在一起进行讨论，认为思考并谈论解决方案而不是问题是人类的天性，但行业中最重要的经验之一就是应该热衷于问题，而不是解决方案。因为最初的方案往往不能解决问题——至少不足以驱动形成一个成功的业务。在找到真正解决潜在问题的方案之前，通常要尝试好几种不同的方案。因此，产品发现的工作就是要梳理出那些潜在解决方案背后的"真正的问题"，并确保我们提供的任何"解决方案"都能解决它。[②]其思想可以总结为一句话：产品发现之旅的起点是找到"真正的问题"。从"真正的问题"出发，产品团队需更加具体、更有针对性地思考：产品的核心用户是谁？其最主要的痛点及其本质是什么？这个(些)痛点在何种场景被频繁触发？最后提出产品概念，形成对新产品的整体构想。

[①]周鸿祎.极致产品[M].北京：中信出版社，2018.
[②]马丁·卡根.启示录(第二版)[M].朱月俊，高博，译.北京：中国人民大学出版社，2019.

一、锁定核心用户

产品发现的第一步是弄清楚新产品要解决的"真正的问题"究竟是谁的,也就是明确产品的核心用户。以用户为中心,以用户为出发点,是所有互联网产品研发和生产秉承的基本原则,只要是用户特别需要的,就值得大力研发、生产;如果一味站在企业和公司的立场,固守"我想做什么就做什么"的传统观念,一定会被市场无情地抛弃。

互联网时代,用户的概念越来越多地替代了先前的"顾客"和"消费者"的概念。当然,在这几个概念之间,仍然存在一定的重合关系。在不同的场合、不同的时期,产品策划活动针对的用户有着明显的区别:

从最宏观、广义的角度,用户常常被视为"产品关系人"——只要与产品相关的人都是用户,包括产品的策划者、研发者、运营者、销售者,甚至老板、投资者等都包括在内。[1]产品的购买者、使用者自然也是典型的"产品关系人"。

每一家企业、公司及其产品都有自己的目标市场,主要服务于自己的目标用户。目标用户的范畴自然小于用户的范畴,产品团队前期所做的用户研究主要针对的就是目标市场内的所有目标用户,其视野还是较为宽泛、宏观的。在个性化追求得以普及的今天,即使在一个细分市场内,一款产品也不可能兼顾到所有目标用户的问题与需求,继续细分是一个必然的选择与结果。因此,在进入实质性的产品功能的研发环节之前,需进一步缩小用户范围,在目标用户的基础上找到"真正的问题"的拥有者——核心用户。

核心用户就是即将研发的产品重点针对的对象,也是未来产品的主要使用者。其重点人群来自于目标用户的范畴之内,但数量和规模明显小于目标用户。核心用户面临的问题和其内在需求,直接决定着产品的主要功能以及后续的视觉设计、体验设计等诸多环节与因素。

如何在目标用户中准确地找到产品的核心用户?苏杰在其《人人都是产品经理:思维版:泛产品经理的精进之路》中,结合淘宝首页的真实案例做了具体的分析和归纳[2]:

第一步:做用户细分,也就是对目标用户进行分类。与淘宝首页有关联的"干系人"可以分为以下几种类型——买家、卖家、合作伙伴(服务于买卖方的服务商)、淘宝员工、竞争对手、机器爬虫,等等。这是依据用户充当的不同角色所做的分类,除此之外,还可

---

[1]苏杰.人人都是产品经理:思维版:泛产品经理的精进之路[M].北京:电子工业出版社,2021.
[2]苏杰.人人都是产品经理:思维版:泛产品经理的精进之路[M].北京:电子工业出版社,2021.

以按照用户对产品的熟悉程度、使用产品时的场景以及一些常规的人口统计信息进行分类。

第二步：判断每一类用户的价值，按优先级依次排列。对淘宝首页来讲，买家肯定是最重要的用户群体。

第三步：判断买家这个用户群体的粒度是否足够细。如果够细，买家就是淘宝的核心用户；如果还不够细，则需再循环以上三步骤，继续进行细分，直至找到粒度够细的核心用户。对于淘宝首页来说，"买家"的粒度还不够细，于是，产品策划者进一步从用户对产品所在领域的熟悉程度的视角入手，将买家再细分为新手、中间用户和专家。权衡比较，新手买家无疑是淘宝首页的核心用户。"因为只有新手买家，才会在首页上仔细研究各个板块。相对成熟一点的用户虽然也会访问首页，但通常只是'路过'，然后直接去某个特定的频道。或者，他们已经形成了自己的购物习惯，直接从'我的淘宝''收藏的店铺'里开始，甚至从一些外部的导购站点进入淘宝。"[1]

为使产品研发的后续工作能够精准定位并解决问题，还需在明确定义核心用户究竟是怎样一群人的基础上，具体描绘出核心用户的画像，以统一产品团队所有成员对用户的理解，达成共识并具体落实到每个人的每一项细小的工作中。在做用户画像时，行业内最常采用的方法就是人物角色模型（Personas）。阿兰·库珀认为人物角色模型就是"对使用者和他的愿景的精确定义"，它"并非某个真实存在的人物"，而是"假设的使用者模型"。[2]从操作流程来说，产品的人物角色模型就是在高度提炼、概括出产品核心用户的共同特征及需求的基础上，再把它具体落实、还原到一个虚构的人物身上，就像生活中一个活生生的、有着七情六欲的人。在《如何开发一个好产品：精益产品开发实战手册》中，丹·奥尔森强调：良好的人物角色模型应该包含核心用户的人口、心理、行为以及需求属性，重点描述其主要特性，再加上用户原型的一张快照，全部内容控制在一页纸的篇幅内。一般来说，人物角色模型中应包括如下信息[3]：

- 姓名；
- 有代表性的照片；
- 对其最关心内容的表述；
- 职衔；

---

[1] 苏杰.人人都是产品经理：思维版：泛产品经理的精进之路[M].北京：电子工业出版社，2021.
[2] 丹·奥尔森.如何开发一个好产品：精益产品开发实战手册[M].张潮文，译.北京：中国人民大学出版社，2017.
[3] 丹·奥尔森.如何开发一个好产品：精益产品开发实战手册[M].张潮文，译.北京：中国人民大学出版社，2017.

- 人口统计资料;
- 需求/目标;
- 相关的动机与态度;
- 相关的工作与行为;
- 使用当前解决方案的苦恼与痛点;
- 知识技能水平(在相应的领域中,例如计算机熟悉程度);
- 产品使用环境(例如在喧闹、繁忙的办公室使用笔记本电脑还是在家中的躺椅上看平板电脑);
- 技术采纳的生命周期细分(在目标产品领域);
- 任何其他显著的特性。

二、聚焦核心用户痛点

明确了产品的核心用户是谁之后,继续思考下一个问题:他们目前最急需解决的问题及最本质的内在需求是什么?

还是以苏杰做淘宝首页这个产品时的思路为例,看如何完成这一环节的任务[1]:

第一步,梳理、罗列新手买家的各种需求。主要有逛、购物、学习如何使用淘宝等。

第二步,对罗列的各项需求做价值判断,看孰重孰轻,确定优先级。最后"购物"被确定为优先满足的需求。

第三步,判断"购物"这个需求的粒度是否足够细。如果足够细,则"购物"就是核心用户的刚需、痛点;如果不够细,则重复以上步骤继续细分,直至找到足够细的刚需。

可以看出,在以上三个步骤中,对各项需求做出价值判断最为重要、关键。刚需和痛点,都是在和其他需求点的相互比较中,因其最突出、最急迫而得以凸显的。产品策划者最终确定的核心用户的刚需和痛点是否准确、恰当,主要取决于策划者采用的比较角度和权衡尺度是否合理。那么,究竟应该从什么角度、用哪些标准来斟酌、评判用户的需求呢?刘飞的《从点子到产品:产品经理的价值观与方法论》一书为我们指出了两种可供选择的路径:基于场景深挖需求和从人性本质深挖需求。[2]

移动、智能时代,用户的需求与场景的关联性日益增强,因为手持移动终端的用户

---

[1] 苏杰.人人都是产品经理.思维版:泛产品经理的精进之路[M].北京:电子工业出版社,2021.
[2] 刘飞.从点子到产品:产品经理的价值观与方法论[M].北京:电子工业出版社,2017.

会随时、频繁移动于各种不同的场景之间,场景的变换自然也会带来其心态、需求及行为的变化,这是产品策划者必须关注的,就像产品人常说的:"做产品就是做场景。"[①]用户的刚需和痛点,都是在某个特定的场景之中萌发或者特别强烈地被唤醒,二者是紧密结合在一起,难以分割的。因此,找到与用户刚需和痛点高度匹配的"典型场景",是验证或提升刚需和痛点价值的有效途径。怎样的场景才称得上"典型场景"?苏杰给出的判断标准是有"唤起点",即某个特定场景能否让用户在第一时间主动想到你的产品,如果是,那么这个场景就是你的产品的典型场景。[②]同时,结合特定场景再反观用户的刚需和痛点,会使产品策划者的认识和理解更具体、形象、深入。

人的一切言行举止都受其内心的支配。每一个产品都希望能获得用户的青睐,让他们喜欢用、经常用,也就是说要让用户积极地行动起来;而要有效影响、引发用户的行为,必须深入到他们的内心深处。很大程度上,对目标用户的研究,对核心用户的剖析,最后都会归结到对最基本的人性的理解与把握。人有七情六欲,正是这些最普遍、深层的需求和欲望,汇聚在一起成为一切创新与创造的源头,激发、推动着无数新产品的诞生与流行。换个角度,如果产品策划者非常精准地把握到并利用好人性中最普遍、最典型的某个需求点,特别是弱点与缺憾,其策划的产品一定会正中用户下怀,一举成为爆款,大红大火。如现代人的生活节奏非常快,接触媒介、接受信息的时间早已极度碎片化,对新媒体产品的普遍要求就是"短、平、快"——能够方便、快捷且无须过多思考地解决问题。由此,在开发新媒体产品时,就要为其省掉一切不必要的麻烦,怎么简单怎么来。著名产品人张小龙、周鸿祎都曾表达过这样的观点:以"小白用户"的视角来思考如何做产品,周鸿祎公开将"像白痴一样去思考,像专家一样去行动"作为自己的座右铭和360公司的内部口号。[③]

在2022年度演讲中,雷军透露其在移动互联网的早期,为了真正了解移动互联网,曾以最笨的办法坚持做一件事情:在2G时代(网速慢)以功能手机(屏幕小)完成所有的线上事务,坚决不用电脑。在这个"痛苦的过程"中,最后得到了一个宝贵的经验:哪里有用户痛点,哪里就有创业者的机会,这也是他后来做各种移动互联网产品的主要思路。[④]

[①] 苏杰.人人都是产品经理:思维版:泛产品经理的精进之路[M].北京:电子工业出版社,2021.
[②] 苏杰.人人都是产品经理:思维版:泛产品经理的精进之路[M].北京:电子工业出版社,2021.
[③] 周鸿祎.极致产品[M].北京:中信出版社,2018.
[④] 引自雷军《穿越人生低谷的感悟》。

三、简明定义产品

明确了核心用户及其痛点之后,就要开始构想研发一个怎样的产品来为核心用户解决问题、消除痛点。为用户服务,这是一切产品诞生的初衷,存在的理由,成功的基础。对产品策划人来说,能否在用户需求与产品之间找到一个最佳结合点,直接决定着策划活动的成败。《如何开发一个好产品:精益产品开发实战手册》的作者丹·奥尔森曾参与过许多不同种类的产品的开发和研究工作,"在分析了许多产品遭遇失败的根本原因之后,我发现遭遇失败的产品有一个普遍模式,就是它们无法比其他替代产品更好地满足客户所需。这就是'产品-市场适配'(Product-Market Fit)这一概念的精髓,它是由美国网景通信公司的马克·安德森(Marc Andreessen)在2007年提出的。他还指出,那些创业公司'由于无法达到产品与市场的适配而遭受失败',对此我深有同感"[1]。"适配"二字,简单、明了地为产品策划人指明了方向:根据用户的所需、所好研发产品,提供给用户的产品能够为其带来巨大的价值,若能将二者恰到好处地结合在一起,好产品便呼之欲出。

换个角度,从企业、公司的立场来看,产品与服务是其体现、创造自身价值的关键要素,正如俞军所言:"产品是一种价值交换的媒介,企业用产品与用户交换价值。"[2]对此,梅丽莎·佩里做了更具体、深入的论述。她认为:"从根本上说,所有公司都是在一个价值交换体系中运作。""一方面,客户或用户存在问题、期望和需求;另一方面,公司通过创造产品或服务来解决客户或用户的问题,并满足他们的期望和需求。只有当问题得到解决,期望和需求被满足时,为客户实现的价值才得以体现。也只有这样,产品或服务才能为公司提供价值。"[3]换句话说,在产品身上,承载了买卖双方各自追求的利益与价值,只有当双方的追求都能借由产品来完成、实现,这个产品才是真正成功的产品;如果这个问题处理不好,就会使产品陷入梅丽莎·佩里所说的"构建陷阱"。"构建陷阱指的是当组织以产出而非成果去衡量成功时所陷入的困境。这种情况下,其专注于开发和交付功能,而非这些功能实际产生的价值。当公司停止为用户创造真正的价值时,将失去市场份额,业务也会受到干扰。"[4]这里的"产出"指的是一些很容易量化的东西,如产

---

[1] 丹·奥尔森.如何开发一个好产品:精益产品开发实战手册[M].张潮文,译.北京:中国人民大学出版社,2017.
[2] 俞军等.俞军产品方法论[M].北京:中信出版社,2020.
[3] 梅丽莎·佩里.卓越产品管理:产品经理如何打造客户真正需要的产品[M].田恬,译.北京:人民邮电出版社,2020.
[4] 梅丽莎·佩里.卓越产品管理:产品经理如何打造客户真正需要的产品[M].田恬,译.北京:人民邮电出版社,2020.

品或功能的数量、发布的次数,或开发团队的速度;"成果"则是指最终提供的能够解决客户问题的功能,这些成果才能实现真正的价值。在梅丽莎·佩里看来,"对于公司来说,陷入构建陷阱十分可怕,因为这会分散工作重心。每个人都专注于交付更多的软件,以致忽略了真正重要的目标:为客户创造价值,实现业务目标,先于竞争对手实现创新"[①]。因此,只有先为客户和用户创造价值,才能最终实现企业或团队自身的价值。那么,如何才能创造出能为用户带来价值的产品呢?

首先,找到能够真正满足核心用户刚需、化解其痛点的解决方案,即针对自己的核心用户,到底要研发、生产一个什么样的产品。如苹果智能语音助手Siri(Speech Interpretation & Recognition Interface),自2011年起广泛应用在iPhone、iPad、iPod Touch、HomePod等产品上。Siri瞄准的就是智能手机用户在查找相关信息时需反复点击屏幕或按键,"点击次数过多"这一痛点,利用语音识别、自然语言处理和人工智能技术,为之提供差异化、突破性的零点击技术解决方案——给用户一个直接提供答案而不是需点击的链接的"执行引擎"。通过Siri,用户可以以声控或输入文字的方式,便利、快捷地搜索衣食住行各方面的信息,查看相关评论并直接订位、订票;而且还能直接进行颇具人性化的人机互动,既能为用户避免很多麻烦、节约时间,同时还能给他们带来很多愉悦和惊喜,推出之后非常受欢迎。正如亨利·克雷歇尔和诺曼·威纳尔斯基的评价:蕴含于Siri之中的创意虽然简单,但是其功能相当强大。和使用搜索引擎完全不同的是,Siri是一款具有语音识别功能的"执行引擎"。人们使用智能手机时,无须点击,只要说出自然的语言就能获得他们查询问题的答案,寻求答案的繁杂操作全由Siri代劳(后来我们才称其为"虚拟私人助理")。有了Siri,用户只需对着手机说话,便能购买门票、预订餐馆、了解天气、查询电影。Siri给的是答案,而不是链接。[②]

其次,产品目标与价值思考清晰、明确之后,用简洁、明了的一句话加以概括、总结,形成产品概念。如Siri可概括为"零点击执行引擎"或"虚拟私人助理",既突出自身特色与竞争力,开辟虚拟私人助理这一全新市场领域,同时又与竞争产品形成鲜明的区隔,避免与搜索引擎巨头Google产生正面冲突,可谓一举多得。而且这一体现产品核心功能与价值的关键词句,一方面可以让负责产品研发的各位技术人员和设计人员更好地理解产品、把握重点;另一方面还可以直接运用于上线(上市)后的市场营销活动,让用户第一时间知晓、理解产品。

[①] 梅丽莎·佩里.卓越产品管理:产品经理如何打造客户真正需要的产品[M].田恬,译.北京:人民邮电出版社,2020.
[②] 亨利·克雷歇尔,诺曼·威纳尔斯基.产品改变世界:Siri如何成功创造千亿市场[M].邓联健,杨稳,译.北京:中信出版社,2017.

最后,对产品构想与创意进行验证,以规避各种可能出现的风险。在探讨如何创造用户喜爱的产品的《启示录(第二版)》中,马丁·卡根认为在产品发现阶段,产品团队须解决两个非常重要的挑战[1]:

第一,了解客户解决方案的细节需要是什么。包括确定是否有足够的客户需要这种解决方案(需求),以及想出一种对客户与我们的业务都奏效的解决方案。

更难的是,我们需要确保找到一个适用于很多客户的统一解决方案,而不是一系列的个别解决方案。要做到这一点,我们需要对很多创意进行彻底测试,并且测试过程要快且廉价。

第二,我们需要确保交付一个超棒和可扩展的产品,我们的客户可以依赖这个产品获得持续可靠的价值。团队在发布产品时要有信心。即使做不到完全自信,也至少不应该一边发布产品一边祈祷。因此,我们需要快速学习,才能在发布产品时保持自信。

两个挑战的本质可以归结为一点:保证做出的产品最终能够达成双赢,即用户和企业都能够从中受益,而且是可持续地受益。其前提就是:产品团队饱含自信地做对的产品,做超棒且可拓展、可持续的产品。自信从何而来?古语云:"人无远虑,必有近忧。"即使行进在正确的道路上,也要有忧患意识,时刻警惕并防范前路上可能存在、出现的风险,或是提前预判、主动规避;或是多准备几种方案,择优推出。在马丁·卡根看来,产品发现阶段需重点解决如下风险[2]:

1. 客户会购买或选择使用我们的产品吗?(价值风险)

2. 客户知道如何使用我们的产品吗?(可用性风险)

3. 我们能打造出优秀的产品吗?(可行性风险)

4. 这个解决方案对我们的业务有用吗?(业务可行性风险)

在产品构想及验证阶段,除了从用户和企业两个角度综合考量,看是否能够双赢之外,还有一个非常重要、不容忽视的角度,那就是竞争对手的状况。如今的市场,几乎不可能再找到没有竞争者的蓝海,同类产品的比较与竞争无时不有、无处不在,企业和产品团队在知用户、知自己的同时还必须知对手,方能获得真正的自信。

马丁·卡根结合自己的职业经历和经验,总结了做产品发现时应遵循的一些基本原则,值得我们学习、借鉴[3]:

---

[1] 马丁·卡根.启示录(第二版)[M].朱丹俊,高博,译.北京:中国人民大学出版社,2019.
[2] 马丁·卡根.启示录(第二版)[M].朱丹俊,高博,译.北京:中国人民大学出版社,2019.
[3] 马丁·卡根.启示录(第二版)[M].朱丹俊,高博,译.北京:中国人民大学出版社,2019.

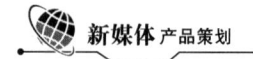

1. 不能依赖客户（或高管，或利益相关者）来告诉我们打造什么产品。

2. 最重要的事情是创造有目共睹的价值。

3. 尽管工程实现很难且重要，但是做到好的用户体验通常更难，对于产品的成功也更加至关重要。

4. 功能、设计和技术本质上是相互关联的。

5. 我们的很多创意并不会奏效，那些奏效的创意也需要很多次的迭代。

6. 我们必须基于真实的用户或客户来验证我们的创意。

7. 产品发现的目标就是尽可能以最快、最廉价的方式来验证我们的创意。

8. 我们需要在产品发现的过程中，而不是之后，验证创意的可行性。

9. 我们需要在产品发现过程中验证我们创意的业务可行性。

10. 共同学习。

第四节　撰写市场需求文档

产品策划团队对目标市场的现状、目标用户与核心用户的需求、主要竞品的深入剖析、对研发产品的总体构想与规划，最后都要形成文字，以市场需求文档的形式呈现出来。

市场需求文档（Market Requirement Document，简称MRD），是产品策划过程中继商业需求文档之后，第二个必须重点打磨的文档。如果说，商业需求文档主要是为产品正式立项提供重要的决策依据，属于比较宏观的战略性文件；那么，市场需求文档则是产品获批、启动之后，对究竟要做一个怎样的产品的集中论证，落点与要求都比较具体。所有新产品的诞生，都要经历一个从无到有、从0到1的过程。在这个过程中，有一系列决定产品成败的重大问题，如即将研发的这个新产品究竟是什么，它为谁而生，具有何种核心功能与价值，有何市场竞争力，等等，需要反复斟酌、深思熟虑，并通过市场需求文档将思考的结果也就是最后的答案——阐释清楚，以统一、指导产品团队所有成员的思想和行动。

一、主要内容

市场需求文档,必须有理有据地回答一个核心问题:针对目标用户的问题、期望与需求,企业与产品团队准备研发、推出怎样的产品,最终实现用户与企业双方利益与价值的共赢。知名产品人苏杰认为:做产品的第一步是要有一个idea,即有一个关于未来产品的基本想法,也就是要提出一个简单、明确的"产品概念"。而一个产品概念的提出,必须基于对五大要素:核心用户、刚性需求、典型场景、解决方案和竞争优势的综合把握。[①]因此,市场需求文档也就自然而然地围绕这几个要素展开。一般情形下,市场需求文档重点强调的内容有:

(一)市场概况

对企业或产品所在的目标市场的整体状况做一个高度概括的简要介绍,具体包括:哪个目标市场、目标市场的现有格局、市场规模与特征、现存问题与未来的发展方向、值得关注的苗头与机会等。

由于前期的商业需求文档对市场做过比较全面、细致的分析与介绍,那么,在市场需求文档中,只需把对与市场相关要素的分析结果即最后结论表述清楚即可,不用过多涉及细节。

(二)用户分析

在对市场整体状况有了一个全面、清晰、透彻的了解和认识之后,接下来就要聚焦于用户,对目标用户特别是核心用户进行细致、深入的解剖和洞察,需重点关注、分析的信息点有:目标用户的主要构成情况,核心用户是谁,核心用户的特征、问题、期望与需求,典型的用户画像,需求背后的深层动机,典型的需求场景等。

对用户分析的具体内容和方法,我们已在本章第三节中做了详细介绍。市场需求文档可择其重点,如核心用户及其画像、刚性需求与内在动机、用户使用场景等,将分析的结论简明扼要地呈现出来

[①]苏杰.人人都是产品经理:思维版:泛产品经理的精进之路[M].北京:电子工业出版社,2021.

(三)竞品分析

一般来说,同一个细分市场内会汇集数家企业与公司推出的数个产品,也就是说,为解决同一个问题而诞生的解决方案远远不止一个。但用户永远只会选择其中的一个产品,激烈的竞争便由此而生。而且产品数量越多,竞争就会越激烈;竞争越激烈,后来者成功的机会也就越渺茫。因此,市场需求文档需对目标市场是否还有自家产品成功的机会进行分析与论证,分析的重点就是主要竞争对手的产品。

首先,对目标市场内的主要竞品进行全面分析,重点梳理目标用户的需求和已有的满足需求的产品的功能,看现有需求的满足程度如何,哪些方面存在不足,是否还有未被重视、满足的需求等,已确定目标市场内是否存在机会。

其次,分析、论证自身是否有实力、能力把握住机会。也就是企业及其产品是否具有竞争优势。无论是企业、机构还是产品,竞争优势都是在与同类竞争企业及其产品的相互比较中体现出来的。换句话说,只有通过对主要竞品的分析与比较,才能真正发现自身的优势,进而将优势转化为胜势,竞品分析的主要目的和效用也体现于此。做竞品分析时,一般会选择自家产品最直接、重要、强劲的对手,以对比分析为主要方法,总结各自的特点、优势与缺陷,以作为自家产品策划的重要参考指标。

最后,结合自身优势,确定产品定位与概念,完成产品策划最关键的从 0 到 1 的过程。

(四)产品规划

严格地说,产品概念还只是存在于产品策划人头脑中,对未来产品的抽象构想,距离实实在在的能真正解决问题的产品还有很远的一段路程。一个抽象的概念应该如何在现实中落地;产品应该具备哪些核心功能才能有效解决用户的问题、满足用户的需求;这些功能的实现须有哪些要素的支撑,又应以怎样的步骤、流程完成,这些问题都须在产品规划部分一一回答、说明。由此,产品规划板块可以细分为产品定位、产品核心目标、产品功能结构、产品路线四个部分,或以文字予以描述或用图表直观呈现,使人们对产品的全貌,从内在本质到外在构成,都有一个全面、立体的认识和理解。

二、框架结构

在产品经理经常撰写的三个文档中,市场需求文档处于中间位置,连接起商业需求文档和产品需求文档,"是从商业目标到技术实现的关键转化文档"[①],非常重要。市场需求文档,主要立足于全面、细致、深入的市场和用户分析,瞄准核心用户的刚性需求,完整地建构、阐释一个能够有效解决问题的产品的整体面貌。文档的主体框架聚焦上文所说的四个部分的内容,依次有逻辑地展开。一般来说,文档第一部分简要介绍相关背景信息,如公司及产品项目的名称,文档创建者姓名、创建时间及审核者姓名,创建文档的目的,文档修改记录等;之后的二、三部分重点对市场背景及现状、目标用户、相关竞品进行全面、深入的分析,重点突出分析得出的结论;最后一部分为产品规划,对即将推出的新产品或是现有产品的更新迭代做全方位的、概括性的描述与展示。

知识回顾

所有的产品都是供人使用、为人服务的。在"用户至上"的市场环境下,精准锁定目标用户,为之量身定制适合其需求的产品,早已成为产品策划、研发的规定动作与常规做法。

无论是企业、机构,还是具体的产品,都不可能期望自己的影响范围能够覆盖全部市场。最明智的做法是对市场进行细分,选择最适合自己的某个小市场,然后集中精力和资源在这个小市场上精耕细作,推出拳头产品以使自己成为细分市场内的先行者、领头羊。

目标用户面临的问题、内在的需求,直接决定着产品策划、研发的方向。只有在充分了解、深刻洞悉目标用户之后,产品的策划与研发活动才能真正有条不紊、有的放矢地展开。不管是产品核心功能的筛选,还是品牌价值主张的提炼,都不能单凭产品策划者的个人臆想或喜好而随性决断。

唯其如此,方能保证策划出的产品获得用户的喜爱,有良好的市场前景。

---

① 苏杰.人人都是产品经理:入行版:互联网产品经理的第一本书[M].北京:电子工业出版社,2021.

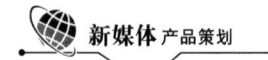

思考题

1. 简述STP的主要内容。

2. 简述细分市场的依据与步骤。

3. 什么是市场定位？市场定位如何进行？

4. 简述感知用户需求的方式与方法。

5. 如何定义一款新产品？

6. 选择自己熟悉的一款产品，模拟撰写市场需求文档。

第四章　产品设计：大道至简，注重体验

知识目标

1. 产品需求、产品原型、互动设计。
2. 产品功能结构图、产品信息结构图、产品结构图。
3. 产品需求文档的内容与框架。

能力目标

1. 了解产品需求、产品原型、互动设计的概念。
2. 熟悉产品功能结构图、产品信息结构图、产品结构图的构成，能绘制。
3. 掌握产品需求文档的体例和结构，会撰写产品需求文档。

思维导图

产品设计
- 筛选功能，形成产品原型
  - 将用户需求转化为产品需求
  - 对产品需求按优先级排序
  - 整合功能，构建产品原型
- 厘清逻辑关系，图解产品结构
  - 产品功能结构图
  - 产品信息结构图
  - 产品结构图
- 注重用户体验，优化互动设计
  - 界面设计
  - 导航设计
  - 信息设计
  - 感知设计
- 撰写产品需求文档
  - 主要内容
  - 框架结构

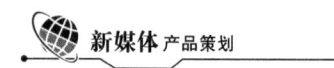

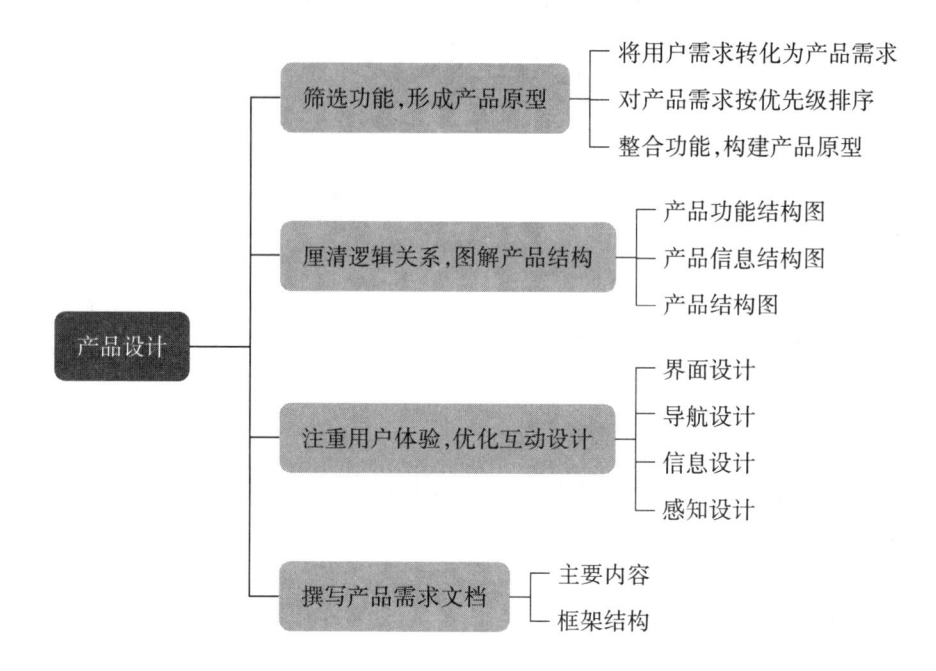

案例导入

2010年10月，一款基于手机通讯录的即时通信产品(IM,Instant Messenger)Kik Messager上线，凭借着可以免费发送短信的最大卖点，Kik在短短的15天内便吸引了100万尝鲜的用户蜂拥而至。此一事件很快成为全球热门新闻，同时也吸引并"刺激"了两个重量级的产品人：一个是腾讯公司的张小龙，另一个是创办小米公司的雷军。

雷军统帅下的小米公司行动非常迅速，仅仅用了不到两个月的时间，就研发出中国第一款模仿Kik的产品——米聊，并于2010年12月10日发布。很快就引来大量粉丝疯狂追捧，很多人甚至为了能使用"米聊"免费聊天而购买小米手机。

张小龙在知道Kik这个产品之后给马化腾写了一封邮件，认为QQ是诞生于PC互联网时代的IM，腾讯亟须开发一个属于移动互联网时代的IM。马化腾很快回复同意。

2010年11月19日，张小龙在自己的腾讯微博上写下一段文字：我对iPhone5的唯一期待是，像iPad(3G)一样，不支持电话功能。这样，我少了电话费，但你可以用Kik跟我短信，用Google Voice跟我通话，用Facetime跟我视频。第二天，他领衔的类Kik产品项目腾讯微信正式立项。当时腾讯公司有三个团队(QQ团队、QQ通讯录团队和QQ邮箱团队)以"内部赛马"的方式,同时启动移动即时通信产品的攻关活动。最后,张小龙带领的QQ邮箱团队以不到10人的力量,用不到70天的时间,完成了第一代微信产品的研发,微信1.0于2011年1月21日正式发布、上线。

据张小龙回忆,微信的第一批用户主要是互联网从业人员,"大家觉得腾讯做了一个产品,都要来试一下"。由此,微信1.0版几乎没有收到市场的任何反响。因为当时中国的电信运营商提供了很丰富的套餐服务,正常用户每个月的包月短信数量非常充裕,以省短信费为卖点的产品很难打开市场。从市场反应不佳起步,微信走上了一条快速迭代之路:

2011年3月21日,微信1.2版上线,增添图片分享功能;

2011年5月10日,微信2.0版上线,增加语音对讲功能;

2011年8月3日,微信2.5版上线,增加查看附近的人功能;

2011年10月1日,微信3.0版上线,增加摇一摇、漂流瓶功能;

2011年12月20日,微信3.5版上线,加入了二维码功能;

2012年4月19日,微信4.0版上线,增加朋友圈功能;

2012年7月19日,微信4.2版上线,增加视频通话功能;

2012年8月23日,微信公众平台上线,推出公众号;

2013年8月5日,微信5.0版上线,升级微信扫一扫功能;

2014年10月1日,微信6.0版上线,增加微信卡包功能;

2017年1月9日,微信小程序上线;

2020年1月22日,增加视频号功能;

……

正是"查看附近的人"这一功能,让微信"彻底扭转了战局"——此前的半年时间里,微信的用户数一直未能突破100万,在腾讯内部,半年时间用户数不能超过百万的产品是微不足道的。这一状况在"查看附近的人"上线后一举扭转,微信的日增用户数一跃达到了惊人的10万以上。2012年3月29日凌晨4点,马化腾在腾讯微博上发布了一条只有六个字的短文:"终于,突破1亿!"在微信1.0版上线仅仅433天之后,其用户数突破1亿,这在互联网的历史上是绝无仅有的。QQ同时在线用户数突破1亿,用了将近10年,Facebook用了5年半,Twitter用了整整4年。

朋友圈功能的上线,被吴晓波视为微信的"一个醒目的转折性路标",因为"它意味着这款通信工具向社交平台的平滑升级,由此,一个建立于手机上的熟人社交圈正式出现。"就这样在一年多的时间内，经过数次迭代，"微信提供的已经不再是单纯的通信服务，而是移动互联网时代的生活方式"。还有观察家给予微信非常高的评价："除非竞品能够提供一种更为便利和流行的模式，否则无法构成竞争关系。"

之后推出的公众号，更是被吴晓波称之为张小龙团队的一个"发明"。在吴晓波看来，微信公众号"兼具媒体和电商的双重属性，从而革命性地改变了中国互联网以及媒体产业的既有生态"。很快，人们纷纷在微信上开通个人公众号，成为自媒体的写作者；众多企业也开始注册公众号，低成本、高效率地进行自媒体营销。上线15个月后，微信平台上公众号的数量就达到了200万个，到2015年10月，这一数字变成了1000万。

再往后的微信支付、微信红包则是"让腾讯几乎一夜之间成为最重要的在线支付服务商"。吴晓波在为腾讯写传记时，将从2011年1月21日微信上线，到2014年1月24日抢红包引爆的这三年，称为微信的"创世纪"时间。其间，"微信创造了另外一个腾讯"，"它的光芒掩盖了互联网领域里的其他一切创新"。[①]

如果说，产品策划人员在前两个环节所做的工作大多是从战略、概念、想法的层面切入，进行科学、理性的思考和提炼，得出的是关于"做什么"与"为什么做"的结论；那么，接下来的工作重心就要转移到"怎么做"上，即将之前只存在于头脑中的关于产品的所有抽象构想具象化为一个活生生的、能一步步解决核心用户问题的产品与服务，也就是进入产品的设计阶段。

提到"设计"这个概念，很多人会条件反射地联想到"艺术设计""外观设计""平面设计"等说法，较多地停留在外在的视觉表现层面的设计，这是非常狭义的对"设计"一词的理解。广义的"设计"概念，包容面非常宽广。有人将设计分解为"设想"和"计划"，认为"设想是目的，计划是过程安排"，二者合在一起的含义就是"有目标和计划的创作行为及活动"。[②]具体到产品设计，其实包含了对一个产品全部（内在与外形）的所有构想和规划，如这个产品为谁而生？能解决何种问题？它究竟长什么样？有哪些关键的模块与组件？其内在的结构逻辑如何？用户使用、操作的流程是怎样的？以及用户打开产品时第一眼看到的是什么……这些都是产品设计必须面对、思考并解决的。由此，有人认为，产品设计也是一个复杂的过程，需完成结构设计、功能设计、流程设计、视觉设计和交互设计等环节。[③]

[①] 吴晓波.腾讯传:1998-2016:中国互联网公司进化论[M].杭州:浙江大学出版社,2017.
[②] 刘涵宇.解构产品经理:互联网产品策划入门宝典[M].北京:电子工业出版社,2018.
[③] 于琪.产品之路:从靠谱想法到产品落地再到产品推广[M].北京:电子工业出版社,2017.

包括新媒体产品在内的绝大多数互联网产品都是免费供用户使用的,用户是否使用产品,以及使用产品的频率直接决定着一个产品的命运。由此,一切以用户为中心便自然而然地成为互联网产品设计的重要法则。好的、成功的产品设计一定是特别契合用户的行为习惯和内心喜好;任何别扭、烦琐、违和、反人性的细节安排与设置,都会因用户的感受和体验不佳而被吐槽、舍弃。用户体验好不好,日益成为衡量互联网产品成败得失的试金石。

用户体验(User Experience,简称 UE 或 UX)一词于 20 世纪 90 年代中期由用户体验设计师唐纳德·诺曼(Donald Norman)提出,他认为"用户体验涵盖了包括终端用户与公司、服务及其产品互动的所有方面"。[1]进入移动互联网时代之后,用户体验的概念日益普及、流行,用户体验设计广受重视。在对用户体验概念的多种不同理解和界定中,Lucas Daniel 给出的定义被认为具有一定的代表性:使用者在操作或使用一件产品或一项服务时的所做、所想和所感,涉及到通过产品和服务提供给使用者的理性价值与感性体验。[2]"所做、所想、所感","理性价值与感性体验",五个关键词,几乎把产品以及用户与产品关系的方方面面都涵盖、包揽了。换句话说,用户体验不是单纯的对产品外形、界面等的"感性体验",还包括对其内在的"理性价值"的认知,内容与来源都非常丰富。

站在用户体验的角度设计新媒体产品,需要以更开阔的视野综合考虑并协调好多方面的要素。据用户体验专家杰西·詹姆斯·加勒特的总结,一般情形下提到"产品设计",人们的联想及观点往往集中在两个方面:一是产品在视觉方面的表现,精心设计的产品,看起来赏心悦目,用起来有好的触感;二是与功能方面相关,精心设计的产品必须要具有它应该具有的功能,而烂产品却往往不是这样。但如果是以"设计一个用户体验良好的产品"作为明确目标,则"意味着不仅仅是功能或外观那么简单","用户体验设计通常要解决的是应用环境的综合问题。视觉设计选择合适的按钮形状和材质,要保证它在咖啡机上能引起用户注意。功能设计要保证按钮在设备上触发适当的动作。用户体验设计则要综合以上两者,兼顾视觉和功能两方面的因素,同时解决产品所面临的其他问题"。[3]

---

[1]品索教育.什么是用户体验? 用户体验设计师的职责[EB/OL].[2017-12-18].https://zhuanlan.zhihu.com/p/32134577.
[2]辛向阳.从用户体验到体验设计[J].包装工程,2019,40(8):60-67.
[3]杰西·詹姆斯·加勒特.用户体验要素:以用户为中心的产品设计(原书第 2 版)[M].范晓燕,译.北京:机械工业出版社,2011.

第一节　筛选功能，形成产品原型

但凡是成功的产品,用户体验都不会很差;而用户体验不好的产品,无论其功能如何强大,界面如何美观,都很难赢得人心和市场。因此,新媒体产品设计的重点和中心也就自然落到让用户有很好的体验上。如今,在互联网产品、新媒体产品的策划、运作中,"用户体验设计"一词的出现频率早已远远超出于"产品设计"。对于新媒体产品而言,产品设计的所有"设想"和"计划"都应该基于并围绕好的用户体验进行。

在用户体验设计领域,杰西·詹姆斯·加勒特的《用户体验要素:以用户为中心的产品设计(原书第2版)》一书影响甚广。在这本书中,杰西·詹姆斯·加勒特梳理并总结了由5个层面、10个要素组成的互联网产品基本模型。产品由外而内的5个层面分别是:表现层、框架层、结构层、范围层和战略层;10个要素分别是:用户需求、产品目标、功能规格、内容需求、交互设计、信息架构、界面设计、导航设计、信息设计、感知设计。五层结构加十大要素构成的产品模型如图所示:[1]

以网站为例,加勒特对互联网产品、新媒体产品的五个层面做了具体、细致的描述[2]:

在表现层(surface),你看到的是一系列的网页,由图片和文字组成。一些图片是可以点击的,从而执行某种功能,例如把你带到购物车里去的购物图标。一些图片就只是图片,比如一个促销产品的照片或网站本身的标志。

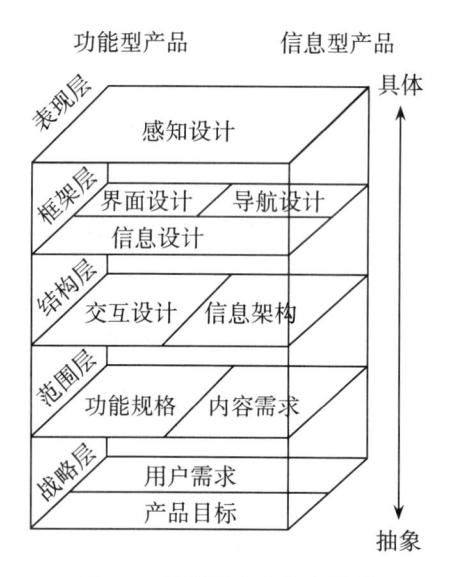

图 4-1　互联网产品基本模型

---

[1] 杰西·詹姆斯·加勒特.用户体验要素:以用户为中心的产品设计(原书第2版)[M].范晓燕,译.北京:机械工业出版社,2019.
[2] 杰西·詹姆斯·加勒特.用户体验要素:以用户为中心的产品设计(原书第2版)[M].范晓燕,译.北京:机械工业出版社,2019.

在表现层之下是网站的框架层(skeleton):按钮、控件、照片和文本区域的位置。框架层用于优化设计布局,以达到这些元素的最大效果和效率——使你在需要的时候,能记得标识并找到购物车的按钮。

与框架层相比更抽象的是结构层(structure),框架是结构的具体表达方式。框架层确定了在结账页面上交互元素的位置;而结构层则用来设计用户如何到达某个页面,并且在他们做完事情之后能去什么地方。框架层定义了导航条上各要素的排列方式,允许用户浏览不同的商品分类;结构层则确定哪些类别应该出现在哪里。

结构层确定网站的各种特性和功能最合适的组合方式,而这些特性和功能就构成了网站的范围层(scope)。比如,有些电子商务网站提供了一个功能,使用户可以保存之前的邮寄地址,这样他们可以再次使用它。这个功能(或任何一个功能)是否应该成为网站的功能之一,就属于范围层要解决的问题。

网站的范围基本上是由战略层(strategy)所决定的。这些战略不仅仅包括了经营者想从网站得到什么,还包括了用户想从网站上得到什么。就网上商店的例子而言,一些战略目标是显而易见的:用户想要买到商品,我们想要卖出它们。另一些目标(如促销信息,或者用户填写的内容在商务模型中扮演的角色)可能并不是那么容易说清楚的。

五个层面中,用户最先接触的是产品最外在的表现层,也就是用户打开一个新媒体产品时第一眼看到的页面上的东西,这些直观呈现在用户面前的表现元素,需要得到下一个层面的其他元素的支撑,由此依次往下,形成相互依存、层层递进的关系,进而构成一个完整、和谐的产品。换句话说,如果其中的任何一个层面有所缺失,整个产品就难以成形。

用户第一次接触产品,是用视觉、触觉、听觉等从最具体的外观与细节开始的;而产品策划团队要设计一个让用户体验良好的产品,则需从最内核、抽象的战略层开启。就像加勒特绘制的产品模型图所示,以用户体验为目标的产品设计必须首先解决最底层也就是战略层的问题,然后再层层向上,因为"每一个层面都是由它下面的那个层面来决定的。""当我们做出的决定没有和上下层面保持一致的时候,项目常常会偏离正常轨道,完成日期延迟,而在开发团队试图把各个不匹配的要素勉强拼凑在一起时,费用也开始飞速上涨。"更糟糕的是,这样的网站上线以后,用户也会痛恨它。这种依赖性意味着在战略层上的决定将具有某种自下而上的连锁效应。反过来讲,也就意味着每个层面中我们可用的选择,都受到其下面层面所确定的议题的约束。当然,这并不是说必须机械地恪守每一个较低层面的决策都必须在设计较高层面之前做出,较高层面的决定有时会促成对较低层面决策的一次重新评估,很多时候,各层面决策可能产生的连锁效

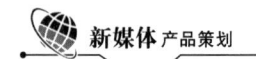

应是双向的。对此,加勒特给出的最重要的一条原则是"在我们知道基本形状之前,不能为房屋加上屋顶"。[1]

无论何种类型的新媒体产品,战略层关注的主要是用户需求和产品目标,即清晰地回答两个非常基本的问题:我们要通过这个产品得到什么?我们的用户要通过这个产品得到什么?即找到企业与用户双方对产品的共同期许和目标,继而确立产品的目标及价值。相关内容在上一章中已做介绍。

抽象的战略层面的关于产品目标的构想必须借由具体、实在的功能与内容实现、落地,这就是产品策划者接下来在范围层应该面对、解决的问题——我们要开发的是什么?

一、将用户需求转化为产品需求

在战略层的思考过程中,产品团队已完成了对用户需求的梳理、汇总,产品开发的目标也已非常明确,并在此基础上提炼出一个简洁、明晰的产品概念。范围层的设计,就是从这个简单的产品概念出发,构想、搭建产品的整体框架和体系,使抽象的概念朝着实在的产品迈进。

进入范围层的设计环节,产品团队首先要做的就是将核心用户的刚性需求转化为具体的产品需求,即这个产品应该具备哪些功能、提供哪些信息。

对于新媒体产品的设计来说,从这一层面开始,应将用户对不同类型新媒体产品的需求差异作为一个重要的因素纳入综合考量的范围。加勒特的产品模型在范围层就将产品一分为二:"功能型产品"和"信息型产品",并认为,在功能型产品方面,我们考虑的是功能规格(functional specification)——哪些应该被当成软件产品的功能以及相应的组合;在信息型产品方面,我们考虑的是内容,这属于编辑和营销推广的传统领域。[2]也就是说,对于平台类、工具类这样的功能型产品,在范围层设计中主要考虑的是产品的功能规格;而以传播各种信息为主的内容类产品,则更多地侧重于给用户什么样的信息内容,二者有着较为明显的差异,但同时它们也有一些共通、相似之处。

通过前期对目标市场、核心用户的调研,特别是对用户的主要需求和心理期待的梳理、分析,一份较为全面的用户需求表为产品的研发指明了方向、划定了范围。接下来,

---

[1] 杰西·詹姆斯·加勒特.用户体验要素:以用户为中心的产品设计(原书第2版)[M].范晓燕,译.北京:机械工业出版社,2019.
[2] 杰西·詹姆斯·加勒特.用户体验要素:以用户为中心的产品设计(原书第2版)[M].范晓燕,译.北京:机械工业出版社,2019.

产品团队需以用户需求表为基础与指南,一一对应地探求、确定能破解、满足需求的产品功能,也就是将用户需求转化为产品需求,进而形成产品需求列表。

在苏杰的《人人都是产品经理:入行版.互联网产品经理的第一本书》和《人人都是产品经理:思维版:泛产品经理的精进之路》中,给出了用户需求表和产品需求(功能)表可供学习、参考,如下表。

表4-1　用户需求表

需求属性	属性说明
编号	需求的顺序号,唯一性标识
提交人★	需求的录入PD,负责解释需求
提交时间	需求的录入时间,辅助信息
模块★	根据产品的模块划分
名称★	用简洁的短语描述需求
描述★	需求描述:无歧义性、完整性、一致性和可测试性等
提出者	即需求的原始提出者,有疑惑时便于追溯
提出时间	原始需求的获得时间,辅助信息
Bug编号	一些Bug视为需求,统一管理
分类	新增功能、功能改进、体验提升、Bug修复、内部需求等
层次	基础、扩展(期望需求)、增值(兴奋需求)
重要性	重要程度,辅助确定商业价值
紧急度	紧急程度,辅助确定商业价值
持续时间	持续时间,辅助确定商业价值
商业价值★	商业优先级,不考虑实现难度,群体决策
开发量★	需求的开发工作量,表征实现难度
性价比★	商业价值/开发量,用于决定先做哪个需求
需求状态★	需求生命周期:待讨论、暂缓、拒绝、需求中、开发中、已完成

表格中带"★"号标记的为特别重要的必填项。在梳理需求时,每一个用户需求都对应做一个表格,有多少个需求就有多少张表格。依据这些表格,用户需求有哪些、分别是什么信息等一目了然;通过对需求的重要性、紧急度和持续时间的分析,每个需求的商业价值、开发量、性价比也跃然纸上;最后,依据上面的信息和分析,对每个需求是否纳入开发流程也有了一个明确的答案。可以说,这张表格呈现的就是需求分析的过程和结论。

表 4-2　产品需求表

功能属性	属性说明
编号	功能的顺序号,属于唯一性标识
提交人*	需求/功能的录入PD,负责解释功能
提交时间	功能的录入时间,属于辅助信息
模块*	根据产品的模块划分
名称*	用简洁的短语描述需求
描述*	功能描述:无歧义性、完整性、一致性、可测试等,简要描述原始需求
提出者	即需求的原始提出者,有疑惑时便于追溯
提出时间	原始需求的获得时间,属于辅助信息
Bug编号	一些Bug视为功能来统一管理
类别	新增功能、功能改进、体验提升、Bug修复、内部需求等
商业价值*	从广度、频度、强度等方面综合判断商业价值,不考虑成本
开发量*	把成本简化为开发工作量,表征实现难度
性价比*	商业价值/开发量,用于决定先做哪个
分类	基础、扩展(期望功能)、增值(亮点功能)
状态*	需求/功能生命周期:待讨论、暂缓、拒绝、需求中、开发中、已发布

两张表格重点关注的要素大同小异,很大程度上,产品需求表其实就是对用户需求表的直接呼应和进一步延展,即简要回答产品应该以何种功能去满足对应用户的哪个需求。或者更准确地说,上面的两个表格,只有当它们彼此联系在一起并相互配合时,才能真正发挥作用,有效指导、推进产品的研发。

二、对产品需求按优先级排序

根据产品的实际情况,产品需求表的数量有多有少。绝大多数时候,出现在产品需求表中的需求数量一般都会多于实际纳入产品之中的功能数量。也就是说,在实际开发、设计产品的时候,会对用户需求、产品需求进行斟酌、筛选,把一些不太紧急、迫切的需求适当延后或是暂时放弃,只选取最为重要、关键、核心的功能,集中精力快速研发、推出用户最需要的产品;那些暂缓的功能留待产品更新、升级的时候再作考虑与追加。知名产品人苏杰结合自身经验,总结出对需求(包括用户需求和产品需求)进行采集、分析、筛选的两条基本原则——"尽可能多地采集"和"尽可能多地放弃"。只有在采集阶段没有遗漏,才可能完整地看到事物的全貌。有了大局观,在放弃的时候才知道孰重孰轻,也更下得了手。①相对而言,产品策划者要多采集的是用户需求,只有多采集才能真正读懂用户并准确把握用户的核心需求;应多放弃的主要是产品需求,进入产品设计阶段,产品人不能贪多,要懂得放弃。贪多往往会使自己陷入头绪繁多、无所适从的困境,只有果断放弃一些暂时无关紧要的功能,才能聚焦核心、突出重点,并快速完成研发,抢占市场先机。

据传腾讯公司曾有一道招聘员工的面试题:如果QQ的第一代产品只能实现3个特性,在备选的12个特性里,应该选哪几个? 给出的12个备选特性分别是:

1. 卡通头像

2. 不可窃听的安全通讯

3. 聊天室

4. 很小的exe文件

5. 皮肤(skin)

6. 速度超快,0.5秒反应

7. 聊天记录管理器

8. 语音

9. 视频

10. 看谁在线上

11. 传文件

12. QQ表情

这道题目重点考察的就是对产品特性(功能)进行比较、鉴别和筛选。网上有不少分析、解答此题的文章,有人直言很难给出一个标准答案,因为不同的人采用的比较、筛选的标准以及决策的时间是不同的,最后得出的结果自然存在一定的差别。通过分析,有人认为应优先开发3、6、10项,有人则将1、3、10作为优先项,而现实中QQ比较早开发的特性有1、2、3和10。从中我们可以看出重合的选项还是比较多的,说明在对需求进行分析、筛选时,还是存在普遍认可、重视的考量尺度与标准。上面两个表格中,带星号的"商业价值""开发量""性价比"三项指标就是用于比较、筛选用户需求和产品需求的,只不过在具体衡量二者的商业价值时参照的要素有所不同。

---

① 苏杰.人人都是产品经理:入行版.互联网产品经理的第一本书[M].北京:电子工业出版社,2021.

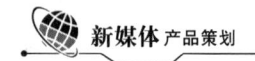

在产品人苏杰看来,重要性、紧急度、持续时间是确定用户需求的商业价值的主要参考因素。①重要性,一般指的是需求的强烈程度,即不予以满足就难以完成某项任务,或有很大的缺憾。紧急度,指的是需求的迫切程度,即急需得到解决。持续时间,指需求有明显的延续性,会持续很长的时间,而不是短暂的。如果某个用户需求同时具备这三个特性,那么,这个需求无疑具有很高的商业价值。而在评估产品需求的商业价值时,主要参考因素则是具体需求的广度、频度和强度。②广度指的是需求的覆盖范围广,用户基数大。频度显示的是需求的重复次数多、频率高(或是单次需求的复杂程度高)。强度则是需求的不可替代性、紧急性与持久性的综合体现。如果某个产品需求的广度、频度、强度都很高,它就值得重点开发。比如1999年2月上线的QQ,作为一款即时通信产品,基于当时的技术条件和网络环境,用户最重要、紧急且持续时间长的需求就是在彼此陌生的互联网上能够比较方便地找到人聊天,于是面试题里的第3项"聊天室"和第10项"看谁在线上"成为首要开发的产品特性。

当然,商业价值不是唯一的评判标准。首先,明确某个商业价值较高的需求。其次,进一步结合"开发量"和"性价比"进行综合研判。所谓开发量,就是一个产品功能要得以实现必须投入的各种成本的总和,如人力资源的投入,资金的投入,时间的投入,等等,通常以产品开发工程师需付出的总工作量来统计。从需投入的总工作量的数字的高低,就能非常直观地说明产品功能的实现难度和开发成本的高低。

最后,将产品功能的商业价值与开发量相除,可以得出这个功能的性价比。一般来说,性价比高的功能,理应优先、重点开发。但在具体运作过程中,还需借助KANO模型对产品特性的分类,将产品功能对用户满意度的影响因素纳入考察范围,以做出更合理的选择和决策。KANO模型是由日本东京理工大学教授狩野纪昭(Noriaki Kano)及其同事,基于行为科学家赫兹伯格的双因素理论,进而发明的一种对用户需求进行分类和优先级排序的实用工具,其所反映、体现的是产品功能和用户满意度之间的非线性关系。依据KANO模型,产品需求大致可以分为5种类型:基本型、期望型、兴奋型、无差别型和反向型。

基本型需求:即最基础、必须具备的产品功能。产品如果不具备这个功能,用户就会非常不满;但即使有这个功能,用户满意度也不会提升,因为它本来就是理所当然应该有的。

期望型需求:又称意愿型需求,即用户期望、想要的功能。如果产品有此功能,用户会感到满意;如果没有,用户则会失望。

---

① 苏杰.人人都是产品经理:入行版.互联网产品经理的第一本书[M].北京:电子工业出版社,2021.
② 苏杰.人人都是产品经理:思维版.泛产品经理的精进之路[M].北京:电子工业出版社,2021.

兴奋型需求：又称魅力型需求，指的是用户意想不到的功能、亮点功能。这样的功能如果呈现在用户面前，自然会让他兴奋雀跃；产品如若无此功能，也不会让他们失望，因为他们根本就没有感知到这种需求，自然不在其期待的范畴之内。

无差别型需求：指用户根本不在意的需求，即产品是否拥有此项功能，对用户满意度的影响都不大。

反向型需求：指用户根本不需要的需求。产品如果开发了此功能，会严重影响、大幅降低用户的满意度，而且这样的功能开发得越多、越好，越会让用户产生强烈的反感和厌恶、抵触情绪。

一般情形下，产品策划者会果断舍弃无差别型需求，慎重对待反向型需求，将产品研发的重点聚集在前三类需求上。经验丰富的产品人对此有精要的总结[1]：

1. 基础功能必做，要留足资源；
2. 在产品初创期，先实现个别低成本的亮点；
3. 对期望功能，先做性价比高的；
4. 无差别功能不用做，低成本验证出来即可；
5. 对反向功能，权衡各方利益后再做决定。

三、整合功能，构建产品原型

经由对产品需求从以上多个层面进行的分析、比较、权衡，产品策划者最后对应优先、重点开发的产品功能一一进行确认。接着，再将这些选定的功能有机地整合在一起，待开发产品的原型在理论上来说就基本成形了。

所谓产品原型（Product prototype），通俗地说就是关于产品的框架设计，它基于产品策划者前期的所有构想，将产品的内在逻辑、操作流程、整体架构以可视化的方式简洁、直观地呈现出来，以展示策划者的设计思路，并与团队成员共享、交流、讨论，不断改进、丰富产品。产品原型是未来上线产品的基础，被形象地称为"测试版"的产品。

无论是功能非常简单的产品，还是功能比较复杂的产品，在其从一个概念变成实实在在的产品的过程中，都需要或多或少地投入人力、物力和财力。对于大量投入之后的最终结果，谁也无法保证百分之百的成功概率。即使前期的准备工作做得非常全面、踏

---

[1] 苏杰.人人都是产品经理：思维版：泛产品经理的精进之路[M].北京：电子工业出版社，2021.

实,也可能因某一个被忽略的或意外出现的因素而导致产品有明显缺陷或是有违用户喜好及习惯,进而造成各种资源的浪费。因此,以简约的方式推出产品原型是非常节约成本并有效规避风险的一种做法。

产品原型就是以最少的人力、花费最少的资金、在最短的时间内做出来,既能有效解决用户问题,同时又能有效验证是否靠谱、好用的解决方案。[①]根据实际需要,产品原型可以选用不同的形式予以呈现。在《如何开发一个好产品:精益产品开发实战手册》中,丹·奥尔森从仿真程度和可交互性两个维度出发,将各种产品原型的呈现方式整合在一起,形成一个产品原型的设计模型,如下图:[②]

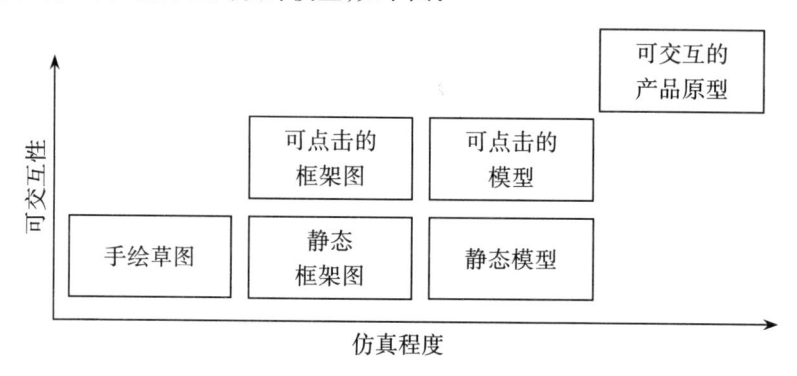

图 4-2　产品原型的设计模型

手绘草图,即以随手涂鸦的方式将对产品框架的最初构想在白板或纸张上简单、直观地呈现出来,其仿真程度和可交互性都处于最低位置,主要用于和产品研发团队成员及其他利益相关的内部人员的交流、讨论。

框架图,比手绘草图的仿真度高一个级别,能展现出产品相对的大小比例和架构,让人对产品组件与安排布局有一个基本的了解和大致的认识。框架图可以用手工的方式简单绘就,成为静态的、不支持点击和链接的框架图;但现今更多的框架图会采用相关的软件应用程序进行制作,这些应用软件能够很好地实现可点击、支持超链接,进而带给使用者(测试者)更直观的浸入感。

相比于框架图,模型的仿真程度更高,在外观上离最终上线的真实产品更近。一般来说,框架图中不会有任何视觉设计元素,如颜色、图像、字体等,而这些因素都会出现在产品模型中,有些产品模型甚至能做到"完美的外观效果"。与框架图一样,模型也分

[①] 苏杰.人人都是产品经理:创新版:低成本的产品创新方法[M].北京:电子工业出版社,2020.
[②] 丹·奥尔森.如何开发一个好产品:精益产品开发实战手册[M].张瀚文,译.北京:中国人民大学出版社,2017.

为静态的和动态的(可点击)两种类型,静态的模型主要以静态的图片,如JPG、GIF、PNG等格式呈现,无法实现点击互动;动态的模型则能通过相关的应用软件将图片整合在一起,并设置热点区域实现点击后的跳转和链接。

可交互的产品原型,处于产品模型和最终产品之间,比模型更能与用户产生互动;相对于最终产品,也"只是在功能上有点缺失或只是真品的摹本"[①]。

从本质上说,构建产品原型的主要目的就是为了非常方便地呈现并测试多种不同的构想,最后确定一款用户满意的真实产品。以上几种不同的产品呈现方式,基本上与产品策划开发团队构想、测试产品的进程相呼应:产品策划者最初通过手绘草图将对产品的基本构想表达出来,广泛征求、吸纳相关人员的意见和建议,在此基础上搭建起产品的大致框架,并以框架图的形式进行用户测试,收集用户反馈信息,不断丰富、完善产品功能,尊重用户习惯、注重用户体验,经由产品模型和可交互产品原型,反复测试、改进,直至做出用户真正喜欢,用起来特别顺手的产品。

以上讨论主要集中于功能型产品,对于信息型产品而言,则需从用户需求出发,将用户需求转化为具体的内容需求,依据、围绕特定的内容需求搜集、整理、筛选各种信息资料,进而提炼主题、确定内容产品的整体框架和重点,然后以各种不同的符号、格式将之呈现出来,形成文本、图片、音频、视频等。

第二节 厘清逻辑关系,图解产品结构

经由对产品模型的反复测试、改进与完善,一个新媒体产品的全貌,包括内在的核心功能与主题,以及外在的信息架构与交互(界面)设计,都基本得以确认,产品的整体轮廓与框架也趋于稳定、成熟。至此,最小化可行产品呼之欲出。

最小化可行产品(minimum viable product,简称MVP),是精益生产、精益创业理论中一个非常重要的概念,指的是最先做出来的功能较为集中、简单的产品。所谓最小化,指的是产品功能尽可能简单、简化;但不能简陋,因为这个最小化产品还必须是"可行"

[①]丹·奥尔森.如何开发一个好的产品:精益产品开发实战手册[M].张潮文,译.北京:中国人民大学出版社,2017.

的,即能有效解决用户的问题,并给他们好的体验。按照丹·奥尔森的说法,评判一个MVP是否成功的标准应该是:虽然产品功能简单、有限,但可靠性、可用性和亮点都兼而有之,是一个完整的、有效的产品。[①]苏杰则从主、客观两方面给MVP提出了三个必备条件:"用户愿意用,最好愿意付费""用户易于使用""团队有能力实现",同时满足这些条件的MVP基本上可以作为最终产品直接上线供用户使用。[②]

如今,新媒体已全面渗透到人类生活的方方面面,几乎所有的新媒体产品都已成为传播信息和提供功能的综合体,很难再找到绝对单纯的信息类产品或功能类产品,因为在互联网时代,很多事物之间原本清晰的界限早已逐渐模糊甚至消失,"你中有我、我中有你"业已成为非常普遍的存在。就像杰西·詹姆斯·加特勒所说的,"内容需求常常伴随着功能的需求""功能需求或任何一种技术类产品也常常伴随着内容的需求"[③]。这一点在新媒体产品中得到淋漓尽致的体现,因为传播信息是新媒体产品最主要的核心功能。

由此,对新媒体产品结构的构建,需从两个关键的因素:功能和信息入手,首先筛选出产品必备的核心功能和关键信息,然后按照一定的逻辑关系将之有机地整合、衔接在一起,构成一个能够解决问题、完成任务并且使用起来非常顺手的产品。在思考、讨论、建构一个MVP的过程中,产品策划者常常通过绘制各种图表来直观地展示结果,简单而又快捷。其中,产品功能结构图、产品信息结构图和产品结构图至关重要。

一、产品功能结构图

一般来说,每个产品都应该而且必须包含一个或几个功能,以解决用户的问题或满足用户的需求。功能模糊或是不具任何功能的产品都是难以立足、无法想象的。因此,MVP首先应该解决的问题就是功能明确且集中。在产品策划及设计领域,"Less is more"的观念非常流行并得到广泛认同,"完美不是无一分可增,而是无一分可减"成为许多产品人的追求目标。许多成功的产品,特别是第一代产品,往往都聚焦某个单一的核心功能,如2011年1月21日上线的微信1.0版的核心功能就非常简单:免费短信聊天。在上线使用一段时间之后再通过快速迭代更新的方式追加其他功能,如图片分享、语音聊天、摇一摇、漂流瓶、查看附近的人、朋友圈、公众号、微信红包……这非常符合张小龙极简主义的审美观和马

[①] 丹·奥尔森.如何开发一个好的产品:精益产品开发实战手册[M].张瀚文,译.北京:中国人民大学出版社,2017.
[②] 苏杰.人人都是产品经理:思维版:泛产品经理的精进之路[M].北京:电子工业出版社,2021.
[③] 杰西·詹姆斯·加特勒.用户体验要素:以用户为中心的产品设计(原书第2版)[M].范晓燕,译.北京:机械工业出版社,2019.

化腾的产品哲学。在接受财经作家吴晓波的采访时,张小龙如是说[1]:

我觉得极简主义是互联网最好的审美观。我以前就想过一个问题:"为什么苹果手机只有一个按钮?"我感觉乔布斯的性格有一点偏执,他追求一种极致的简洁,可能跟他的理念有关系。他如果能用一个按钮来实现的话,他绝对不会用两个按钮来实现。"摇一摇"这个功能上线后,Pony发了一封邮件给我,说我们是不是应该仔细考虑一下,如果竞争对手来模仿,会不会在上面叠加一点东西,就说他创新了。我回复说,我们现在的这个功能已经做到极简化了,竞争对手不可能超过我们了,因为我们是做到了什么都没有,你要超过我们总要加东西吧,你一加,就超不过我们了。

2008年,马化腾在一次演讲中也反复强调[2]:

任何产品都有核心功能,其宗旨就是能帮助到用户,解决用户某一方面的需求,如节省时间、解决问题、提升效率等。核心能力要做到极致。要多想如何通过技术实现差异化,让人家做不到,或通过一年半载才能追上。

增加功能,在管理控制功能上也要有技巧。在核心功能做好后,常用功能是要逐步补齐的。产品在局部、细小之处的创新应该永不满足。作为一个有良好口碑的产品,每加一个功能都要考虑清楚,这个功能给10%的用户带来好感的时候是否会给90%的用户带来困惑。有冲突的时候要聪明,分情况避免。每个功能不一定要用得多才是好,而是用了的人都觉得好才是真正的好。

无论是核心功能还是其他常用功能,在确定开发之前都要反复斟酌、充分考量,既要慎重,又要发挥聪明才智,可见这是一件非常关键、重要的事情。

几乎所有的产品,在开发之初,往往是集中精力研发一个最为核心的功能,并以最快的速度推出第一代产品。当产品被用户认可、接受之后,再有计划地增补其他功能,如重大功能、辅助功能和通用功能,不断推进产品的迭代升级。而且这些主功能往往还需要数个分功能的支撑与配合,才能很好地落地和实现;各分功能有时还可以继续往下再分为数个二级或三级分功能。这样,在主功能、分功能与更小的功能单元之间,就存在着各种各样的逻辑关系。产品策划者需将这些复杂的内在关系梳理清楚,进行必要的分类与组合,整合成一个个功能模块。这些功能模块再按解决某个问题、完成某一任务的先后顺序建构在一起,就形成了某个产品功能结构。

所有产品的所有功能,都是为用户服务的,都是由用户驱动的。也就是说,产品的

---

[1] 吴晓波.腾讯传:1998-2016:中国互联网公司进化论[M].杭州:浙江大学出版社,2017.
[2] 吴晓波.腾讯传:1998-2016:中国互联网公司进化论[M].杭州:浙江大学出版社,2017.

功能结构必须以人为中心，顺应人的行为方式来加以建构。好的功能结构，一定是"对用户而言最好的系统"，这就是功能型产品在确定产品结构时注重"交互设计"的根本原因。对此，杰西·詹姆斯·加特勒有非常形象的描述[1]：

交互设计关注描述"可能的用户行为"，同时定义"系统如何配合与响应"这些用户行为。人类在使用产品的时候，用户和机器这两者之间就会产生某种类似舞蹈的步伐。用户移动，系统响应；接着用户再移动，来回应系统的响应，这样舞蹈才能继续进行。但一般的软件设计并没有刻意地留意这种舞步。此类软件的设计思路是：反正每一种应用程序的舞步都会有一些不同的地方，让用户来适应这些不同的舞步并不算过分的要求。所以系统就可以自己跳自己的，要是某些用户的脚被踩了，那也只能当成是学习过程的一部分。可事实上，每一位舞者都会告诉你，成功的舞蹈是要求每一个参与者能够预测对方的移动。

因此，对产品功能结构的建构绝不单纯是一个技术性的工作，它必须以全面、深刻地理解用户为基础——"理解用户的工作方式、行为和思考方式"，并将之融到产品结构之中，这样才能方便用户使用。

产品策划者在确定产品功能结构时，通常会以绘制功能结构图的方式来理清思路、直观表达。产品功能结构图就是直观呈现产品将开发的所有功能以及功能之间从属关系的图表。在产品功能结构图中，每一个小方框代表着一个功能模块。每一个功能模块又可以根据具体情况往下细分，最后细分出的最小功能模块基本就构成一个程序中的处理过程。换句话说，产品功能结构图中的一个功能模块及其下属的分功能的组合，直接对应着用户使用过程中完成某个任务的一组程序，其内部是紧密地相互关联、衔接在一起的。

比如微信，最初就是一款为移动互联网打造的即时通信工具，其主要功能模块有六个：登录/注册模块、添加好友模块、对话模块、通讯录模块、朋友圈模块和我模块，六大模块整合在一起，基本上就能够满足、实现用户与他人随时交流的需要。[2]经过十余年的更新迭代，如今的微信早已由一个单纯的产品升级为综合性平台，陆陆续续增加了许多新的功能，但其功能结构图基本保持稳定，只是在原有的六个模块基础上增加了发现模块和搜索模块。当然，在每个模块下，不断有新的功能加入。微信6.5.21版本的功能结构图如下：[3]

---

[1] 杰西·詹姆斯·加特勒.用户体验要素：以用户为中心的产品设计(原书第2版)[M].范晓燕，译.北京：机械工业出版社，2019.
[2] 龙思思.新媒体产品设计与项目管理[M].范晓燕，译.北京：中国人民大学出版社，2021.
[3] 图片来源：蓝调Lee《功能结构图、信息结构图、结构图，你还傻傻分不清吗?》。

微信功能结构（V6.5.21）

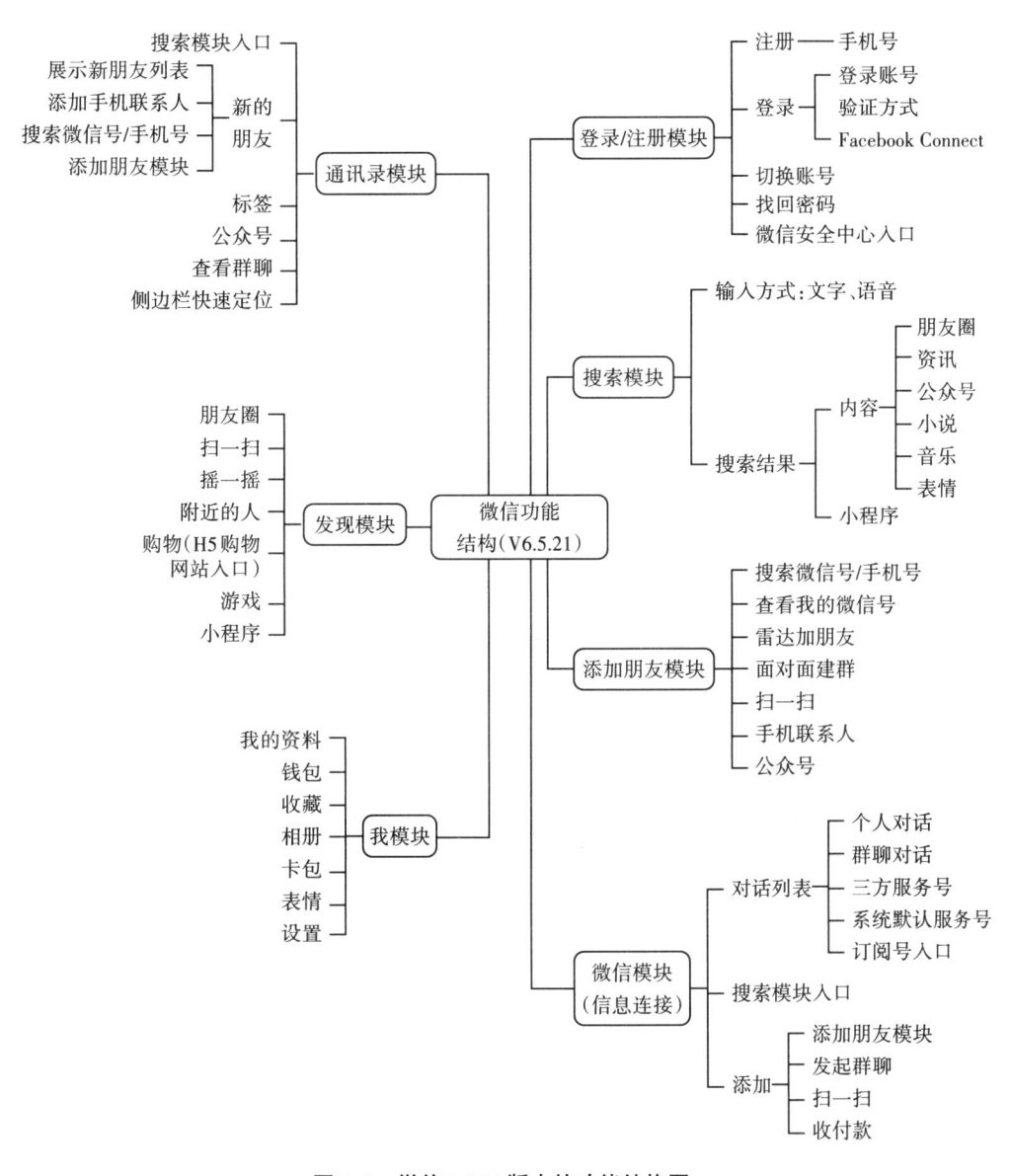

登录/注册模块
- 注册 — 手机号
- 登录
  - 登录账号
  - 验证方式
  - Facebook Connect
- 切换账号
- 找回密码
- 微信安全中心入口

通讯录模块
- 新的朋友
  - 搜索模块入口
  - 展示新朋友列表
  - 添加手机联系人
  - 搜索微信号/手机号
  - 添加朋友模块
- 标签
- 公众号
- 查看群聊
- 侧边栏快速定位

搜索模块
- 输入方式：文字、语音
- 搜索结果
  - 内容
    - 朋友圈
    - 资讯
    - 公众号
    - 小说
    - 音乐
    - 表情
  - 小程序

发现模块
- 朋友圈
- 扫一扫
- 摇一摇
- 附近的人
- 购物（H5购物网站入口）
- 游戏
- 小程序

添加朋友模块
- 搜索微信号/手机号
- 查看我的微信号
- 雷达加朋友
- 面对面建群
- 扫一扫
- 手机联系人
- 公众号

我模块
- 我的资料
- 钱包
- 收藏
- 相册
- 卡包
- 表情
- 设置

微信模块（信息连接）
- 对话列表
  - 个人对话
  - 群聊对话
  - 三方服务号
  - 系统默认服务号
  - 订阅号入口
- 搜索模块入口
- 添加
  - 添加朋友模块
  - 发起群聊
  - 扫一扫
  - 收付款

图4-3 微信6.5.21版本的功能结构图

产品功能结构图能够非常清晰、直观地展示产品策划者对产品功能的整体思考与构想，使产品团队成员及相关人员很便捷地了解产品，如产品有哪些页面，每个页面有哪些功能，各个功能之间的逻辑关系如何，等等，非常有利于团队成员的沟通与交流，并在此基础上及时查找遗漏、发现问题、予以改进。

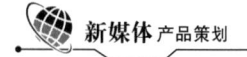

二、产品信息结构图

在产品的内在功能结构得以确立之后,接下来的工作就是对产品的信息结构进行分析与设计,并绘制出产品的信息结构图。

产品的信息结构反映的是产品中各种信息内容之间的逻辑关系,与产品的实际页面和层级没有直接的关联。产品信息结构图就是指脱离产品的实际页面,将产品的数据抽象出来,然后进行分类与组合而形成的图表。

有人很形象地将产品信息结构图描述为"功能的数据抽象""功能原材料的说明书"。[①]从研发的角度来说,功能就是由一组有逻辑的代码构成的,这个代码运行起来,就能做某件事情、完成某项任务。这个代码也就是功能,一般只存在于产品的后台,用户在使用的时候是看不见的,它必须在被抽象、概括之后通过信息字段(短语或词组)直观地呈现在页面上,让用户去点击、触摸,以此激活、启动功能。换句话说,产品信息结构图,特别是功能型产品的信息结构图中的"信息"是对功能的简要描述与说明,离开了这些信息,功能也就难以呈现,更无法让用户驱动去实现。

也就是说,功能型产品的信息结构图中所强调的"信息"主要是用来服务于产品功能的,但它与产品功能的关系又不是一一对应的关系。首先,"信息"本身必须经过抽象、提炼,表述为高度概括的短语或词组,不能事无巨细地罗列;其次,同一个"信息"可以被多个功能在多个页面反复使用。也就是说,信息结构图中的"信息"又是脱离于具体的功能和页面的。比如:微信中的"好友名片"这条信息,包含了多项内容与多个字段:头像、备注名、昵称、微信号、地区、电话号码、标签、描述(文字描述、图片描述)、个性签名、来源、是否星标、朋友圈和视频动态可见状态、是否黑名单等;而且这些字段还分别出现在多个页面,被多个功能使用:通讯录列表、名片详情页、社交资料、设置备注和标签、资料设置以及个人名片推荐中。

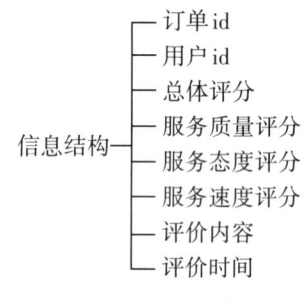

信息结构 ── 订单id / 用户id / 总体评分 / 服务质量评分 / 服务态度评分 / 服务速度评分 / 评价内容 / 评价时间

图4-4　信息结构图

越是功能复杂的产品,越要重视产品信息结构图的绘制。如果是一个比较简单的功能,涉及的元素、对象一般不会很复杂,无需过多思考就能轻松完成设计方案,而且能做到万无一失。但如果面对的是很复杂的功能,单凭一个人头脑的思考与设置很难厘清其间的复杂关系,因为一个复杂的功能可能会衍生出很多个对象与相关要素,自然而然地用于描绘这些对象与要素的信息也会变得繁多而又杂乱,这时,必须借助一些外在的手段和方式来辅佐、

[①] 誓博.产品经理的神助攻:信息结构图[EB/OL].[2019-10-16].https://www.woshipm.com/pmd/2979210.html

第四章 产品设计：大道至简，注重体验

帮助，才有可能掌控全局。如网上购物之后的订单评价功能，其信息结构图非常简单：

再看微信的信息结构图[1]，无疑就复杂了许多：

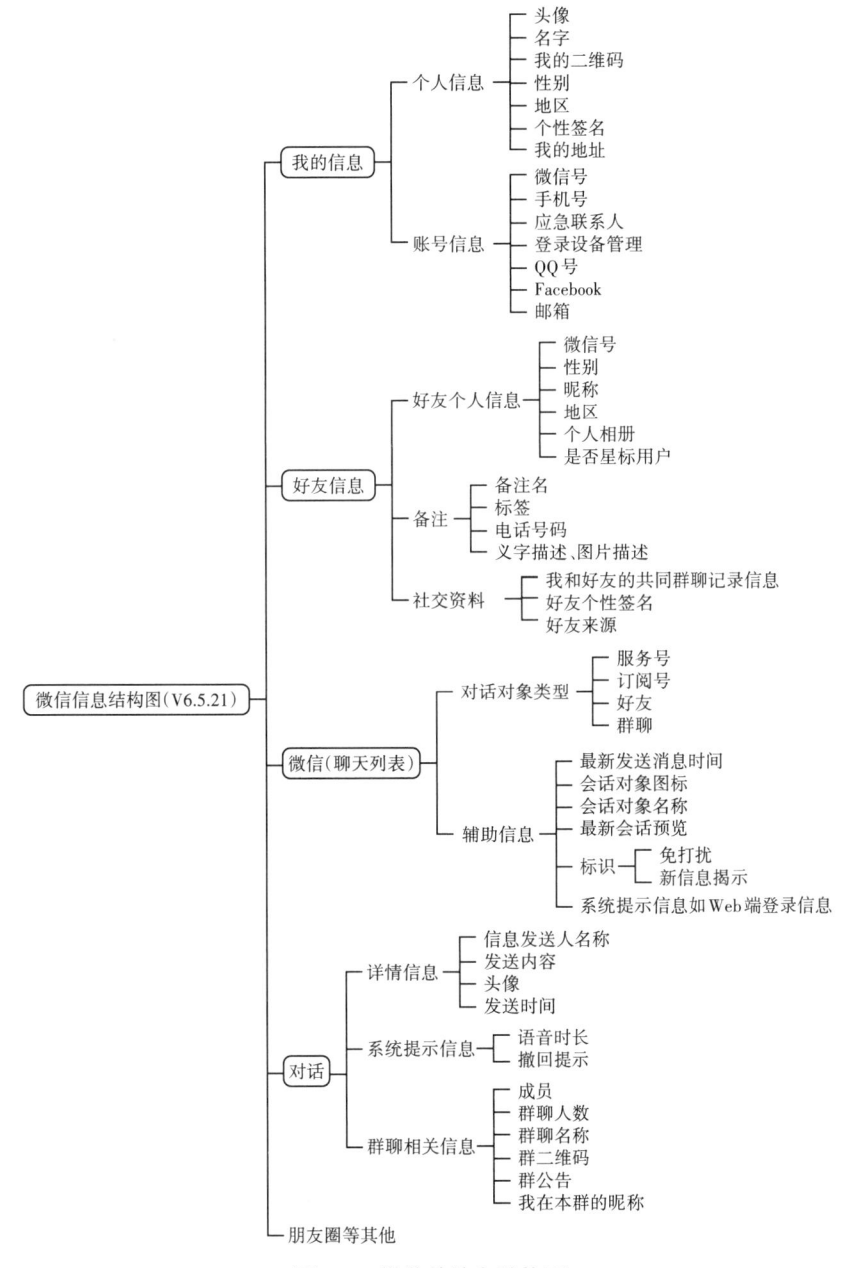

```
微信信息结构图(V6.5.21)
├─ 我的信息
│   ├─ 个人信息
│   │   ├─ 头像
│   │   ├─ 名字
│   │   ├─ 我的二维码
│   │   ├─ 性别
│   │   ├─ 地区
│   │   ├─ 个性签名
│   │   └─ 我的地址
│   └─ 账号信息
│       ├─ 微信号
│       ├─ 手机号
│       ├─ 应急联系人
│       ├─ 登录设备管理
│       ├─ QQ号
│       ├─ Facebook
│       └─ 邮箱
├─ 好友信息
│   ├─ 好友个人信息
│   │   ├─ 微信号
│   │   ├─ 性别
│   │   ├─ 昵称
│   │   ├─ 地区
│   │   ├─ 个人相册
│   │   └─ 是否星标用户
│   ├─ 备注
│   │   ├─ 备注名
│   │   ├─ 标签
│   │   ├─ 电话号码
│   │   └─ 文字描述、图片描述
│   └─ 社交资料
│       ├─ 我和好友的共同群聊记录信息
│       ├─ 好友个性签名
│       └─ 好友来源
├─ 微信（聊天列表）
│   ├─ 对话对象类型
│   │   ├─ 服务号
│   │   ├─ 订阅号
│   │   ├─ 好友
│   │   └─ 群聊
│   └─ 辅助信息
│       ├─ 最新发送消息时间
│       ├─ 会话对象图标
│       ├─ 会话对象名称
│       ├─ 最新会话预览
│       ├─ 标识
│       │   ├─ 免打扰
│       │   └─ 新信息揭示
│       └─ 系统提示信息如Web端登录信息
├─ 对话
│   ├─ 详情信息
│   │   ├─ 信息发送人名称
│   │   ├─ 发送内容
│   │   ├─ 头像
│   │   └─ 发送时间
│   ├─ 系统提示信息
│   │   ├─ 语音时长
│   │   └─ 撤回提示
│   └─ 群聊相关信息
│       ├─ 成员
│       ├─ 群聊人数
│       ├─ 群聊名称
│       ├─ 群二维码
│       ├─ 群公告
│       └─ 我在本群的昵称
└─ 朋友圈等其他
```

图 4-5　微信的信息结构图

---

[1]图表来源：蓝调Lee《功能结构图、信息结构图、结构图，你还傻傻分不清吗?(上)》。

113

由此可见信息结构图非常重要而且必要。

产品信息结构图的绘制,可以细分为三个步骤:

第一步,基于产品功能图,解析各个功能所涉及的对象。有的功能,可能只有一个对象;有的功能,可能对应多个对象。要把产品的所有功能与涉及的所有对象都梳理清楚,这些对象,也就是信息结构图中的主角——信息主体。

第二步,针对梳理出来的每个对象,提炼出具有高度概括力的信息字段,用以描述这个对象。

第三步,选择有价值的信息字段,按照其内在的逻辑关系,建构、绘制信息结构图。

产品人誓博总结自己的实践经历与感悟,特别强调:建构、绘制功能结构图重点考察的是产品人对业务的理解能力和对流程的拆解能力,而建构、绘制信息结构图考察的则是产品人的抽象能力和归纳能力。[①]

对于以信息为驱动力的新媒体产品来说,信息架构的搭建还包含另一项重要的内容和任务:设计组织分类和导航的结构,让用户可以高效率、有效地浏览网站内容[②],其目的就是要让用户很容易找到其想要的信息。

在开展这项工作时,首先要依据产品目标、用户需求以及产品准备吸纳的内容,将信息分门别类,进而创建分类体系。杰西·詹姆斯·加特勒认为,以网站为典型代表的新媒体产品普遍采用两种方式来建立信息的分类体系——从上到下与从下到上[③]:

从上到下(top-down approach)的信息架构方法将从战略层所考虑的内容,即根据产品目标与用户需求直接进行结构设计。先从最广泛的、有可能满足决策目标的内容与功能开始进行分类,然后再依据逻辑细分出次级分类。这样的"主要分类"与"次级分类"的层级结构就像一个个空槽,而内容和功能将按顺序一一填入。

从下到上(bottom-up approach)的信息架构方法也包括了主要分类与次级分类,但它是根据对"内容和功能需求的分析"而来的。先从已有的资料(或者当网站发布后将存在的资料)开始,我们把这些资料统统放到最低级别的分类中,然后再将它们分别归属到较高一级的类别,从而逐渐构建出能反映我们的产品目标和用户需求的结构。

在杰西·詹姆斯·加特勒看来,这两种方法都有一定的局限性,从上到下的架构方法有时可能导致内容的重要细节被忽略,而从下到上的方法则可能导致架构过于精确地

---

① 誓博.产品经理的神助攻:信息结构图[EB/OL].[2019-10-16].https://www.woshipm.com/pmd/2979210.html.
② 杰西·詹姆斯·加特勒.用户体验要素:以用户为中心的产品设计(原书第2版)[M].范晓燕,译.北京:机械工业出版社,2019.
③ 杰西·詹姆斯·加特勒.用户体验要素:以用户为中心的产品设计(原书第2版)[M].范晓燕,译.北京:机械工业出版社,2019.

反映了现有的内容,因此不能灵活地容纳未来内容的变动或增加,消除或避免这些缺陷的最佳做法就是综合两种方法并在二者之间找到平衡点。

对于新媒体产品来说,对信息进行分类的角度和方法很多。首先,可以直接从时间维度入手按日期依次分类,也可以从内容维度按照不同的主题来进行分类,还可以依据信息呈现方式的不同将之分为图文、音频、视频等类别……当然,也可以综合多个角度更合理地设置类别。

其次,在分类体系完成的基础上,再设置最重要和最关键的节点(node)。节点是构建产品信息架构的基本单位,节点可以对应任意的信息片段或组合——它可以小到是一个数字(比如产品的价格),或者大到是整个图书馆。[1]

一个新媒体产品的信息架构,需要大大小小很多个节点的支撑,而且随着时间的推进,需要增补更多新的节点。那么,如何将这些节点有机地组合在一起,并为后续增补的节点预留空间,是需要解决的一个重要问题。新媒体产品常用的结构方式主要有以下几种[2]:

层级结构(hierarchical structure),又称树状结构、中心辐射结构。在层级结构中,节点与其他相关的节点以父级/子级关系连接在一起——子节点代表着更狭义的概念,它从属于代表着更广义类别的父节点。并不是每个节点都有子节点,但每个子节点都有父节点。处于结构最底层的节点为子节点,某几个子节点从属于某一个父节点,由此层层往上,直到整个层级结构的最顶层——父节点(又称为根节点),如下图所示:

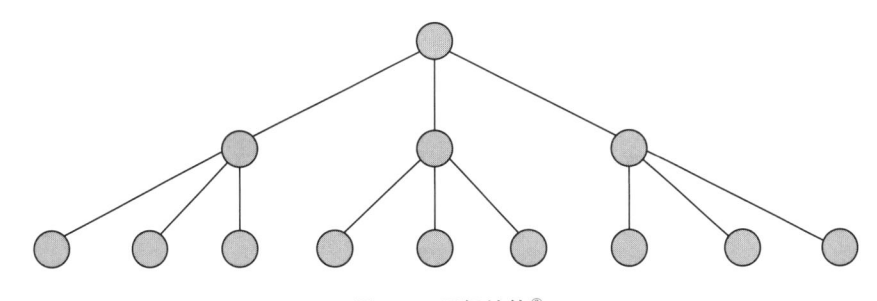

图4-6 层级结构[3]

对于用户来说,层级结构各节点之间的关系非常直观、清晰,容易理解,是运用最广泛的一种信息架构方式。

---

[1] 杰西·詹姆斯·加特勒.用户体验要素:以用户为中心的产品设计(原书第2版)[M].范晓燕,译.北京:机械工业出版社,2019.
[2] 杰西·詹姆斯·加特勒.用户体验要素:以用户为中心的产品设计(原书第2版)[M].范晓燕,译.北京:机械工业出版社,2019.
[3] 杰西·詹姆斯·加特勒.用户体验要素:以用户为中心的产品设计(原书第2版)[M].范晓燕,译.北京:机械工业出版社,2019.

矩阵结构(matrix structure),是一种较为复杂的信息结构方式,它"允许用户在节点与节点之间沿着两个或更多的'维度'移动","每一个用户的需求都可以和矩阵中的一个'轴'联系在一起",因此对"带着不同需求而来"的用户比较有利,"使他们能在内容中寻找各自想要的东西"。但如果矩阵结构的维度过多就会出现问题,"在四个或更多的维度的空间下,人脑基本上不可能很好地可视化这些移动"。矩形结构的图示如下:

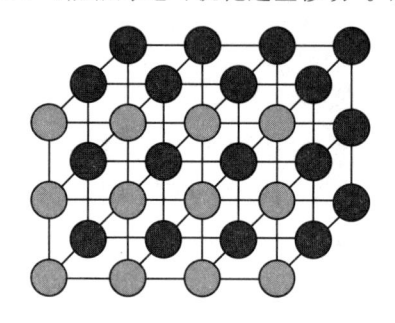

图4-7 矩阵结构[①]

自然结构(organic structures),既不遵循任何一致的模式,也没有明确、强烈的分类的概念,各个节点被逐一连接在一起,比较适用于子模块,探索一系列关系不明确或一直在演变的主题。这种结构方式由于无法给用户提供清晰的其在何处的指示,容易让人产生"自由探险"的感觉。自然结构的图示如下:

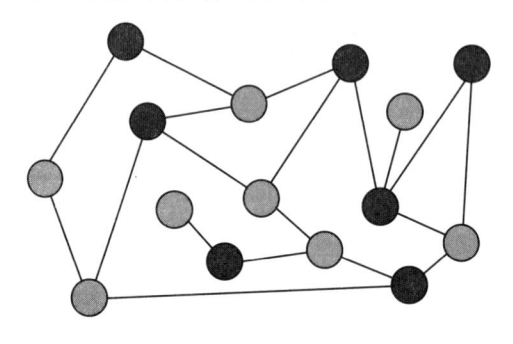

图4-8 自然结构[②]

线性结构(sequential structures),这是人们非常熟悉的传统媒体产品如报刊文章、书籍和音频、视频作品一致采用的结构方式,各节点之间按某种顺序依次连接、一一推进。面对线性结构的产品,用户基本没有自主选择、控制的权利,只能被动地按照既定的顺序浏览、接收信息。在新媒体产品中,线性结构较多地运用于教育类产品。线性结构的

[①]杰西·詹姆斯·加特勒.用户体验要素:以用户为中心的产品设计(原书第2版)[M].范晓燕,译.北京:机械工业出版社,2019.
[②]杰西·詹姆斯·加特勒.用户体验要素:以用户为中心的产品设计(原书第2版)[M].范晓燕,译.北京:机械工业出版社,2019.

图示如下:

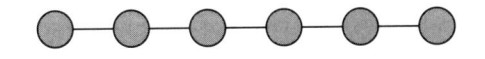

图4-9 线性结构[1]

再次,依据组织原则确立新媒体产品信息架构的各个层级。杰西·詹姆斯·加特勒将组织原则定义为"就是我们决定哪些节点要编为一组,而哪些节点要保持独立的标准"。不同的产品,甚至同一个产品内部的不同层级,其组织原则都会有明显的差别。一般来说,产品最高层级的组织原则应将"网站目标"和"用户需求"紧密地结合在一起,而结构中的较低层级的组织原则,则需更多地考虑内容与功能需求。[2]

最后,在产品的分类体系、结构方式、组织原则都已明确的基础上,再导入标签系统,一个内容产品的信息构架便基本成型了。

三、产品结构图

产品结构图是基于产品的功能结构图和信息结构图,将功能和信息按一定的逻辑关系整合在一起,最终形成的体现产品整体框架结构的图表,通常被视作简化版的MVP。

有人用一个非常简单的公式来概括、描述产品结构图[3]:

产品结构图=产品功能结构图+产品信息结构图+基本交互逻辑

有人认为产品结构图是产品策划活动从业务层面落地到产品层面的一个重要过程。也就是说,此前的功能结构图、信息结构图都还只是从业务的角度进行的梳理工作,根本还没有涉及产品的设计,产品连影子都还没有看到;只有通过产品结构图的绘制,才能知道产品包含的主要页面结构和基础信息,才能看到产品的基本轮廓。[4]

相较而言,功能结构图聚焦于功能,信息结构图专注于信息字段,任务都比较单纯;而产品结构图则需站在产品全局的高度,综合考量功能与信息两个要素,并将之和谐地纳入一个合理的结构之中。

首先,需要对功能与信息内容进行分类、分层,搭建起产品的整体框架。一个好的

---

[1] 杰西·詹姆斯·加特勒.用户体验要素:以用户为中心的产品设计(原书第2版)[M].范晓燕,译.北京:机械工业出版社,2019.
[2] 杰西·詹姆斯·加特勒.用户体验要素:以用户为中心的产品设计(原书第2版)[M].范晓燕,译.北京:机械工业出版社,2019.
[3] 亿图图示.产品结构图VS信息结构图VS功能结构图[EB/OL].[2021-08-30].https://zhuanlan.zhihu.com/p/405078225.
[4] 厚厚.一文说清楚3种结构图(功能结构图、信息结构图、产品结构图)[EB/OL].[2021-10-01].https://www.woshipm.com/pd/5159192.html.

产品框架应该既精简,同时又具有扩展性。比如微信已上市十余年,迭代了一百多个版本,但其基本框架没有特别大的改变。直到现在,我们打开微信APP,紧随那个著名的开屏页出现的显示微信主要框架的页面非常简单、清晰——位于页面下方的四个功能模块:微信、通讯录、发现、我和位于页面上方的搜索功能,再加上页面右上角的拓展功能按钮。这六大功能一如既往地支撑着微信的主体框架。

其次,在产品框架明确了之后,第二步的工作就是在每个重要、关键的节点,添加描述性的信息字段,使之容易识别。

最后,功能模块和信息字段有逻辑地组合在一起,合理地放在每一个页面中,并将之用图表的方式呈现出来,形成产品结构图。

下图是简要版的微信结构图:

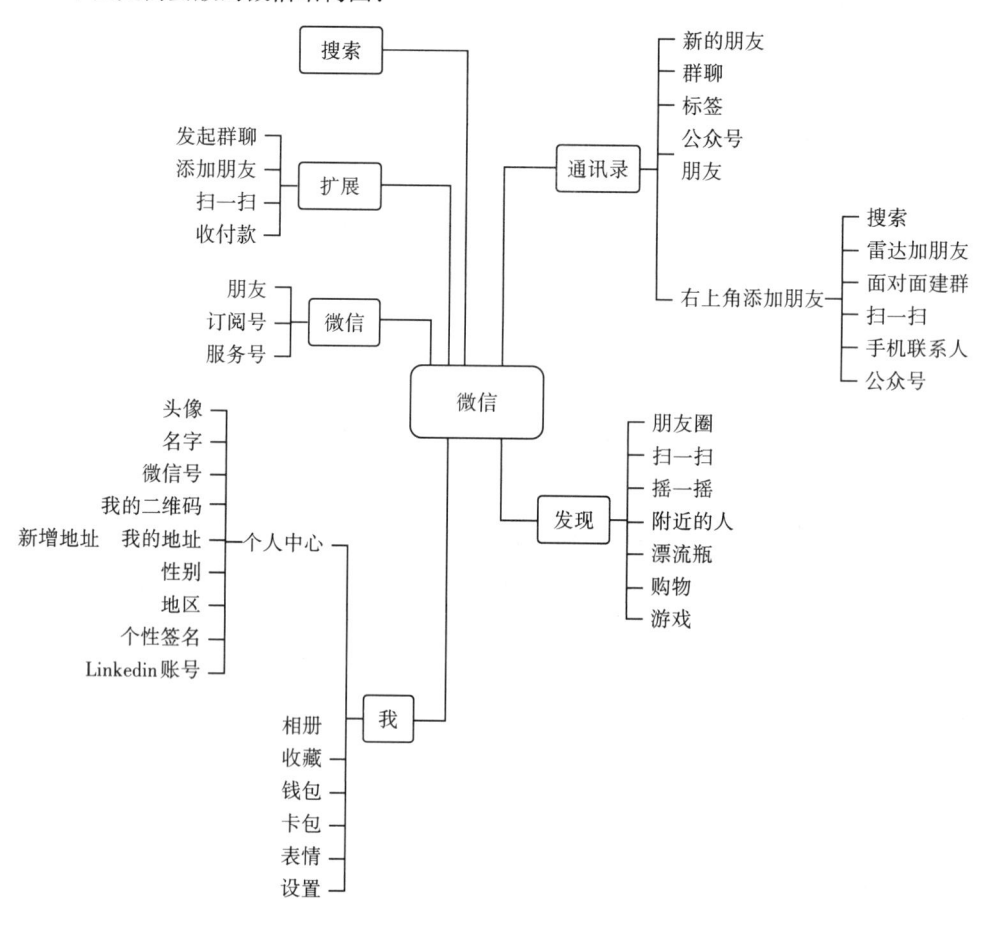

图4-10 简要版微信结构图[1]

---

[1] Chris.从各个数学思想中,引申出对于产品思想的方法论[EB/OL].[2016-11-15].https://www.woshipm.com/pmd/445239.html

就是这张简单的产品结构图,建构起如今在全球范围内用户数量超过13亿的超级新媒体产品。所以,产品结构图在新媒体产品的策划、设计过程中非常重要,虽然它只是以非常简单的形式在纸面上静态地展示产品人对产品的概念化设计,但它反映的却是产品的全貌。而且只要建构起了一个拓展性很强的产品结构,就可以随时在基本框架不变的基础上,根据市场的需要不断增添新的功能,使产品永葆旺盛的生命力。

第三节 注重用户体验,优化互动设计

所有的新媒体产品的价值,都必须通过人机交互的方式才能得以体现和实现。这也就是为什么"用户至上""一切以用户价值为依归"的观念能大行其道的根本原因。可以说,正式绘制完成的三种结构图:产品功能结构图、产品信息结构图、产品结构图,仍然只是策划者头脑中对未来产品整体框架结构的简要呈现,还停留在比较抽象的"纸上谈兵"阶段。产品最后要完美落地,让用户感觉"能用"且"好用",必须进一步让那些画在纸上、有些干巴巴的"筋骨"生动、鲜活起来,也就是要在干而硬的"筋骨"之上增添丰满的"血肉",使之具有生命的活力。

新媒体产品中用来活化其整体结构(筋骨)的"血肉",就是杰西·詹姆斯·加特勒总结的构成产品框架层的主要元素——界面设计、导航设计和信息设计。"在框架层,我们要更进一步地提炼这些结构,确定很详细的界面外观、导航和信息设计,这能让美好的结构变得更实在。"[1]也就是说,新媒体产品的互动设计,就是将抽象的产品结构借由界面、导航和信息这三个要素活灵活现地展现在用户面前。在具体的实施过程中,界面设计、导航设计和信息设计既自成一体,又密切相关,三者最后依托表现层的感官设计(主要体现为视觉设计),将"内容、功能和美学汇集到一起来产生一个最终设计,完成其他四个层面的所有目标,并同时满足用户的感官感受"[2]。

---

[1] 杰西·詹姆斯·加特勒.用户体验要素:以用户为中心的产品设计(原书第2版)[M].范晓燕,译.北京:机械工业出版社,2019.
[2] 杰西·詹姆斯·加特勒.用户体验要素:以用户为中心的产品设计(原书第2版)[M].范晓燕,译.北京:机械工业出版社,2019.

一、界面设计

以人机交互为主要实现形式的新媒体产品,界面是用户感知、使用产品的首要元素,其全称为用户界面(User Interface,简称UI)。换句话说,界面是人与机器进行信息交流的媒介。在界面上,用户可以输入指令启动、运行产品;产品亦可根据用户的指令反馈信息、完成任务。在个人电脑时代的早期,用户只能通过键盘输入指令、启动电脑运作;1984年,苹果旗下的个人电脑麦金塔(Macintosh)成功推出图形界面(Graphical User Interface,简称GUI)系统。相较于此前的界面,图形界面能带给用户更多的便利和更好的体验。

界面设计的主要任务就是将产品的整体框架结构直观地呈现在用户面前,具体包括:界面的整体布局与信息结构,以及各种控件在各种终端显示屏上的展示。通过产品策划者上一个环节的工作,产品已有了一个完整、清晰的框架结构,如产品具有哪些功能和信息内容,它们如何分布,如何连接、组织在一起,等等,都已通过产品功能结构图、产品信息结构图和产品结构图清晰、直观地呈现出来。界面设计则依据这三张图表,选择、运用各种界面元素,将产品的功能和信息合理地放置到每一个具体的界面上,让用户一打开产品,就知道每一个界面上有什么,以及该怎么使用。

一般来说,用户界面的构成元素主要有以下三类[1]。

1. 输入:让用户可以进行选择或输入信息,包括复选框、单选框、下拉框和文本域等交互组件。

2. 导航:用于选择目的地和筛选信息的组件,包括下拉菜单、滚动条、toast、页签和分页等。

3. 信息:向用户提供反馈的交互元素,包括图标、文字、媒体、进度条和提示等。

在选择、运用这些元素设计界面时,应注意以下事项。

首先,每一个界面都应该突出重点,就像杰西·詹姆斯·加特勒强调的那样,成功的界面设计一定是那些能让用户一眼就看到"最重要的东西"的界面设计。在突出最重要的东西的同时,必然忽略并隐藏那些不重要的东西,即不能为了极少数用户的满意而将一个很少发生的场景(边缘情况)纳入界面之中。"一个设计良好的界面是要组织好用户最常采用的行为,同时让这些界面元素用最容易的方式获取和使用。"[2]

---

[1] 人人都用产品经理.户界面设计和体验设计的差别[EB/OL].[2018-05-16].https://www.woshipm.com/ucd/1027677.html.
[2] 杰西·詹姆斯·加特勒.用户体验要素:以用户为中心的产品设计(原书第2版)[M].范晓燕,译.北京:机械工业出版社,2019.

每个新媒体产品的首页，就是所有界面中最重要、最关键的界面。首页又称主页、登录页，是用户进入一个网站时看到的第一个页面，在移动端则是紧随开屏页之后出现的操作界面，其主要任务就是简要、直观地呈现网站或APP的整体框架与结构。搜索引擎类产品Google和百度的首页都非常简单、醒目，就是突出产品的logo，下方再加上一个搜索关键词的输入框（见图4-11）。此外，为方便用户，Google首页会记录、显示用户经常访问的网站，点击即可登录；百度则是在左上方设置了不同的功能模块：新闻、hao123、地图、贴吧、图片、网盘等，以满足用户的个性化需求见（图4-12）。

图 4-11　Google首页

图 4-12　百度首页

以传播各类信息为主的新媒体产品，则是将产品结构图中最核心、关键的节点标签放置在首页。一般情况下，PC端产品的重要功能与信息主要放置在页面的左侧和上方；移动端产品的重要功能与信息多置于页面的下方。

我们来看新华网的首页，网站设置的各种栏目、各类主题都齐聚在上方，用户一打开网页即一目了然（见图4-13）：

图 4-13　新华网首页

再看起点中文网，页面左侧罗列着各种不同类别的作品，用户亦可按需点击，非常方便（见图4-14）：

图4-14　起点中文网首页

移动端的新媒体产品首页,由于界面面积的局限,更是要突出、聚焦重点中的重点,一般只在页面下方的底边栏放置4-5个标签,展示产品的主要功能。如微信是4个(见图4-15):

图4-15　微信首页下方的底边栏

腾讯视频则有5个(见图4-16):

图4-16　腾讯视频下方的底边栏

诸多新媒体产品首页的交互设计,都基本遵奉着7±2或4±1法则。7±2法则又称米勒定律,源自美国心理学家乔治·米勒于1956年发表的一篇论文《神奇的数字7加减2:我们加工信息能力的某些限制》,基于对短时记忆能力的定量研究,米勒发现人类的大脑最多能记忆7(±2)项信息块,当呈现的信息超出了5-9项之后,人的头脑就容易出错。还有一些心理学家认为,人脑的瞬间记忆及存储空间其实更小,大约只有4项左右。仔细观察,我们会发现这两个法则早已普遍运用于新媒体产品之中:PC端产品首页顶部的导航条数量一般不会超过9个,移动端APP产品首页底部的导航标签不会超过5个。比较微信和腾讯视频的首页底部导航设计,感觉少一个就是比多一个更好。有人分析:初次登录首页,看到底部有4个标签,普遍的心理感觉是:比较简单、容易记住;而一旦看到5个以上的标签,心里就会因数量过多而产生一些压力。也正是基于这个原因,张小龙一直坚持"微信保证只有4个底部Tab"。

对那些业务或是信息比较复杂、丰富,层级较多的产品,则要在如何处理、协调好各种界面元素的配合,使界面既完整、合理,又让用户使用起来简便、流畅等方面多下功夫。特别要注意界面上各区块与各元素之间互不干扰、区隔清晰,同时又要分清主次、突出重点。如今日头条、淘宝和京东的首页(如图4-17):

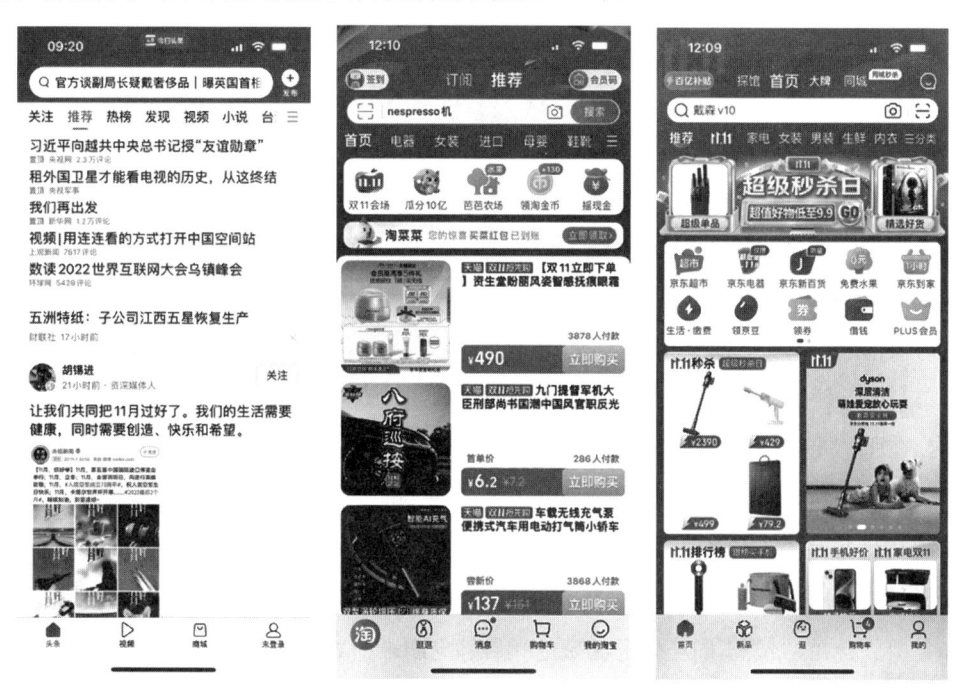

图4-17　今日头条、淘宝和京东的首页

其次,产品是为用户开发、供用户使用的,在设计界面时必须把主导权、主控权交付给用户,要让用户控制界面,而不是界面控制用户。

依照杰西·詹姆斯·加特勒的描述,界面设计的主要任务和目标是提供给用户做某些事的能力,即通过界面,用户能真正接触到那些在结构层的交互设计中确定的具体功能。①具体来说,无论是每一个界面上的分区与布局,还是各个界面之间的连接与转换,都要力求逻辑清晰、层次分明,让用户即使是第一次打开产品,也能借助界面上各种元素的提示与引导,快速了解产品的主要功能和信息,并无师自通地凭直觉摸索出使用产品的方式方法。

以微信为例,用户打开首页,一眼就能发现底部的4个功能标签,从左到右分别是"微信""通讯录""发现"和"我"四大功能,并默认首页展示一级界面"微信"中的信息;再点击其他3个功能标签,则分别进入各个功能下面的二级界面标签列表,点击标签即可进入各个二级界面,使用相关功能或是浏览信息。一般情形下,一个由三级界面建构而成的产品,能让用户较为轻松地操作、掌控,不管他处在哪一级界面,都可以非常方便、快速地回溯或是推进正在做的任何事情。这样既能为用户带来良好的使用体验,同时又能减轻或消除他们担心记不住、害怕误操作的压力与紧张。

再次,每个界面上的区域划分与内容填充都应力求简单,并在整体风格上保持协调一致。知名产品人张小龙、周鸿祎都非常认同"小白""白痴"模式,提倡要像"小白"一样思考如何做产品。周鸿祎认为,很多"小白用户"的一大特点就是没有耐心、容易抱怨,在他们眼中,界面信息纷繁复杂、难以找到入口,做一件事要绕来绕去、无法快速操作完成的产品,就不是一个好产品。②在总结微信十年发展历程时,张小龙用两个关键词来表达自己的体验和感悟,一个是"连接",另一个则是"简单"。

在张小龙看来,简单可以具体体现为美观、实用、合理和优雅,其实这四个关键词还可再做一个综合与归类:实用和合理结合在一起,重点指向每个界面的分区与填充,而美观与优雅则集中体现于各种界面元素组合在一起之后形成的整体风格上。也就是说,界面的分区与填充要远离繁杂和零乱,追求简洁与明快;逻辑上密切相关的内容最好集中放置在一起,不同类别的区域之间最好有明晰的界线,让人看起来直观、舒服;尽可能多做减法,严格控制界面上信息内容的层级,不要贪多,如果信息层级实在太多可以采用弱化方式,每个界面最好不要超过三个层级,否则就很容易让用户陷入迷失状态……同时,界面元素的选择与运用也不要太多、太花哨,那样只会让用户眼花缭乱,抓不住重点、找不到方向,无论是界面元素的数量,还是色彩、字体、边框的设置,都应协调、一致,给用户良好的视觉感受。

---

① 杰西·詹姆斯·加特勒.用户体验要素:以用户为中心的产品设计(原书第2版)[M].范晓燕,译.北京:机械工业出版社,2019.
② 周鸿祎.极致产品[M].北京:中信出版社,2018.

最后，要时刻牢记并切实落实用户与界面(机器)的互动。许多产品人在总结产品研发、设计的经验与教训时，都不约而同地强调：界面设计要更多地关注用户目标而非任务；要尽量减少用户的顾虑和负担，界面上的各种元素、内容都能让他们一看就懂、简单操作，不需要记忆、思考和学习；当用户在界面上进行操作时，界面一定要有即时性的反馈，让用户第一时间知道自己在做什么、做到什么程度、做错了还是成功了……总之，就是要随时随地让用户明确、强烈地感知到，他的每一个动作、每一个指令都是快速而有效地获得了产品的响应与回馈，这样，他自然就会获得非常好的使用体验。

二、导航设计

通俗地说，导航设计就是基于界面，为用户使用产品功能或是查找所需信息规划、设置最佳路径。杰西·詹姆斯·加特勒对导航设计的介绍非常形象：导航设计就是提供给用户去某个地方的能力，"信息架构把一个结构应用到我们设定好的'内容需求列表'之中；而导航设计则是一个用户能看到那个结构的镜头，这就表示，通过它，用户可以'在结构中自由穿行'"[1]。

导航设计离不开界面，在杰西·詹姆斯·加特勒看来，网站的导航设计看上去是一件很简单的工作，似乎就是在各个页面上放一些引导用户浏览整个网站的链接。但如果去掉了界面，导航设计就会变得非常复杂。

为了能让用户在产品结构中自由穿行，导航设计必须同时完成三个目标[2]。

第一，它必须提供给用户一种在网站间跳转的方法。由于一般来讲把每个页面和别的都链接起来是不现实的(即使是现实的，它也不是一个好方法)，导航元素就必须选择那些能促进用户行为的链接，也就是说，这些链接必须也是真实有效的。

第二，导航设计必须传达出这些元素和它们所包含内容之间的关系。仅仅提供一个链接的列表是不够的。这些链接相互之间有什么关系？是否其中一些比别的更重要？它们之间相关的差异在哪？这些传达出来的信息对于用户理解"哪些选择对他们是有效的"是非常必要的。

第三，导航设计必须传达出它的内容和用户当前浏览页面之间的关系。其他的那些内容对于我正在浏览的这个页面有什么影响？这些传达出来的信息帮助用户去理解

---

[1] 杰西·詹姆斯·加特勒.用户体验要素：以用户为中心的产品设计(原书第2版)[M].范晓燕，译.北京：机械工业出版社，2019.
[2] 杰西·詹姆斯·加特勒.用户体验要素：以用户为中心的产品设计(原书第2版)[M].范晓燕，译.北京：机械工业出版社，2019.

"哪个有效的选择会最好地支持他们的任务或他们想要达到的目标"。

虽然杰西·詹姆斯·加特勒总结的这三个目标主要是针对网站的,但同样适用于所有的新媒体产品。

对于每一个新媒体产品来说,导航设计都至关重要。一个好的导航设计,必须非常明确地告诉用户:"我在哪儿""我能去哪儿""我应该怎么去",也就是要解决"出发点"、"目的地"和"路径"三个问题,在此基础上为用户使用产品规划出一幅最佳路线图,并将它直观地呈现于新媒体产品的界面上。

在使用新媒体产品时,用户最初的出发点无一例外的都是首页,自然而然,首页也就成为导航的起始页。从导航设计的角度,一级导航栏必然出现在首页上。一般情况下,PC端新媒体产品的一级导航栏常常出现在首页的左侧和上方,移动端新媒体产品的一级导航栏则大多位于首页的底部和顶部。在一级导航栏里,呈现的主要是产品最核心、最重要的功能,以及其所包容、展示信息的主要类别。浏览这些导航条(字段、标签、标题、图标等),用户就大致知道自己能做什么事情、能看到什么信息;再点击或触碰这些导航条,就能直接进入此条目下的二级导航界面(又称子页面);继续点击二级导航链接,便来到最后的目的地——落地页(一些比较复杂的产品,可能需要更多层级的导航才能到达落地页)。在落地页上,用户完成相关任务,或者看到他想看到的具体信息。

从产品策划的流程来说,有关用户的"出发点"和"目的地"的具体内容其实早已在产品的三个结构图中得以确认,导航设计需面对、解决的最关键的问题就是在出发点和目的地之间规划出一条最佳路径,让用户凭借一个个导航链接的引导,快捷、便利地完成任务。

在做导航设计时,应特别注意以下各个环节。

首先,尽可能减少导航的层级,采用扁平化的导航结构。

理想状况下,导航的层级结构越少,用户操作、使用产品的路径就越清晰,完成任务的速度就越快,使用体验自然也就越好。反之,导航层级越多,说明信息层级越繁杂,用户自然也就越容易被迷惑、误导。由此,三级导航结构成为诸多新媒体产品导航设计的首选,绝大多数产品的导航结构基本都是三到四个层级。三级导航结构,意味着用户只需点击两次就可抵达最底层页面,也就是落地页,能满足绝大多数用户的心理预期。

在精简导航结构层级的基础上,还要保持导航结构的一致与协调。同一个产品的所有导航项目的结构层级都应该是一样的,要么都是三级,要么都是四级;不能有的是三级,有的只有两级或四级,那样只会给用户带来疑惑和困扰。[1]

---

[1] Johnnylhj. 导航设计:4个要点教你设计更好的导航[EB/OL]. [2018-04-28]. https://www.woshipm.com/pd/1009249.html.

其次，选择恰当的导航形式。

关于新媒体产品的导航形式，有许多人进行梳理与总结。杰西·詹姆斯·加特勒在其《用户体验要素：以用户为中心的产品设计》一书中，主要介绍了一般网站常用的导航系统：全局导航、局部导航、辅助导航、上下文导航、友好导航、远程导航、网站地图、索引表等；在各种互联网平台上，也有不少从业者表达对互联网产品特别是移动端产品导航形式的认识与思考，如在 PM 大叔眼中，最常用的导航形式有九种：底部标签导航、顶部标签导航、舵式导航、宫格导航、陈列馆式导航、抽屉式导航、下拉导航（菜单导航）、列表导航、轮播（旋转木马）导航[①]。一位网名为银发的芝加哥的高级产品总监更进一步，认为不同层级的导航系统应选用不同的导航方式，比如一级导航也就是主导航系统的常用导航方式有：标签式导航（又可细分为底部导航、顶部导航以及顶部和底部双 Tab 导航）、抽屉式导航、桌面式导航、宫格式导航、舵式导航、隐喻式导航；二级导航系统则经常采用列表式导航、选项卡式导航、图库式导航、页面旋转式导航和图片旋转式导航。[②] 还有一位名为@BlinkQ的作者则将诸多APP产品的导航方式归纳为以下几类，从形状上可以分为标签式（点）导航、列表式（线）导航、矩阵式（面）导航；从状态上可以分为静态导航、动静结合导航和动态导航：[③]

从搭配的角度，因为很少有产品只有单一层级的导航，不同层级的导航需通过不同形式的巧妙搭配以形成鲜明的区隔，常见的搭配方式有组合导航（一个导航区域中集合多种不同的导航类型）、层级导航（一级导航、次级导航嵌套在一个界面）、收放导航（部分导航内容隐藏，用户点击相关按钮后滑出或弹出）。

这些导航形式都有各自不同的特点、适用层级与场景以及优劣势，在具体运用时应依据用户习惯与喜好，以及使用时的具体状态与特点，并结合产品的需求，在综合研判的基础上做出合理的选择与搭配，最终让用户觉得好看而且好用。

从现有新媒体产品的导航设计状况来看，大多以底部标签导航作为主导航形式，这样可以一次性将数个重要功能依次并置，用户使用起来非常简单、方便，后续功能的拓展也比较方便。在此基础上，选择顶部标签导航、抽屉式导航、菜单式导航等形式作为次导航形式，就能形成一个有机的导航体系。

最后，优化导航路径。

---

① PM 大叔.C端设计：9种常用的导航设计[EB/OL].[2022-05-05].https://www.woshipm.com/pd/5422615.html.
② 银发的芝加哥.APP设计模式之——导航设计[EB/OL].[2020-09-20].https://zhuanlan.zhihu.com/p/27382083.
③ @BlinkQ 再谈APP导航设计[EB/OL].[2015-11-16]https://www.woshipm.com/pd/235540.html.

导航设计基于产品结构特别是产品的信息结构，是对信息结构图中确立的各个信息节点之间逻辑关系的直观、动态展现。但在将之前绘制在纸上的信息结构图转化为实际的操作流程与步骤时，还需与用户使用产品时的行为特点和习惯方式密切结合，进行适当的调整和必要的补充，使之能带着用户更快捷、便利地完成一个个任务。比如，有些在信息结构图中只是子节点的功能与信息，其在用户实际使用产品时的优先级和频率可能比预计的更高、更频繁。碰到这种情况，如果还一味按部就班地照搬图纸上的设计，必将导致用户因为路径过长而感到不便与麻烦。此时就必须进行调整或是做出改变，尽可能缩短、优化路径，以提升用户操作的流畅性和效率。在微信的信息架构中，"扫一扫"是"发现"下的子节点，"添加朋友"从属于"通讯录"下的子节点"新朋友"，是三级节点，与之相同的还有"收付款"功能，位于"我"的子节点"服务"之下，这三个功能在用户日常生活中的使用频率非常高，于是微信特地将这三个功能放在首页顶部右侧的菜单导航"⊕"中，以方便用户使用。

除了让用户快捷、便利地抵达目的地之外，导航设计还须完成另一项任务，那就是在用户使用产品的过程中正确引导其行进路线，特别是结构层级和内容较为复杂的产品，必须让用户时刻都能明确感知到自己所处的位置，知道如何返回上一层级或进入下一层级，即使身处复杂的结构之中也不会迷失方向。许多移动端新媒体产品的顶部导航栏就直接发挥着这一作用，比如微信，用户点击首页的主导航标签进入每个二级界面，都能从顶部导航栏中简短的标签提示知道自己当前正处在什么位置或流程；点击二级导航链接进入三级界面之后，顶部导航栏左侧都有返回上层的图标"＜"，看起来非常直观，操作起来也非常简单。

三、信息设计

无论是界面设计，还是导航设计，都离不开信息设计的参与和支撑。那些出现在界面上的功能、内容以及界面之间的连接与跳转，要让用户能够直接看到并快速理解，必须借助于各种语言符号和非语言符号，来简要、直接地把有关功能、内容与操作方式展示出来，这就是信息设计的主要任务。

在介绍框架层的定义及其组成要素时，杰西·詹姆斯·加特勒认为信息设计就是"传递想法给用户"，"信息设计是这个层面中范围最广的一个要素，所涉及的事情几乎是到目前为止我们在功能型和信息型产品两者都看到过的全部内容。信息设计跨越了'以任务为导向'的功能型产品和'以信息为导向'的信息型产品的边界,因为无论是界面设计还是导航设计,都不可能在没有'一个良好的信息设计的支持'的前提下取得成功"。[1]换句话说,信息设计"常常充当一种把各种设计元素聚合到一起的黏合剂的角色"[2]。如微信首页底部的4个标签(关键词)"微信""通讯录""发现""我",既代表了微信的4个主要功能,同时又是4个一级导航条,点击就可进入各自的二级界面,一个关键词兼具多重属性。

既然是对信息进行设计,就必然涉及两个方面的考量:信息内容与传达内容的符号。按照杰西·詹姆斯·加特勒的分析,"有时信息设计涉及'分组'或'整理'散乱的信息","有时信息设计是视觉上的",前一句话指向信息内容,后一句说的则是表意符号。

首先,需对信息内容进行分类和组织。

对信息内容的设计,主要体现在对繁多而又杂乱的信息进行整理与分类。2012年7月,张小龙在腾讯内部做了一场长达8小时20分钟、题为《微信背后的产品观》的演讲,后来,他演讲时的PPT和依据录音整理的文字稿在网上广泛传播,2021年《微信背后的产品观》一书由电子工业出版社正式出版。在演讲时的PPT中,关键词"分类"反复出现。张小龙认为"设计就是分类",分类是化繁为简的主要方式之一,它能使繁杂的信息变得条理清晰。按照汉语词典的解释,分类就是对事物"按照种类、等级或性质分别归类",也就是将具有共同属性与特质的事物划归到同一个类别之中。具体到信息的分类、整理与组织,1989年,"信息架构(information architecture)"一词的创造者理查德·索尔·沃尔曼提出了信息组织的五帽架原则:"信息可能是无限的,但信息的组织是有限的,因为它只能由LATCH组织:Location(位置)、Alphabet(字母)、Time(时间)、Category(类别)或Hierarchy(视觉层级)构成。"[3]运用这五种方法,可以有效地对繁多而杂乱的信息进行分类与组织,将同一类别的信息集中放置在一起,这样用户就可以根据自己的实际需求,直接进入相应的信息类别,便捷地找到自己想要的信息,进而摆脱在面对繁杂的信息无所适从时产生的焦虑心理。

一方面,信息可以依据特定的方法被放进不同的类别中,方便用户查看;另一方面,

---

[1] 杰西·詹姆斯·加特勒.用户体验要素:以用户为中心的产品设计(原书第2版)[M].范晓燕,译.北京:机械工业出版社,2019.
[2] 杰西·詹姆斯·加特勒.用户体验要素:以用户为中心的产品设计(原书第2版)[M].范晓燕,译.北京:机械工业出版社,2019.
[3] 程远.五帽架设计原则:历史证明最高效的信息组织方式[EB/OL].[2017-05-19].https://www.uisdc.com/latch-information-architecture-princeple.

用户又是带着极强的主观目的去使用产品、接收信息的。同样的信息,在不同的用户心目中,在其重要性和获取的紧迫性上又存在着明显的差别。因此,信息设计还需在充分了解用户需求的基础上,按照信息对于用户的重要、急迫程度进行细分,明确各种信息的优先级,进而形成不同的信息层级,如重点核心层、次要辅助层和详细信息层。[1]一般情形下,重要信息理应编排、放置在最突出、醒目的位置,第一时间就能吸引用户;次要信息则可以适当隐藏。

总之,就像杰西·詹姆斯·加特勒强调的那样,信息设计最为关键的就是要用一种能"反映用户的思路"和"支持他们的任务和目标"的方式来分类和排列相关信息元素。[2]

其次,选用恰当的符号承载信息。

无论是对产品各种功能的描述,对用户行为的引导,还是对来自各行各业诸多信息的传达,都必须依托、借助能够承载相关内容的符号。只要涉及信息的交流与沟通,不管是在人与人之间,还是在人与机器之间,符号都是不可或缺的工具和中介。

能够承载、传播信息的符号是多种多样的,如语言符号、图形符号、字母符号、数字符号、运算符号、音乐符号、图腾符号、表情符号等。为更好地认识、运用符号,人们又常将符号划分为各种不同的类型,如语言符号与非语言符号,视觉符号与听觉符号,等等。不同类型的符号有着各自不同的特点和优劣势,在运用时也有不同的方法与技巧。在选择、运用符号表情达意的实践过程中,有时单用一种符号足以使信息传递到位,更多的时候需多种符号并用才能收获更好的传播效果。究竟应该如何选择与运用符号,还要依据信息接受者的需求、结合具体的场景与特定信息的特质综合考量并慎重决策。

新媒体产品在做信息设计时常用的符号有语言符号、图形符号、图标符号、声音符号以及动态图像等。在描述产品功能、信息类别以及主题时,大多采用语言符号中的文字符号,且以简短的信息字段加以概括,最终以关键词、标签的形式呈现。在导航系统中,除了关键词之外,图标符号如:"〈〉""△""▽""⊕""≡"经常出现。而在更多的内容产品中,符号的选用也随着产品类型的不同而各有侧重:文章与平面海报是单纯的视觉作品,多用语言符号中的无声语言即文字,再配之以图片、图表、数字等;单纯诉诸听觉的音频作品,则是以有声语言符号为主,再加上音乐和音响的配合;视频作品是视听综合的产物,可以融多种符号于一炉,如有声语言符号、无声语言符号、音乐与音响、图像、动

---

[1] 元尧.详解 | 设计师都该学会:页面信息层级的检测方法[EB/OL].[2022-06-07]https://www.woshipm.com/pd/5472612.html.
[2] 杰西·詹姆斯·加特勒.用户体验要素:以用户为中心的产品设计(原书第2版)[M].范晓燕,译.北京:机械工业出版社,2019.

画、人物动作与表情……总之，只要能为有效地传达信息服务，一切符号皆可为我所用，但要用得恰如其分、恰到好处。

最后，将经过提炼的信息内容与恰当的表意符号相结合，使信息得以有效传达。

信息设计的最终目的就是让用户在打开一个新媒体产品时，能方便、快速地看到他想看到的信息，并能准确地理解信息，进而根据信息的提示与引领完成相关任务。

为了有效地达成此目的，在将有价值的信息与恰当的表意符号相结合时，必须注意以下两点。

第一，选用的表意符号能够简洁、明晰地传达信息。好的信息设计，将最应该传达、突出的有价值信息以最简洁、直观的形式呈现出来即可，不要人为地故作深沉、追求复杂与委婉。需知如今的用户，绝大多数时候都身处于碎片化阅读的场景之中，注意力聚焦的时间很短暂，一切信息的呈现，无论是两三个字的标签，还是文章的标题，以及洋洋洒洒数百上千字的作品，都须以精练的语言准确地承载、传递信息，不含糊其辞，也不咬文嚼字，这样才能在用户匆匆而过的无意识快速浏览中，将各类信息准确无误地送达到他们的眼前。

第二，信息的最终呈现力求通俗易懂，让用户扫一眼就能理解、明白其内在含义。为此，产品策划者及设计人员应多了解、考虑用户的审美趣味和接受习惯，尽量多选用直观、形象的视觉符号，如图标、图表、图片以及视频，让人无需思考、一看就懂。

四、感知设计

所有的新媒体产品，隐藏在其背后的产品策划者和设计者的一切研判、考量与斟酌，最后都具体体现在用户打开、进入产品时所看到或听到的所有元素之上。正是用户在使用产品的第一时间感知到的这些元素及其组合，直接决定、影响着用户的感受和体验。

人对外界一切事物的感知，都是通过五官，也就是经由人的视觉、听觉、嗅觉、味觉和触觉进行的。在人的五官中，视觉和听觉是最主要的接收信息的渠道和途径。离开了视觉和听觉，信息完全无法被人感知到。因此，无论何种类型的产品，都不能忽视视觉与听觉的设计，特别是视觉。很多时候，人们常常以视觉设计的说法替代感知设计。

在杰西·詹姆斯·加勒特的互联网产品基本模型中，产品最外在的表现层的主要目标和任务就是"感知呈现"："解决并弥补'产品框架层的逻辑排布'的感知呈现问题。"[1]

---

[1] 杰西·詹姆斯·加勒特.用户体验要素：以用户为中心的产品设计(原书第2版)[M].范晓燕,译.北京:机械工业出版社,2019.

也就是说,在框架层,通过界面设计、导航设计和信息设计,产品策划者、设计者从逻辑上完成了对交互要素、导航要素和信息要素的安排与布局,接下来就需要感知设计登场,决定之前的这些安排在视觉上应该如何呈现。

提及视觉设计,许多人最直接的反应可能就是追求"好看"。不可否认,"好看"是视觉设计应该达成的目标之一,但好的视觉设计绝不能仅仅停留在"好看"的层面,需在"好看"的基础上"把注意力集中在它们的'运作是否良好上'"。在杰西·詹姆斯·加勒特看来,对视觉设计方案"运作是否良好的"的评估要素,则具体落实在"对于那些在之前的层面就确定的目标,视觉设计给予它们的支持效果如何?例如,产品的外观有没有破坏结构,有没有使结构中的各个模块之间的区别变得不清晰、模棱两可?或者,外观有没有强化结构,使用户可用的选项清楚明了"?[1]

视觉设计主要针对视觉,也就是人的眼睛,对构成新媒体产品外观的相关要素如:文字、图形和色彩,进行选择、排列与布局。由此,视觉设计首先要遵循人的视觉移动的基本规律,顺应人的眼睛移动的一般轨迹来安排产品的外观要素。比如,人的眼睛移动的轨迹一般为:从左到右、从上到下,新媒体产品的版面设计便多采用左右、上下布局,转换页面的常用方式也主要是左右、上下滑动,等等。基于此,杰西·詹姆斯·加勒特认为成功的视觉设计应该具备两个特点[2]。

首先,它们遵循的是一条流畅的路径。如果人们评论一个设计是忙碌或拥挤时,这表示这个设计确实没能顺利地引导他们在页面上移动。他们的眼睛在各种各样的元素之间跳来跳去,所有的元素都在试图引起他们的注意。

其次,在不需要用太多细节来吓到用户的前提下,它为用户提供有效选择的、某种可能的"引导"。就像我们一直在说的那样,这些引导应该支持用户试图在此刻通过与产品交互去完成某个目标和任务。也许更为重要的是,这些引导不应该分散用户对那些"能完成目标的信息或功能"的注意力。

在遵循人的视觉流程设计出"一条流畅的路径"的基础上,还需保持视觉元素的简单,不要在同一个页面上堆砌太多的视觉元素,以免干扰用户的注意力;同时还应分清主次,将用户最关心、最常用的元素放在其视线最先瞩目、停留的位置上,以方便用户的选择和快速使用。

---

[1] 杰西·詹姆斯·加特勒.用户体验要素:以用户为中心的产品设计(原书第2版)[M].范晓燕,译.北京:机械工业出版社,2019.
[2] 杰西·詹姆斯·加特勒.用户体验要素:以用户为中心的产品设计(原书第2版)[M].范晓燕,译.北京:机械工业出版社,2019.

接下来,在具体对文字、图形与色彩进行选择和搭配时,可有意识地借鉴、采用前辈们总结的技巧和原则,如:杰西·詹姆斯·加特勒在《用户体验要素:以用户为中心的产品设计》中强调的对比与保持内外的一致性;罗宾·威廉姆斯在《写给大家看的设计书:实例与创意》中提出的亲密性、对齐、重复和对比四大设计原则。

具体而言,亲密性指的是在视觉设计中,需从事物之间的内在关系的角度考虑,将互有关联的项(内容、要素)放置在一起,使之成为关系亲密的一个组(单元或系列),并与其他不相关的项(内容、要素)拉远距离,以示区别。这样就可以保证整个页面很有条理性和组织性,避免太多的元素杂乱地堆砌在一起,方便用户快速做出判断与选择。

对齐,强调的是页面上的各种元素不能随意摆放,应尽可能做到整齐、统一、有序。常见的对齐方式有左对齐、右对齐、居中等。在实际操作时,对齐又细分为两种情形:物理对齐和视觉对齐。物理对齐指的是常规情形下借由物理直线实现对齐;而视觉对齐则是在物理对齐难以实现的特殊情形下采用的一种方式,如一个有压缩感的元素和另一个没有压缩感的元素要放置在一起,就要将有收缩感的元素放大一点,以达成两个元素在视觉上的平衡和对齐。

重复,指适当地反复使用某些元素、符号,如字体、线条、颜色或其他符号,使产品页面在整体上给人强烈的一致与和谐的感受。

对比,则是在和谐、一致的基础上制造反差、不同与个性,以提升页面的视觉效果,进而增强对用户的吸引力。一般情形下,两个反差巨大的要素并列在一起,会带给人强烈的视觉冲击力并让人印象深刻。同时,对比的效果可以从多个角度、通过多种不同的形式完成,如:颜色(冷色与暖色)、亮度(明与暗)的对比,外观和形状(方与圆、大与小、粗与细)的对比,动态与静态的对比,相互距离(远与近、疏与密)的对比,等等。

在《用户体验要素:以用户为中心的产品设计》一书中,杰西·詹姆斯·加特勒特别重视、强调对比和一致性这两个原则,他认为:对比是视觉设计中用于吸引用户注意的主要工具,一个没有对比的设计,会被看成一个灰色的、平凡的东西,导致用户的视线四处游离,而无法解决任何特别的事情。把用户的注意力吸引到界面中的关键部分,对比是一个重要手段,能帮助用户理解页面导航元素之间的关系。同时,对比还是传达信息设计中的概念群组的主要手段。[1]而一致性则是"能使你的设计有效地传达信息,而不会导致用户迷惑或焦虑"的根本保证。也就是说,好的感知设计一般都是建立在差异性与

---

[1] 杰西·詹姆斯·加特勒.用户体验要素:以用户为中心的产品设计(原书第2版)[M].范晓燕,译.北京:机械工业出版社,2019.

一致性辩证统一的基础上。一方面,以鲜明的差异突出个性、引人注意;同时,各种元素最终都要和谐、一致地组合在一起,成为"一个有凝聚力、连贯的整体"[①]。

第四节　撰写产品需求文档

产品策划团队围绕着具体的新媒体产品如何落地所做的各种规划、构想与设计,最后都要通过一份图文结合的文档呈现出来,这就是产品需求文档(product requirement document,简称PRD)。

在新媒体产品的策划过程中,产品需求文档是继商业需求文档、市场需求文档之后又一个非常重要的必备文档,有从业者形象地将之称为是产品项目从"概念化"走向"图纸化"的关键。如果说,商业需求文档主要面向产品研发公司与企业的上层领导和投资者阐发产品的商业价值,市场需求文档重点聚焦市场、用户的实际需求寻求切实的解决问题的方案,那么,产品需求文档则要接过解决方案最后落地的接力棒,构建起具体产品的核心功能、整体框架,全面绘制出产品的规划图和实现路径图。

产品需求文档将策划人员头脑中关于产品的所有抽象的想法和具体的实现、推进路线,都用简要的语言和直观的图形形象地描述出来,在经过评审并获得通过之后,它便成为产品策划、开发团队所有人员后续全部活动的行动指南。具体来说,产品开发人员、测试人员、交互设计师、运营人员及其他业务人员,在完成各自的工作和任务时,都应按照产品需求文档给出的标准和要求执行,这样既便于团队内部成员之间的沟通交流,保障各项工作有序、顺利推进,同时又可有效减少走入误区甚至步入歧途的概率,降低可能出现的风险。

一、主要内容

产品需求文档应该包含、突出哪些内容?一份好的产品需求文档是什么样子?网名为三爷茶馆的高级产品经理在题为《需求文档(PRD)终极撰写指南》的文章中,认为一

①杰西·詹姆斯·加特勒.用户体验要素:以用户为中心的产品设计(原书第2版)[M].范晓燕,译.北京:机械工业出版社,2019.

份顶级的产品需求文档至少要讲清楚三个层次的问题:产品的整体设计是否正确、全面、高效。①

具体来说,设计是否正确强调的是产品的整体规划是否瞄准对的、真实的需求,也就是产品需求是否正确。只有在产品策划人找到的用户的需求是真实、正确的基础上,为之量身订制的产品才有可能是有用的、可实现的,才是正确并具有价值的。因此,找到、找准需求是产品规划、设计必备的基础与前提。

设计是否全面主要是指基于产品需求所做的有关产品模块和业务流程及规则的描述是否全面、清楚。如:产品的主流程是怎样的?与之相配合的功能模块有哪些?各功能模块之间如何衔接与配合,等等,都要作完整、详细的描述,不得有明显的缺失和疏漏。

设计是否高效则是要注重用户体验,将人机交互设计做到最优化,让用户使用产品的流程更简单、快捷、顺畅,尽量减少用户使用产品过程中的各种麻烦与不便。

总之,产品需求文档必须围绕产品,将其内在的运行逻辑与规则,整体的框架与结构,以及外在的各种人机交互、用户体验元素,都一一做科学、全面的规划、构建,并清楚、直观地予以交代、描述。

由此,产品需求文档就是在产品团队成员共同思考、商议并形成共识之后,为未来产品绘制的一幅具体实施蓝图,包括产品的内在逻辑、构成模块、业务流程与步骤,等等。其中,需要特别关注、强调的内容包括以下四方面。

其一,明确产品的核心价值。

产品,永远是产品需求文档的重点与核心。也就是说,产品需求文档须紧密围绕待开发或升级换代的产品展开,具体回答这是一个怎样的产品,它能解决什么人的什么问题,给他们带来哪些利益等疑问,最终明确产品具有何种价值,这个价值既包括产品对用户而言的价值,同时又包括开发这个产品项目为企业带来的价值。

对产品价值的介绍与描述可以通过用户故事的方式简要、形象地完成。用户故事(user story)是在产品的敏捷开发过程中普遍采用的一种用来描述产品需求、产品价值的方法,其核心构成要素有三个:角色(谁使用产品)、活动(需具备、完成什么功能)与价值(功能可带来何种利益),也就是对产品研发非常重要、关键的关于 who、what 和 why 的思考与回答。一个包含着这三个核心要素的用户故事,常常被简化为一句话:As a

---

① 三爷茶馆.需求文档(PRD)终极撰写指南[EB/OL].[2022-03-10]https://www.woshipm.com/zhichang/5347882.html.

(role), I want to (Activity), so that (Business Value)。中文意为：作为一个（角色），我想要（完成某个活动），以便于（实现某种价值）。

经过深思熟虑提炼出来的用户故事，可以将产品策划、研发过程中的三个具体环节：需求环节、开发环节和测试环节有机地连接在一起，循序渐进、有条不紊地依次推进。"用户故事实现了需求描述的敏捷化；通过优先级排序和故事点的有效应用，用户故事实现了需求到开发的连接；通过验收标准的渐进明确，用户故事实现了需求与测试的连接。"①

用户故事中的那个特定角色，是产品策划人通过对产品目标用户的全面、深入调研之后提炼出的典型用户形象，在他（她）身上，凝聚了目标用户最普遍、最典型的特征和需求，所有的产品需求、产品价值就是以他（她）为基础和参照，为之量身订制、精准打造的。经由用户故事，产品策划人将前期所有的思考、选择、构想及规划的结果呈现出来，供产品团队的所有成员知晓、讨论、补充、完善。待有关产品需求的全部规划和构想评审通过之后，则成为后续产品开发环节的工作人员，主要是写代码的工程师和做设计的设计师的行动纲领、操作指南。在产品开发环节，只要每一位参与者都严格按照产品需求文档中给出的具体流程和规则操作行事，就能在很大程度上保质保量地完成各项任务。而与用户故事几乎同时确立的还有完成用户故事的规则和测试标准，其基本格式为：Given…When…Then…，即主要从在什么条件下、采取了什么行动、得到什么结果三个方面入手，来测试、验证用户故事最终实现的完整性和准确性。

其二，基于产品价值搭建合理的产品结构。

某种程度上，明确的产品需求与价值仍然停留在规划与构想阶段，还比较抽象，抽象的概念与价值要得以真正落地，必须依托于具体、实在的产品。接下来，产品需求文档必须全面、细致地予以介绍的内容就是：这个产品究竟是什么样的？它具备哪些核心功能？这些功能如何运作？

在具体回答这些问题时，产品需求文档普遍采用的表达方式是直观的图形。其中，产品功能结构图、产品信息结构图和产品结构图是最重要、最关键的，必不可少。经由这三个结构图，产品的核心功能、整体框架基本搭建成型。

其三，周密规划业务流程。

---

① Chun.用户故事（二）：为什么要使用用户故事表达需求？[EB/OL].[2018-12-25].https://www.woshipm.com/user-research/1725888.html.

产品功能是供用户使用、为用户服务的。一个功能可分解为哪几个环节与步骤？各个环节之间如何承接、转换？不同功能之间又如何关联与协调？这些问题都需要通过业务流程来解决、回答。业务流程涉及的主要内容有：哪些角色参与业务，各个角色的任务如何划分，不同角色之间如何协作，数据如何流转，是否存在分支，异常情况如何处理，校验有哪些规则，等等。[1]

其四，详细的人机交互设计。

从产品设计的角度，业务流程最终必须转换为更为具体、直观的任务流程，才能便于用户理解、接受、使用。换句话说，必须从设计者视角的功能如何流转与实现，过渡、转换到用户如何使用功能、完成任务，完成这个转换就是人机交互设计。

人机交互设计就是立足于界面，将导航、信息等完成任务的关键要素，借由外在的感官设计特别是视觉设计，合理地安排、放置在一个个页面上，以提示、引导用户正确、顺利地使用产品、完成任务。当产品需求文档将上述内容一一梳理、描绘、交代清楚之后，一个具有独特功用和价值的产品也就呼之欲出了。

二、框架结构

产品需求文档并没有统一、固定的模板。在写作过程中，应根据产品的具体状况和实际需要，突出最关键、最重要的内容与环节，让产品团队的所有成员对产品有全面、准确的认识和理解，知道在自己的岗位上该做什么，如何保质保量地把每一项工作做到位。

一般来说，一份完整的产品需求文档主要由文档简介、需求概述、产品规划以及相关情况说明等部分组成。

文档简介，主要包括需求修订日志和版本迭代记录两项内容。需求修订日志是在产品需求从最初提出到最终上线，中间经历的多次、反复的权衡与筛选、变更与调整，以及每一次变更的结果，还有导致变更的原因与可能产生的影响，等等，都应如实记录在案，以备团队成员之后的细节查询。版本迭代记录则是以表格的形式将产品需求文档的修订时间、版本、内容以及修订人等信息予以简要呈现。[2]

---

[1] 紫原新之助.万字简述:PRD 到底怎么写[EB/OL].[2020-05-12].https://www.woshipm.com/pd/3840121.html.
[2] Isaac.我所理解的需求文档[EB/OL].[2020-01-26].https://www.woshipm.com/pmd/3346373.html.

需求概述,简要阐释产品需求的行业背景、产品需求的实现方案以及需求实现后带来的用户价值与业务价值。

在产品经理Isaac看来,所有的需求都是在特定时代、特定的市场背景下萌生与存在的,而完全不考虑特有的时代、市场背景谈论需求无异于天方夜谭。因此,在撰写产品需求文档时,必须首先阐明产品诞生或迭代的市场背景,"梳理需求背景是产品经理对当前资源现状的考量,是实现需求的第一步"。直接影响产品需求的背景主要有"产品所处行业的现状,产品/功能模块所处的状态、目标,开发团队的资源限制、技术限制等"。

同理,产品实现方案也是特定背景下针对特定需求的特定解决方案,相关的背景与资源的现状及其变化,也必然会直接或间接地影响、决定着产品实现方案的确立与调整。"在写方案时,可以按照「用户-场景-问题-方案」这个框架简要写明实现方案,也就是什么样的用户在什么样的场景下遇到了什么问题,提供的解决方案是什么——这里要求方案要经过提炼,能够通过一句话说清楚。"

产品价值指的是需求实现之后带来的用户价值和业务价值,"用户价值是指实现这个需求能够给用户带来什么样的价值,例如提升用户的使用体验等;业务价值是指实现这个需求能给产品的业务带来什么样的价值,例如提升用户留存或者提升业务收入等"。对具体的产品而言,这两种价值并不一定非得同时或同等程度实现,需结合实际情况妥善对待。但全无价值的产品肯定是不值得研发的。

产品规划,这一部分是产品需求实现方案最后落地的关键,涵盖的内容比较丰富,主要包括:产品功能、产品结构、产品流程、产品逻辑以及产品原型等要素。[①]在撰写这部分内容时,将对上述要素的思考结果用简洁的语言或直观的图形加以描述和展示即可。产品功能部分主要描述产品形态,提供功能清单和角色权限配置表;产品结构主要通过三个关键结构图展示:产品功能结构图、产品信息结构图和产品结构图;产品流程也建立在几个重要的流程图的基础之上——业务流程图、功能流程图、页面流程图和用户体验流程图;产品逻辑则是建构产品整体框架、支撑产品有效运转的基础和前提,具体体现为业务逻辑、功能(交互)逻辑和信息逻辑等,一般情形下也都以图形的方式呈现;最后,综合以上元素,形成产品原型。

---

① 紫原新之助.万字简述:PRD到底怎么写[EB/OL].[2020-05-12].https://www.woshipm.com/pd/3840121.html.

相关情况说明,主要有全局说明、功能详情说明、非功能需求说明等内容。所谓全局说明,即对产品内关乎全局性的问题进行说明,如频繁出现在多个位置的同类信息。全局说明又可细分为通用性说明和异常说明两类,通用性说明主要包括权限说明、键盘交互说明、加载规则说明、版本更新方式说明、图片裁剪规则说明,以及对会员体系、勋章体系、红包体系、操作状态显示、提示信息显示等方面的说明;异常说明主要有页面异常说明、交互异常说明。功能详情说明包括原型设计、功能说明和用例。非功能需求说明主要是对性能需求、技术组件需求、安全性需求、可用性需求、质量需求等进行说明。

知识回顾

产品研发是整个产品策划过程中非常关键的一个环节,它要面对并需完成的主要任务是:将产品策划者头脑中对产品的概念化构想,转化为能够解决具体问题的实际产品。

要顺利实现这个转化,首先须将用户需求转化为产品需求。从本质上而言,无论什么产品,都是为用户解决某个问题提供的具体方案,而具体方案的内核就是产品必备的核心功能。

在明确了产品的核心功能及其必备的辅助功能之后,还要再进一步,继续厘清各个功能之间的逻辑关系以及实现路径,并将之以直观的图表呈现出来。

最后,依据产品功能结构图、产品信息结构图、产品结构图,工程师和设计师分别进行各自负责的编程及互动设计工作,一个完整的产品便逐步趋于成型。

思考题

1. 新媒体产品主要由哪几个层面组成?
2. 如何将用户需求转化为产品需求?
3. 什么是产品原型?如何构建产品原型?
4. 图解产品的主要形式。
5. 互动设计主要包含哪些方面的内容?
6. 选择自己熟悉的一款产品,模拟撰写产品需求文档。

第五章 产品运营：营建产品与用户的良好关系

知识目标

1. 产品生命周期。
2. 产品故事、创始人故事、品牌故事。
3. 用户关系。

能力目标

1. 了解产品故事、创始人故事、品牌故事的概念及框架。
2. 熟悉产品生命周期各阶段运营的主要任务与方式。
3. 能围绕产品创意，实施各种营销传播活动。

思维导图

产品运营
- 护航产品成长历程
  - 引入期的产品运营：以种子用户吸引流量
  - 成长期的产品运营：以产品价值激发用户数量的快速增长
  - 成熟期的产品运营：提升用户活跃度以实现商业价值
  - 衰退期的产品运营：以品牌形象维系忠诚用户
- 讲好品牌故事
  - 产品故事
  - 创始人故事
  - 品牌故事
- 与用户建立良好的互动关系
  - 坚持用户至上的理念
  - 顺应用户行为方式，注重互动
  - 厘清用户层级，实施精细化运营
  - 激发用户参与热情，共创品牌

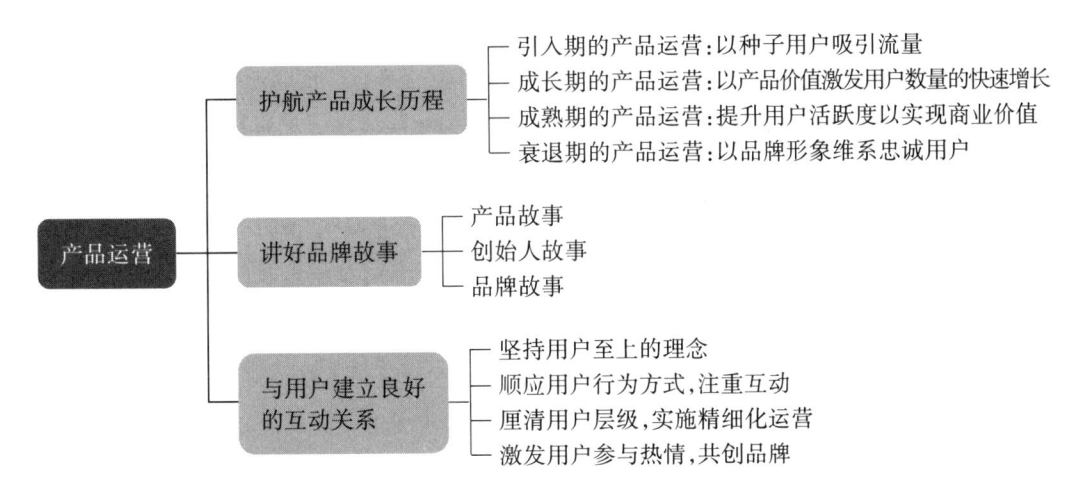

@ 案例导入

随着智能手机的普及和4G技术的成熟,短视频开始走入人们的生活。在国内,最早走入这一领域的是成立于2011年3月的GIF快手,今天北京快手科技有限公司的前身。早期的GIF快手是一款用来制作、分享GIF图片的手机运用,2012年,顺应市场发展,转型为短视频社交平台。后来,短视频备受各方关注、重视,多款产品相继问世,如:2013年上线的秒拍和腾讯微视,2014年面世的美拍和2015年的小咖秀等。也就是在2015年,凭借着今日头条的火爆势头,一举跻身一流互联网企业的字节跳动公司,在张一鸣的率领下,正式吹响了进军短视频行业的号角。

如何才能顺利进入已呈"红海"态势的短视频市场?字节跳动公司确定的战略很简单、直接:模仿最好的那个。由此三管齐下:西瓜视频模仿全球在线视频领头羊YouTube,火山小视频对标当时俨然已经成为中国短视频市场领导者的快手,抖音(最初名为A.me)则参照由华人朱骏、阳陆育开发的针对年轻人的音乐短视频产品Musicai.ly(后被字节跳动公司收购)。

依据马修·布伦南在其描述字节跳动公司成长历程的著作《字节跳动:从0到1的秘密》的介绍,在这三个计划研发的短视频产品中,公司管理团队起初对A.me的前景最缺乏信心。因为Musicai.ly曾尝试进军中国市场但并未成功,而且在国际市场也已陷入增长停滞状态。虽然Musicai.ly在美国很受青少年欢迎,但考虑到中国青少年学业任务重的现实状况,很多人认为这种以娱乐为主的短视频应用不适合中国。因此,A.me在字节跳动公司内部获得的资源非常有限,整个团队成员不到10人在公司总部二楼的一小片办公区域里工作。

2016年9月底,团队开发出应用的第一个版本,以"A.me:音乐短视频"为名上线。产品描述为:"A.me,一个分享和拍摄音乐短视频的时尚平台。"团队没有进行大张旗鼓的宣传,市场也基本没有多大的反响。虽然A.me吸引了一些小学生和初中生,但他们能创作的作品内容与风格都非常有限。

导致A.me这款应用上市即遭冷遇的关键还是产品自身:一方面,产品本身的功能构建不完善,存在很多漏洞;另一方面,最初的定位很混乱。问题的症结找到之后,接下来就要有效地寻求解决问题的途径和方法。

首先进行的就是改名。"A.me这个名字对中国人来说不够直接。"基于音乐在产品的使用中扮演着重要的角色,无论是视频的创作者还是观赏者都会随着音乐摇摆身体,一位团队成员想出了"抖音"二字。在数百个备选名字的比拼中,"抖音"最后胜出。同时,徽标也由抖动的音符标志"♪"改变为字母"d"的形状,代表"抖音"。

接着解决的就是定位混乱的问题,把目标用户更加精准地定位于时尚的都市年轻人。定位清晰、准确之后,先前优秀的创作队伍缺乏的问题自然也迎刃而解。抖音团队成员深入全国各地的艺术院校,说服数百名大学生入驻抖音平台,并助推他们在网上走红。正是这批大学生及他们创作的原创作品,奠定了抖音"炫酷时尚"的基调。

转机在2017年3月左右出现。有人将一段模仿相声演员岳云鹏的视频上传到抖音平台,模仿者长相酷似岳云鹏。产品运营团队抓住机会,多次联系岳云鹏的社交媒体账号,吸引岳云鹏将视频分享给了他的数百万粉丝,最后,这段带着抖音的徽标水印的视频获得了8万多个赞和5千多条转发,抖音的百度指数也大幅上涨。

之后,抖音继续沿着酷炫时尚的基调,展开了多种形式的广告营销活动,利用蒙娜丽莎、林肯等形象的原创线上互动广告,令人眼花缭乱的快节奏电影贴片广告,在线上、线下同时推出;赞助选秀节目《中国有嘻哈》,迎合了年轻人的口味;集结300名抖音顶级创作者齐聚751D·PARK北京时尚设计广场,庆祝抖音上线一周年,字节跳动公司CEO张一鸣的突然现身,使在场年轻人的情绪达到顶峰……随着这一系列活动的开展,抖音的相关市场数据一路向好。市场反馈好,公司给予的关注和投资自然也就更多,一时之间,一些拥有大量粉丝的明星如杨幂、鹿晗等也入驻平台并参与抖音的宣传活动,抖音已然成为中国最热门的应用程序之一,一个强大的抖音社区也逐渐形成。2017年10月,抖音的日活跃用户数从700万翻倍到1400万,到2018年1月,日活跃用户的数量达到了3000万。而且在这三个月里,30天用户留存率从8%上升到20%,用户花在该应用上的日平均使用时长从20分钟上升到40分钟。2018年春节期间,抖音的日活跃用户数又从约4000万跃升至7000万;到了4月份,这个数据又突破了1个亿。

谈及抖音的成功,负责管理字节跳动公司用户原创内容平台及其抖音的张楠曾提及四个因素:全屏高清、音乐、特效滤镜和个性化推荐,其中技术的因素占据了主导地位,这是不容忽视的。马修·布伦南则从产品运营的角度,强调了不断寻找准确定位的重要性。从2016年到2018年的三年间,抖音经历了三次截然不同的定位:最初,A.me模仿Musicai.ly,将目标用户锁定在10—20岁的女孩子;2017年夏天,聚焦都市年轻学子,打造引领潮流、酷炫时尚的"年轻音乐社区";进入2018年后,字节跳动公司又制定了"一个深思熟虑的系统性战略,将平台的内容扩展到各种中尾和长尾的内容细分市场",3月初,宣传语改为"记录美好生活",以满足所有人的需要和口味。①

如果说,此前新媒体产品策划团队所做的全部工作都是为了将某个设想中的产品转化为客观的现实存在,即实现产品从无到有的突破;那么,接下来团队工作的重点则有了新的内容并需要兼顾更多的要素——将具备某种功能的有用产品与特别需要这个功能的目标用户有机地连接在一起,在产品和目标用户之间建立并保持良好的关系,使之相互需要、相互依存并共同成长。这项工作内容在互联网时代被称为"产品运营"。

"运营"这个概念来源于英文"operation",其基本含义是:有组织的活动、运作、操作、经营,等等。在学者们的研究中,一般将有形产品的生产称为"production"(生产),而用"operation"(运营)界定企业提供的无形服务。进入互联网时代后,运营一词在各行各业的使用频率越来越高,使用的范围和适用的场景也越来越广泛,"产品运营""用户运营""内容运营""社群运营""数据运营""渠道运营""新媒体运营"等,几乎成为所有互联网行业从业者的口头禅,随时可闻、随处可见。

截至目前,人们对运营这个概念有各种不同的解释与界定,难以达成一致。比如运营就是推广,运营就是打杂,运营就是做活动,运营就是沟通用户,运营干的活儿与传统企业市场部员工干的几乎一模一样……在2016年版的《运营之光:我的互联网运营方法论与自白》的自序中,黄有璨认为可以从三个维度和层次来理解运营:微观的运营,指具体的运营手段,像如何做好一个活动、如何写好一篇推广文案、如何做好一次推广投放等;宏观的运营,则是将各种运营手段有机地组织、串联起来,共同助力于某个产品的成长壮大;第三个维度的运营则是"作为一种艺术而存在的运营",指的是能够获得用户的认同、理解、感动及反馈,进而在产品和用户之间建立良好的情感联系。②

仔细梳理这些林林总总的说法,它们其实是有着共同的指向的:基于市场、面对用户,采用各种手段和方法创造并实现价值。由此我们可以发现,运营一词的内涵和外延都非常全面、宽泛,它将与产品、市场、用户等相关的诸多环节、内容及要素都囊括进自己的关注范围,由此成为一个非常宏大的概念。有人认为,运营就是product management、content management、marketing和customer service的全部总和;还有人觉得运营就如同黏合剂,它将商业、市场、营销、推广、产品、技术、销售、客服等环节串联起来,从而确保各个模块的完好运转。③

---

① 马修·布伦南.字节跳动:从0到1的秘密[M].长沙:湖南文艺出版社,2021.
② 黄有璨.运营之光:我的互联网运营方法论与自白[M].北京:电子工业出版社,2016.
③ Wannz.运营是什么?我们怎样理解运营?[EB/OL].[2019-9-12].https://www.woshipm.com/operate/2859605.html.

具体到产品运营,则主要是在产品研发完成并正式发布、上线之后,为之开启市场之旅,并一路保驾护航,其目标就是让产品活得更好、走得更远。所谓产品活得更好,指的是产品有很多人用,而且都非常喜欢用,同时这个产品还能为企业带来丰厚的商业价值;所谓产品走得更远,则意味着产品的生命周期较长,不是昙花一现,而是通过优化迭代不断更新版本,以满足用户不断增长的新需求。只有这两个目标都得以实现,产品才能永葆生命的活力。

可以说,产品运营是紧随产品研发、设计之后出场的接棒者和冲刺者,就像接力赛跑的最后一棒直接决定着比赛最后的输赢一样,产品运营也直接关乎之前团队成员的所有心血付出能否获得市场的认可与回报。产品人苏杰曾通俗、形象地谈及产品经理和产品运营两个职位的差别:"如果说产品经理的核心能力体现在从需求到功能这个阶段,那么运营的核心能力就体现在从功能到卖点的阶段:让一个'有用'的东西'有人用'。"[1]行业内还流行一种带有调侃意味的说法:产品经理负责生孩子,产品运营负责养孩子,非常形象、到位。

运营产品犹如养孩子,须围绕以下三个重点展开、推进各项工作:首先,要一路呵护"孩子"的健康成长,让其顺应着不同的生命阶段,完成各个阶段的核心任务及使命;其次,要建构、维护良好的个人(产品、品牌)形象,让人信赖;最后,与他人建立、保持和谐的人际关系,彼此陪伴、照应。只有这样,一个人才能健康、快乐地生活,一个产品才会成为受人喜爱、真正有价值的产品。

---

[1] 苏杰.人人都是产品经理:思维版:泛产品经理的精进之路[M].北京:电子工业出版社,2021.

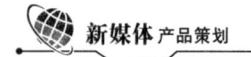

第一节　护航产品成长历程

所有的产品,都是针对某一部分有需求的消费者、顾客、用户而开发和生产的,无人问津、购买、使用的产品,不仅产品自身的价值无从体现,研发、生产这个产品的企业更是会落得颗粒无收甚至血本无归的结局,这是任何人都无法接受的。

由此,一款产品在它从零开始起步时,就必须时刻把目标用户的问题和需求放在首位,想用户之所想,急用户之所急,为之研发、设计、生产一款对症的产品,这一系列工作,一般都是由产品经理主导、实施的。当产品渐趋成形、准备推向市场时,产品运营便被提上议事日程,成为后续产品策划活动的重点。

每一个新产品的上市,都需要广告营销活动在前面开疆拓土,并时刻伴随左右,为之摇旗呐喊,在产品和目标用户之间搭建信息沟通、行为引导、问题反馈的桥梁,这是传统的市场营销学研究并强调的主要内容。

一款新产品成型之后,就会被推向市场,对于众多互联网产品而言,也就是正式上线。产品上线之日,犹如孩子的出生之日,是其个体生命的开启之时。一个人的完整的生命历程,会依次经历婴幼儿、儿童、少年、青年、壮年、老年时期。在不同的生命阶段,人的身心发展状况、生活重心以及面临的主要任务都有不同;同样,一款产品从初入市场,到最后被用户抛弃、被市场淘汰,也会依次走过引入期、成长期、成熟期和衰退期。处于不同时期的产品,它在市场上的状况、与用户之间的关系也都迥异。和人在不同的人生阶段有不同的奋斗目标一样,产品的运营策略,自然也应随着产品生命周期的转换随时予以调整。

产品的生命是在它上线发布之后,由其使用者也就是用户赋予的,当所有的用户都纷纷抛弃、卸载产品时,也就意味着产品生命的终结。可以说,在很大程度上,是用户直接决定着一个产品的命运。因此,产品运营策略必须以用户为起点、为中心,尊重、遵循用户的行为特征,因势利导,方能达成效果。

如何顺应用户行为做好产品运营工作？AARRR模型在互联网行业内被广泛采用。AARRR模型,又称海盗模型,是一种用来有效获取、维系用户的方法与评估指标,由Dave McClure在其《增长黑客》一书中提出。AARRR分别代表五个英文单词:获取(Acquisition)、激活(Activation)、留存(Retention)、收益(Revenue)、推荐(Referral),五个关键词串在一起,非常直观、简要地描述了互联网时代一个产品上线后,与用户建立、发展关系的步骤。五个步骤循序渐进、由浅入深,引领着产品走近用户、实现自身价值。如下图:

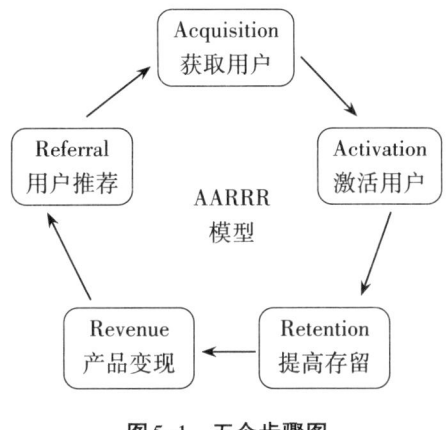

图5-1 五个步骤图

对于AARRR模型,曾在腾讯公司做过7年产品策划工作的李立形象地将之类比为人与人之间建立感情关系,也就是谈恋爱的过程[①]:用户获取阶段对应于感情关系的接触期,对于接触期的产品来说,自身的吸引力是引起用户注意的首要因素,非常关键;用户激活阶段对应于感情关系中的注意力获取期,也就是用户在看过第一眼之后对产品产生兴趣并记住了它;用户留存阶段对应于感情关系中的安全期,即经过了解、尝试之后决定反复、持续使用产品;产品收益阶段对应于感情关系中的付出,表明用户已经从内心接纳、信任产品,愿意为了获得更高级的产品功能或有偿服务而支付费用;最后的用户推荐阶段,就如同一段感情关系中,当事人双方已达成共同体概念,用户在心理上已和产品站在一起,成为其忠诚的用户,并积极、主动地充当产品的免费代言人推广者。大量用户进入这种"自传播"状态,是产品成功、产品运营有效的显著标志。

[①] 李立.腾讯产品法[M].杭州:浙江大学出版社,2018.

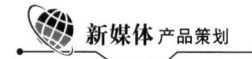

一、引入期的产品运营：以种子用户吸引流量

一般来说，所有的新产品在产品正式发布、上线之前，都会在一个较小的范围内进行试用。新产品的第一批尝鲜者人数不会很多，常常集中在公司、团队的内部人员，或是关系密切的同行，以专业人士居多。产品试用的主要任务和目的就是验证产品的主要功能是否能正常使用，了解试用者在使用产品过程中的各种感受，看是否还存在明显的缺陷与不足，是否还需要修改、完善。最后，根据产品试用的具体情况，确定产品是否正式上线，以及正式发布、上线产品的时间。

一旦新产品决定正式发布、上线，产品运营也就自然被提上议事日程。上市之初的新产品，其所面临的市场处境基本上都是一无所有：没用户、没钱、没资源、没数据，被人戏谑地简称为"四无产品"。此时的产品运营必须面对并解决的最大问题就是如何有效打开市场之门、找到产品的第一批用户，让他们知晓、了解产品，进而使用产品。

行业内常用"冷启动"来形容、描述新产品在从0到1的市场启动期内的运营策略。所谓冷启动，一方面指上市之初产品的相关数据都为零，资源也非常少，必须耐心地从0开始起步，有针对性地挖掘、积累种子用户；另一方面，刚刚经过试用、上线的新产品，本身还很稚嫩，缺乏打磨，可能存在较多考虑不周或是有待完善的地方，如果在很大范围内大力进行推广，极有可能使自身陷于被动局面。与其如此，不如先缩小范围，待种子用户们对产品有了好的体验和口碑之后再大力推广。也就是说，引入期的产品运营策略不能急功近利，一味贪多求快，须知很多时候、很多事情都可能会"欲速则不达"。

怎样才能完成用户从0到1的突破呢？

首先，准确定义目标用户。用户这个要素其实从产品立项时起就成为绝对不可或缺的一个指标，贯穿于整个产品的研发、生产及运用全过程。产品是专为某一群有特定需求的用户开发的，他们既决定着这个产品长什么样、有什么用，同时也决定着这个产品有没有用、是否有人用。无人使用、喝彩的产品是没有丝毫价值的。因此，引入期产品运营的目标用户也就是产品研发时瞄准的最需要产品核心功能的人。

其次，通过各种渠道广泛汇集目标用户资源，将之导入产品的流量池（蓄水池）。常规的寻找种子用户的途径与方式有：依托产品团队所有成员的社会关系网，邀约各方人士，特别是懂技术、兴趣广泛、乐于接受新生事物的专业人士；利用与产品相关人员的社群、自媒体等实现用户的沉淀和裂变；通过垂直渠道做付费广告推广；在线下开展地推、路演,等等。总之,线上、线下密切结合,利用一切可以利用的方式,使流量流向产品。此时的引流工作,主要目标是要保证流量的质量而不是数量,因为只有在优质流量的基础上,才能挑选出种子用户。如今,无论是新产品上市,还是老产品迭代,新品发布会越来越受欢迎,这种典型的线上线下结合的方式,在乔布斯的引领下,成为最能云集用户特别是粉丝、扩大产品影响力的一种运营手段。

接下来就是从流量池中筛选种子用户。并非所有第一时间被产品吸引的用户都能成为种子用户,种子用户必须具备相应的特质:一方面,他的个性与气质应与产品调性相吻合,能在一定程度上辉映产品;另一方面,他须具备一定的影响力和号召力,能有效助推产品的冷启动。因此,需在产品的初始用户也就是第一批用户中精挑细选出最核心、关键的目标用户,将之作为重点对象即种子用户,让他们使用新产品,全面观察他们使用产品的过程,深入了解他们使用产品时的感受,再基于他们的感受、体验启动相关的内容营销与活动营销,以吸引、拉动更多新流量的汇入。

可以说,引入期产品运营的首要目标就是选择恰当的种子用户,并围绕种子用户策划相关信息传播与营销推广活动。对于种子用户的选择,不能一味追求数量,而是要保证质量,要按照上面所说的两个特质严格筛选,不少成功的产品在市场启动的初期甚至采用一些限制措施,设置一定的准入门槛,以保证第一批用户的优质。如知乎早期实施的注册码邀请制,哔哩哔哩采用的限时开放制和答题注册制。这些特别的筛选机制,虽然限制了很多用户的注册与使用,但极大地保证了产品的首批用户都是优质用户,知乎的邀请码早期都是由其内部工作人员在线下定向发放给互联网行业或创业圈的知名人士,后期则将邀请新用户的权限赋予平台内的优质用户,每月向优质用户赠送邀请码,由他们邀请新用户加入,未注册的用户则查看不到知乎的任何内容。一直到两年之后,知乎才向所有公众开放注册权限。而在这两年内,知乎在各行各业筛选出40万个优质用户,正是他们持续输出的高质量的内容,支撑、印证了知乎氛围友好、理性的高质量内容问答社区的定位,并在众多用户心中塑造、奠定了知乎最为精英、盛产优质内容的平台的形象;哔哩哔哩在创立之初的三年时间内,采用的是限时开放制度,只在部分节假日开放注册,三年间开放注册日总共只有13天,没注册的用户根本不能登录哔哩哔哩。直到2013年5月20日,哔哩哔哩才开放注册,但新注册的用户仅为注册会员,而非正式会员,非会员只能使用视频播放功能,而不能参与视频投稿、弹幕、评论、投币等高阶活动。若想由注册会员转为正式会员,则必须通过答题(设置100道题目,只有答对60道题目的用户,方能成为正式会员),或是从已注册三个月以上的正式会员处获得的邀请码才能实现。通过答题转正制,哔哩哔哩在很大程度上限制非正式用户的互动行为,从而很好地维持了其二次元文化的氛围和平台内容产品一以贯之的调性。①

最后,充分调动种子用户的积极性,将其影响力和号召力最大限度地发挥出来,鼓励并协助种子用户通过各种渠道,特别是社交媒体和自媒体,以推文、视频、直播等形式介绍产品,以及使用产品的感受和体会。在黄有璨看来,产品运营人员一定要把产品的早期用户当作最好的朋友,平等、友好地与之进行沟通与交流,一方面,依据其反馈的意见和建议,不断地改进、完善产品;另一方面,在建立起良好的互信关系的基础上让他们自觉自愿地为产品做宣传、扩大产品的知名度,吸引其粉丝使用产品。对此,《跨越鸿沟:颠覆性产品营销指南(原书第3版)》一书的作者杰弗里·摩尔,将新产品特别是新技术产品的第一批用户非常形象地称为"火种",认为"他们的作用就是引燃大火"②,要特别珍惜,并很好地发挥其作用。

引入期的广告营销活动,应重点突出新产品的名称及其核心功能。

每个新产品上市、上线之前,都要取一个既好听好记、又饱含寓意的名称。在各类产品层出不穷、多如牛毛的丰裕时代,要给产品取一个特别好的名称也是一件非常考验产品人智慧和创意的事情。一个好的产品名称(包括企业名称),不仅能让产品(公司)有一个别具一格的标签,使之从众多同类产品(公司)中跳脱出来,而且还可以为其广告营销活动提供发想、创意的方向和基础。如字节跳动公司的"字节跳动"四个字,自英文"ByteDance"翻译而来:Byte意为字节,是计算机的信息单位,代表科技;Dance意为跳舞,属于人文范畴,二者叠加在一起,意味着对科技与人文相互融合的倡导。这个想法直接受苹果创始人史蒂夫·乔布斯一句话的启发:"光有技术是不够的,技术只有与人文相结合,才会带来让我们心灵唱歌的结果。"③字节跳动注册成立公司之前开发的两款产品"搞笑囧图""内涵段子"都快速走红,其名字有特色是一个很重要的支撑因素。之后的"今日头条",更是产品团队从近百个候选名字中挑选出来的。这个名字的创作者黄河如此解释:"'头条'是最重要的新闻。'今日'给人一种时效性的感觉。今天最重要的新闻。这个名字朗朗上口,简单明了,还让人害怕错过。"④

有了好的名称,还要让它尽快地被目标用户知晓。就像一个人来到一个新的集体,

---

①齐超.深度解析:产品冷启动背后的运营策略[EB/OL].[2019-12-2].https://www.woshipm.com/operate/3158099.html.
②杰弗里·摩尔.跨越鸿沟:颠覆性产品营销指南:原书第3版[M].祝惠娇,译.北京:机械工业出版社,2022.
③马修·布伦南.字节跳动:从0到1的秘密[M].刘勇军,译.长沙:湖南文艺出版社,2021.
④马修·布伦南.字节跳动:从0到1的秘密[M].刘勇军,译.长沙:湖南文艺出版社,2021.

都要围绕着"我是谁?""我从哪里来?""我是个什么样的人?"等问题做自我介绍一样,一款新产品进入某个市场,首要的任务就是和目标用户打好第一声招呼,将产品的名称、最核心的功能以及给用户带来的实惠和便利等信息广而告之,让目标用户更方便、快捷地知道并了解产品。

绝大多数互联网产品特别是其最基础的功能都是免费的,但所有开发、提供产品的企业又必须通过产品盈利,获得资金支撑产品的不断更新换代和企业的可持续发展,这一矛盾是产品运营绕不开的问题。引入期新媒体产品的市场运营,不能沿袭传统产品一上市就盈利的想法和做法,需在相当长一段时间里做好只投入资金做好相关活动,将用户与产品拉近,将流量引入、汇聚到产品的流量池中,不急功近利地追求市场回报的心理准备;必要的时候甚至还要倒贴资金,以吸引、鼓励用户使用产品,待相关条件成熟之后再以恰当的变现模式获得利润。

二、成长期的产品运营:以产品价值激发用户数量的快速增长

如果说,引入期的产品运营策略主要寻求的是用户数量从0到1的突破,那么,进入成长期之后,产品运营应该着力的重点则是基于已有的1实现用户数量的快速增长。这一点,已成为互联网行业从业者的普遍共识。

走过引入期的产品,在种子用户们的振臂一呼之下,已有了一定的市场知名度,但相对实际而言,使用产品的用户数量还是较少,用户的来源和背景也较为单一,多集中于核心目标用户,覆盖的范围较为狭窄。产品若要做大做强,接下来必须扩大范围、拓展领域,面向主流市场的大众用户,全面发力,激发更多的人踊跃使用产品。

在《跨越鸿沟:颠覆性产品营销指南:原书第3版》一书中,杰弗里·摩尔依据技术采用周期模型将高科技产品吸引的用户按先后顺序关系细分为五种不同的类型:创新者、早期采用者、早期大众、后期大众和落后者。对每一类用户的画像,杰弗里·摩尔都做了颇为细致且不失生动的描绘,原文照录如下[①]:

创新者。创新者非常积极地追求新技术产品。有时候,他们甚至在正式的营销计划启动之前就想方设法购买新产品。因为技术才是他们的人生志趣,至于产品功能如何,反而无关紧要。从根本上说,他们对任何根本性的技术进步都很感兴趣,而且通常

[①] 杰弗里·摩尔.跨越鸿沟:颠覆性产品营销指南:原书第3版[M].祝惠娇,译.北京:机械工业出版社,2022.

只是为了探索新产品的性能而购买。在任何一个市场细分领域中,创新者都不多,但是企业应该在营销伊始就去争取他们的青睐,这一步非常重要,因为创新者的支持能够让其他消费者相信新产品是真的好用。

早期采用者。与创新者一样,早期采用者会在产品生命周期的早期就开始接受新产品的概念。但是与创新者不同,早期采用者不是技术专家,他们只是善于想象、理解并欣赏新技术的好处,还能够将这些潜在的好处与自己关注的问题联系起来。只要早期采用者发现新产品能够有效地满足他们的需要,他们就会考虑购买新产品。早期采用者的购买决策并不依赖公众的参考意见,他们更倾向于依靠自己的直觉和想象,所以,能否赢得早期采用者,事关企业开拓任何一个高科技细分市场的成败。

早期大众。跟早期采用者相似,早期大众也能够想象新技术的好处,但是他们的购买决策最终还是建立在强烈的实用主义之上。早期大众知道,世上新奇的发明何其多,但大多数只是昙花一现罢了,所以他们乐于等待和观望,先看看其他人的购买体验。在自己决定花大价钱购买产品之前,他们需要参考大量的用户评论。因为这一群体的消费者数量众多,几乎占整个技术采用生命周期总购买人数的1/3,所以,企业要想获得巨额利润,实现快速增长,就必须赢得他们的认同。

后期大众。后期大众具有早期大众的所有特点,但二者之间存在一个非常明显的差异:如果最终决定购买新产品,早期大众是相信自己使用新技术的能力的,但是后期大众并非如此。因此,后期大众会持续观望,直到出现一个成熟的标准之后再决定购买。即使在这个时候,他们还是希望能够得到大量的技术支持。所以,他们往往倾向于购买知名大企业的科技产品。跟早期大众一样,对于任何细分市场,后期大众这一群体也占据总购买人数的1/3,所以,赢得他们的喜爱意味着巨额的利润,这是因为随着产品的逐步成熟,虽然边际利润逐渐减少,但销售成本也不断降低,而且所有的研发成本几乎已经全部摊销。

落后者。落后者是营销的最后目标。由于各种各样的原因,或者是个人喜好,或者是经济考虑,这部分消费者根本不希望与新技术有任何关系。他们购买新技术产品的唯一可能,是新技术产品深度融合于其他产品之中,让他们在不知情的情况下购买。比如,新车型的刹车系统使用了一个新型的微处理器,他们甚至不知道它的存在。从市场营销的角度看,无论如何考虑,落后者这个群体都不值得重视。

依据杰弗里·摩尔提出的技术采用生命周期和高科技产品营销模型(虽然其模型主要针对B2B市场提出,但其基本主张同样适用于B2C市场),产品在引入期吸引的用户主要是作为高新技术狂热爱好者（发烧友）的创新者，以及富有远见卓识的早期采用者（高瞻远瞩者）。但这两类人在市场上都只能算是小众，加在一起的数量也不多。产品进入成长期，要继续往前迈进，目标非常明确，那就是走向大众、打入主流市场，只有这样，产品的价值才能得以全面实现。一般来说，主流市场的用户主要由被称为"实用主义者"的早期大众和被称为"保守主义者"的后期大众组成。与早期市场的两类用户相比，他们无论在价值观还是对产品的要求上都存在着明显的差异。杰弗里·摩尔认为，由创新者和早期采用者构成的早期市场用户奉行的价值域是"技术和产品"，而主宰着主流市场的实用主义者与保守主义者们奉行的价值域却是"市场和企业"；前者关注、追求的是技术和产品的优势，后者在意、看重的则是市场领导者的地位与企业自身的稳定性。价值观的不同，必然导致消费观念、心理以及消费行为的迥异。多方面的差异叠加在一起，最后形成一道深不可测的鸿沟，横亘在早期采用者和早期大众之间。在杰弗里·摩尔看来，这条鸿沟是技术生命周期中最可怕、最无情，同时也是最隐蔽、最危险的一道裂缝。曾有不少在引入期表现可圈可点的产品，进入成长期之后不仅没有做大做强，反而很快被后来者取代，从市场上消失，如先于微信上线的米聊，被抖音作为模仿对象的Musicai.ly，它们在很大程度上都是被这道鸿沟吞噬、毁灭的。因此，进入成长期之后的产品运营活动，必须勇敢地直面这道鸿沟，并想方设法顺利地跨越这道鸿沟。

如何才能顺利地完成这个跨越呢？

从产品策划总体决策的角度，要根据新周期内市场针对的重点对象——大众用户，特别是其中的早期大众用户，及时调整产品运营的策略。引入期的产品运营，普遍的做法是聚焦并利用种子用户做KOL营销，走的是专业、精英路线，可以用小而精来形容，这些做法用来启动小众市场非常有效。但如果在产品运营活动的对象转向了主流市场的大众之后，依然还沿用这套做法，则无异于对牛弹琴，最后致使产品掉入鸿沟、被市场埋没也会是大概率发生的事情。

所以，最首要的任务还是要深刻洞察大众用户特别是早期大众用户的特质，弄清楚早期大众用户究竟是怎样的一群人，他们与早期采用者的最大不同在哪里。对此，杰弗里·摩尔在《跨越鸿沟：颠覆性产品营销指南：原书第3版》一书中也有独到的研究与发现[①]：

早期采用者购买的其实是一种"变革催化剂"（change agent），这一点我们将会在第2章详细讨论。早期采用者要率先在业内实施某种变革，希望借此赢得竞争优势，可能是

---

① 杰弗里·摩尔.跨越鸿沟：颠覆性产品营销指南：原书第3版[M].祝惠娇,译.北京：机械工业出版社,2022.

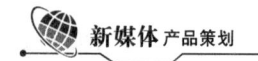

产品成本更低、上市时间更快、客户服务更完善,还有其他方面的比较优势。他们希望新产品能够颠覆既存产品市场,这就是他们所追求的事业,对于既存产品市场的顽抗,他们也做好了准备。与此同时,作为第一个吃螃蟹的人,早期采用者也会愿意容忍创新产品刚上市后难以避免的错误和故障。

相较之下,早期大众想要购买的是针对现有产品的"生产力提升"(productivity improvement),他们希望尽量减少新产品的颠覆性,尽可能保留现有产品的特征。他们想要的是革新,而不是革命。他们希望用新技术改进和完善现有的经营方式,而不是彻底推翻。最重要的是,他们不想调试别人的创新产品,为别人排除故障。当决定采用,早期大众就希望新产品能够正常工作,而且能够与他们现有的技术基础相融合。

两相比较之后,杰弗里·摩尔得出一个结论:一般早期大众并不想打破其现状及现有工作的条理性,同时又特别重视参照群体和信任关系,非常需要一个适当的参考群体来影响、引领他们的行为决策;而早期采用者由于在很多方面与早期大众存在着不同及不相容之处,又非常不适合成为早期大众的参考群体,这就使得此阶段的产品运营活动很容易陷入一种困窘局面:对于早期大众群体中的一名消费者来说,唯一合适的参考对象就是这个群体中的另一名消费者,但令人大伤脑筋的是,早期大众中的所有消费者都不会在没有咨询任何参考意见的情况下做出购买决策,最后的结果也就是市场上没有人给出意见以供他人参考。

既然知晓了引入期产品主要面对的是一群什么样的人,接下来产品运营活动的目标和方向也就比较清晰了,那就是果断放弃先前的小众、高端路线,俯下身子拥抱一般大众用户,加大投入,全方位地启动信息传播与市场营销活动。其间,须重点把握好以下几点:

第一,各种营销传播活动一定要接地气,基于一般大众用户的实际状况和心理需求,从"市场和企业"的视角出发,突出整体产品的核心价值,也就是产品能够为大众用户带来的远超已有其他同类产品的利益与好处。只有将产品塑造成细分市场内极具竞争力、无可替代的形象,才能真正走进这些怀抱着实用主义观念的大众用户之眼、之心,并使之心有所动。根据杰弗里·摩尔的研究,成长期产品运营活动的重点应该集中在以市场为中心的价值属性上,与引入期专注于创造以产品为中心的价值属性形成鲜明的差别,二者之间的具体不同如下表[①]:

[①] 杰弗里·摩尔.跨越鸿沟:颠覆性产品营销指南.原书第3版[M].祝惠娇,译.北京:机械工业出版社,2022.

表5-1 价值属性

基于产品的价值属性	基于市场的价值属性
很酷的产品	最完整的整体产品
便于使用	用户体验不错
架构优雅	兼容多种标准
价格适宜	整体产品价格
功能独特	适合多种场景
	可以量身定做

第二，在充足预算的支持下，采用小步快跑与反复试错的运营策略，先广泛实验、试用各种营销手段与拉新手法，在比较其实际效果的基础上，选择行之有效的方式方法全面推进，如效果广告、事件策划、话题营销以及各种拉新活动，等等。成长期的产品运营活动要面对、跨越的是市场推进过程中最大的一道鸿沟，要启动、激活的是庞大的大众市场、主流市场，必须要有雄厚的资金支持和充足的人员配备。只有这样，方能从容、有效地实施线上线下结合、多种活动融为一体的整合营销传播活动。

第三，采取必要的激励手段，实现大众市场的快速启动和流量的快速增长。对于普遍追求实用主义的早期大众用户来说，能给自己带来方便、实惠甚至实际利益的产品是最受欢迎的。在免费使用产品的基础上，如果在关键时刻再有针对性地推出一些激励用户使用产品的活动，如设置奖品、发红包、返现金，等等，会在短时间内吸引大量流量汇入，形成火爆的市场格局。2014年，滴滴打车软件在微信提供的资金支持下，率先发起了一个打车现金补贴活动（用滴滴软件打车，每一单补贴5元人民币），短短的一周时间，就使得滴滴的订单量上涨了10倍；两周之后，订单量从10万级涨到了500万级，速度和效率都非常惊人。

三、成熟期的产品运营：提升用户活跃度以实现商业价值

迈过了横亘在早期市场到主流市场之间的那道鸿沟之后，产品便步入了相对平稳的成熟期。一般来说，成熟期的产品已广为人知，市场也日趋饱和，增长的空间开始变小，同时竞争变得异常激烈。与之相适应，产品的运营策略也自然趋向于稳健、多元。

首先，绝大多数目标用户特别是早期大众已被先前的营销传播活动成功劝服，纷纷加入产品使用者队伍。下一步市场挖潜的对象主要是对一切新事物、新产品都抱有一

种本能的抗拒态度的后期大众,营销、劝服的难度无形中提升了很多。杰弗里·摩尔认为,这些保守主义者更加信任自己已经习惯的传统产品,对高新技术产品往往怀有一丝恐惧心理。他们购买、使用这类产品的真正目的仅仅是不希望自己被怠慢,或是避免使自己显得太落后于众人;他们的消费行为通常也只会发生在"产品的设计已经非常成熟,市场份额的竞争也使产品价格大幅降低,而且产品已经可以看作普通商品"的技术采用生命周期的后期阶段。[1]

虽然保守主义者很难被说服,但对任何一个新技术产品而言,保守主义者市场的市场份额都相当可观,约占总用户数的1/3,与实用主义者市场持平,不容忽视。因此,产品要不断延续、延长自己的生命周期,使其商业价值最大化,就必须迎难而上。

如何有效破解这一难题?杰弗里·摩尔现身说法,结合自己的亲身经历和体会给出了"两个成功的关键因素"[2]:其一,为后期大众用户提供其所需要的"整体解决方案",即整体产品。"整体产品"的概念最早由哈佛大学教授西奥多·莱维特在《营销想象力》一书中提出,莱维特认为,一个完整的整体产品由四个部分组成——通用产品、期望产品、延伸产品和潜在产品。[3]早期用户特别是技术狂热者根本不需要整体产品,他们热衷于自己DIY。但主流市场的大众用户特别看重整体产品,整体产品是否出色,是决定他们是否购买、使用的重要指标。也就是说,在一般产品提供的核心功能的基础上,产品是否能够满足其内心的期待,是否配备、提供很多附加的产品和服务,是否有可扩展的空间,都是他们非常在意、希望拥有的。这就要求产品的运营必须小步快跑,不断根据用户的反馈完成自身的升级迭代。当市场拓展的接力棒传到后期大众这群保守主义者手中时,必须提供齐备的配套服务和辅助性产品,以提高原有产品的价值,使之成为一款非常出色的整体产品。其二,通过系列低成本的营销通道,大规模地进行产品推广,有效地将整体产品方案(各种配套服务和辅助产品)推向目标市场,从中挖掘出更多的市场利润。

其次,在挖掘保守主义者市场的同时,还需继续保持并维护好与实用主义者的密切联系。也就是说,要对整个市场实施更加精细化的产品运营策略。如果一款产品足够优秀,那么它就有可能在成熟期同时拥有四类用户,即技术狂热者、高瞻远瞩者、实用主义者和保守主义者。面对个性、心理及需求各不相同的四类用户,企业的营销宣传活动

---

[1] 杰弗里·摩尔.跨越鸿沟:颠覆性产品营销指南:原书第3版[M].祝惠娇,译.北京:机械工业出版社,2022.
[2] 杰弗里·摩尔.跨越鸿沟:颠覆性产品营销指南:原书第3版[M].祝惠娇,译.北京:机械工业出版社,2022.
[3] 杰弗里·摩尔.跨越鸿沟:颠覆性产品营销指南:原书第3版[M].祝惠娇,译.北京:机械工业出版社,2022.

自然不能套用同一个策略,沿用同一个模式,必须注重、强化运营策略的针对性,分别为不同类型的用户量身定制最恰当的运营方案。比如,对保守主义者市场,要以完善的服务与配套产品吸引、推动他们加入产品使用者队伍;对于早已是产品使用者的早期大众用户,则须根据汇集的用户行为数据进行更加细致的分析,进一步进行细分:有的用户可能在使用一次产品之后就流失了,成为"僵尸"用户。有的用户可能会对产品产生依恋,多次、反复甚至非常频繁地使用产品,成为"黏性"用户。面对这两类用户,广告营销活动采用不同的策略和方法:对于那些流失的僵尸用户,要弄清楚流失的主要原因,如果是产品自身的缺陷和不足导致的,就要及时对产品加以改进;如果与产品本身关系不大,则要有针对性地启动相关营销活动,激活一直处于沉睡状态的"僵尸"用户,提高他们的活跃度,即多多使用产品,或者是在有需要的时候将本产品作为首选。对于已有的黏性用户,则需通过广告营销活动建立、维护良好的品牌形象,使之对品牌产生信赖、喜爱,成为产品的忠诚用户。

在《运营之光:我的互联网运营方法论与自白3.0》一书中,黄有璨用"开源""节流"两个关键词来简要描述业已渡过探索期、方向基本明确且已有一定用户体量的产品的运营重点。所谓"开源",就是广开流量来源,以保证用户体量的持续增长;"节流"则是尽可能降低流量也就是用户的流失,提高用户的留存率、活跃度。这两项任务在成熟期必须双管齐下、不可偏废。[①]

最后,在之前进行并完成的引流、促活、留存等活动的基础上,以恰当的盈利模式实现产品变现、流量(用户)变现。在杰弗里·摩尔针对数字消费品采用过程提出的"四个齿轮"模型中,四个齿轮——吸引用户参与、获取流量、拓展忠诚用户、将用户变现,依次循序渐进地向前推行,最后以URL(Ubiquity now, Revenue Later)模式,即"先走流量,然后赚钱"的方式告一段落。[②]绝大多数互联网产品、新媒体产品的运营路线都基本如此,先用各种方式将流量引入自家流量池,并想方设法激活、保持多数流量的活跃度,然后寻找最佳变现方式最终实现流量的转化,获取商业利益。

---

① 黄有璨.运营之光:我的互联网运营方法论与自白3.0[M].北京:电子工业出版社,2022.
② 杰弗里·摩尔.跨越鸿沟:颠覆性产品营销指南:原书第3版[M].祝惠娇,译.北京:机械工业出版社,2023.

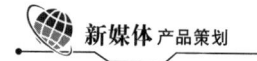

四、衰退期的产品运营：以品牌形象维系忠诚用户

进入衰退期的产品，前面迎接它的无一例外是下坡路。一方面，新的替代产品出现；另一方面，用户开始大量流失，自身的市场份额也随之下降，随时面对被取代、淘汰的结果。

但产品策划团队不能只是被动、消极地等待那一天的到来，应该有所作为，而且诸多成功的案例早已证明，即使是走在下坡路上，只要运营策略对症，也是能够有所作为的。

总体而言，衰退期产品运营策略的重点必须做出相应调整。如果说，之前各周期的产品运营旨在不断扩大市场份额、提升用户数量与活跃度，以向外拓展为主；那么，衰退期的产品运营则需要更倾向和侧重于对内的维持与维护，即针对已有的用户特别是产品的忠诚用户，以良好的品牌形象维系、强化用户对产品的信任、依恋与忠诚，尽可能延长产品的生命周期。对此，产品策划团队的运作可以朝两个方向努力：一是从产品角度，不断依据用户的数据反馈对产品加以改进、更新，或是增加一些新的功能，或是提供更全面、更周到的服务，或是推出升级换代的版本，以适应、满足用户不断增长的需求；二是从用户角度，通过高质量的凸显品牌形象的广告营销活动，以情感、情怀留住产品的忠诚用户，或是尽量延缓他们离开、流失的速度。

当然，时间的脚步总是不断向前的，新事物、新产品取代旧事物、旧产品也是历史的必然、市场的必然，任何人都无法阻止，无力更改。因此，当产品走入衰退期后，有远见的企业或产品团队早已未雨绸缪，筹备或是启动新的产品研发项目，产品的更迭、市场的发展就是这么环环相扣、循序渐进地推进、完成的。

第二节 讲好品牌故事

在产品一路走过各个生命阶段的历程中，营销传播活动始终如影随形地为其摇旗呐喊、营造声势、开疆拓土。进入数字时代之后，人们只要谈及产品运营，几乎都离不开内容运营、活动运营、用户运营等话题。这些产品运营中的核心话题，无一例外地都属于广告和营销的范畴。但如今的内容传播与活动推广，与传统的广告传播和市场营销相比,已有了很大的改变。在一切以用户的需求为皈依的理念与宗旨下,无论是信息内容的传播,还是营销活动的推广,都更加强调在平等、互动的基础上,采用灵活、多变的手法,富有创意地去生产内容、设计活动,尽可能减少或消除千人一面、千人一腔的"广告脸""广告腔"。在具体操作实践中,讲故事的方式日渐成为众多品牌进行产品运营的主要方式。

就人的天性而言,故事是人们最喜闻乐见的了解、接收信息的方式。在《认同感:用故事包装事实的艺术》一书的开头,吉姆·西诺雷利讲述了一个关于故事和事实的故事:"事实"赤裸着走进一个又一个的小村庄和小镇,无一例外地遭到人们的辱骂,人们朝他吐口水、扔垃圾,给他取难听的绰号,赶他走。"事实"又来到另一个小镇,却看见很多人一起鼓掌欢迎"故事"的到来。"事实"对之充满了困惑,于是"故事"告诉他,"没人愿意看见赤裸裸的事实,即使你袒露了真实的自己。"最后,"故事"把五颜六色的衣服给了"事实",从此,"事实"和"故事"成了最好的伴侣。[1]基于此,吉姆·西诺雷利提出了一个概念:"故事品牌扩散",倡导用"故事的运作方式"来替代"自吹自播"的产品营销方式,因为故事是最吸引人、最能让人产生共鸣和认同的。[2]作家丹尼尔·皮克也在其著作《全新思维:右脑决胜未来》中断言:"'左脑'的统治以及它所孕育出的信息时代终将让位给一个崭新的未来。到那时,'右脑'的特质——创新、共情、意义——将主宰全世界。"特别是在人工智能机器人已全面走入人类生活的今天,右脑的机能更会成为人类不被机器取代的主要力量来源。由此,丹尼尔·皮克进一步强调,讲故事将会成为21世纪人类最应该具备的基本技能之一。[3]今天,在我们的身边,在各行各业、各领域的社会实践和学术探讨中,讲故事已蔚然成风。

吉姆·西诺雷利认为,对于产品运营人员来说,养成"故事思维"是远比掌握讲故事的技巧和方法更为重要的一件事情[4]:

讲故事是通过一些情节线索阐明一个销售观点,这些情节线索会把消费者放在一个虚拟的或是十分真实的角色当中。相比之下,故事思维是在品牌自身当起一个领导角色的情况下发生的,这个领导角色所代表的信念与消费者所推崇的信念是一致的。所以,讲故事和故事思维都利用了故事的感召力和原则。但是故事思维是一个计划的

---

[1] 吉姆·西诺雷利.认同感:用故事包装事实的艺术[M].刘巍巍,孟艳,李佳,译.北京:九州出版社,2015.
[2] 吉姆·西诺雷利.认同感:用故事包装事实的艺术[M].刘巍巍,孟艳,李佳,译.北京:九州出版社,2015.
[3] 吉姆·西诺雷利.认同感:用故事包装事实的艺术[M].刘巍巍,孟艳,李佳,译.北京:九州出版社,2015.
[4] 吉姆·西诺雷利.认同感:用故事包装事实的艺术[M].刘巍巍,孟艳,李佳,译.北京:九州出版社,2015.

过程,这个过程帮助那些品牌营销人员更好地表达并且定义了一个品牌功能方面的信念,这种信念是一个品牌的根基,同时也正是这样的价值观维系了一个品牌的经久不衰。

我们把这件事情分开来,换个角度讲。作为一个故事品牌扩散者(我们正从事于这样的秘密协议),你要像一个要跟全世界分享一些重要事件的作者那样思考。但是你不用构思一个带有重要主题或者是信息的情节,你在筹划一种方法,在文章当中用一种重要的世界观解决问题。你的品牌通过它旗下的任意一个产品或服务去证实你公开宣称的世界观。故事思维是一种全局性的战略,而不是为达到某一目的的某一个战术,它会使情节和主题之间相互支持。而另一方面,讲故事通常仅仅是介绍情节。

在吉姆·西诺雷利看来,品牌故事扩散的主要目的就是在品牌与消费者、用户之间建立联系并营建良好的关系,其过程可划分为四个阶段:产品功能认知、产品特性理解、品牌情结、品牌结盟。[①]也就是说,产品策划、运营人员应秉承故事思维,顺应着产品的生命周期,让用户从了解产品功能起步,经由对产品特性的理解,直至形成品牌情结,最后与品牌结成友好联盟关系。总体而言,可以从三个视角切入,围绕产品讲好三个故事:产品故事、创始人故事、品牌故事。

一、产品故事

有人说,每一个好产品的背后都有一个好故事,的确如此。面对一个刚刚进入市场的全新产品,运营人员首先要讲的故事是基于产品自身的,也就是让用户达成对产品功能的认知与产品特性的理解。

曾做过纪录片编剧的数字产品策略师唐娜·理查在《产品故事地图》一书中提出,产品步入市场之后,应循序渐进地讲述产品层面的三个故事:概念故事、起源故事和使用故事。

概念故事是"产品在观念层面的故事模型",需从全局视角阐明产品是什么,并为用户具体解读、思考产品提供框架。一个好的概念故事至少要让人对产品"感到兴奋",最佳的结果则是让人们纷纷谈论产品。[②]唐娜·理查在引出概念故事时援引的经典案例,就是2007年第一台iPhone手机横空出世时史蒂夫·乔布斯所作的主题演讲。在演讲中,

---

[①]吉姆·西诺雷利.认同感:用故事包装事实的艺术[M].刘巍巍,孟艳,李佳,译.北京:九州出版社,2015.
[②]唐娜·理查.产品故事地图[M].向振东,译.北京:机械工业出版社,2017.

乔布斯首先抛出一个结论(问题):"现有的智能手机并不好"。接着,他展示了一台超出很多人预想的"三合一"全新智能手机——一个有可触摸宽屏的iPod,一个革命性的移动电话,一个互联网访问设备——也就是将人们预想中三个产品的功能融入一个产品中。这无疑就是在讲述一个典型的概念故事,用故事特别是故事思维,生动、直观地回答了iPhone手机究竟是个什么样的产品,其核心概念、主要功能是什么等用户最关注的问题。

在唐娜·理查看来,概念故事应该涉及、呼应有关产品的以下问题[1]:

1. 产品的目标客户是谁?

2. 他们的问题是什么?

3. 他们的主要目标是什么?次要目标又是什么?

4. 产品是什么?

5. 竞品有哪些?

6. 为什么有些人可能不会想要使用这个产品?

7. 这个产品比竞品强的地方在哪里?

8. 这个产品需要做哪些事情?

9. 它对问题最直接的解决方案是什么?

10. 这个问题最令人拍案叫绝的解决方案又是什么?

之后的起源故事"是指人们如何成为你的第一个用户的故事,他讲述的是这个人如何从听到你的产品到实际使用它的故事"。起源故事广泛渗透在产品设计与产品运营的所有过程中,告知用户能用产品做什么,以及如何找到这个产品,等等。它就像一座桥梁,承上启下地连接起概念故事和使用故事。[2]一般情形下,起源故事以概念故事为基础,并继续向前迈进。"概念故事有助于你定义你的产品及其价值理念,而起源故事帮助你找到传递价值理念、推动人们采取行动、并让用户第一次体验到产品的价值理念的方法。"[3]

紧随起源故事登场的是使用故事。"使用故事就是人们如何一步步使用你的产品或服务的故事。它是由用户实际的操作步骤构成的,一个情节点接一个情节点。"[4]使用故事"不是要帮你弄清楚用户应该怎样看待你的产品或如何找到你的产品,而是要弄明白

---

[1] 唐娜·理查.产品故事地图[M].向振东,译.北京:机械工业出版社,2017:33.
[2] 唐娜·理查.产品故事地图[M].向振东,译.北京:机械工业出版社,2017:60.
[3] 唐娜·理查.产品故事地图[M].向振东,译.北京:机械工业出版社,2017:63.
[4] 唐娜·理查.产品故事地图[M].向振东,译.北京:机械工业出版社,2017:91.

用户如何使用以及为什么使用你的产品、如何让用户在使用中体验到产品的价值以及为什么他能体验到、如何让用户过一段时间继续使用你的产品以及为什么他会继续使用。"[1]

三个不同阶段的产品故事,其需面对、解决的问题都是不一样的。产品运营人员在讲述不同的故事时,也应该聚焦不同的问题,并将破解问题的手段与方法顺应着故事的发展线索融入其中。唐娜·理查认为,所有的故事都是结构化的,开头、中间和结尾就是典型的故事结构框架。在这个基本的结构框架之上,故事往往顺着时间的线索一步步向前推进,而问题也在故事的发生、发展中得以解决。由此,唐娜·理查提炼、总结出适用于所有产品故事的具体框架[2]:

1. 开场。

2. 激励事件或问题。

3. 上升。

4. 危机。

5. 高潮或问题解决。

6. 回落或结局。

7. 剧终。

以上7个要素串联在一起形成一条有起伏的叙事线,这条叙事线广泛适用于三种不同的产品故事。当然,不同类型的产品故事,会将不同的问题放入其中,由此形成不同的故事。如概念故事会将上文所列的那些问题放入叙事线中,形成概念故事的一般结构[3]:

开场:事物的目前状态。

激励事件或问题:你的产品有待解决的问题。

上升:产品名称和简介、市场类别。

危机:竞品。

高潮或问题解决:解决方案和价值主张、竞争优势。

回落或结局:结果。

剧终:目标达成。

---

[1] 唐娜·理查.产品故事地图[M].向振东,译.北京:机械工业出版社,2017.
[2] 唐娜·理查.产品故事地图[M].向振东,译.北京:机械工业出版社,2017.
[3] 唐娜·理查.产品故事地图[M].向振东,译.北京:机械工业出版社,2017.

同样,起源故事、使用故事也可沿用这个结构,而且可以重复使用一些基本的情节点。起源故事的结构如下[1]:

开场:事物的目前状态(与概念故事一样)。

激励事件或问题:问题或激发情绪的事件(与概念故事一样)。

上升:获取渠道。

危机:用户体验到的抵抗和阻碍。

高潮或问题解决:为什么用户在乎。

回落或结局:用户采取了某种行动。

剧终:暂时达成目标。

使用故事的发展线索则是[2]:

开场:事物的目前状态(与概念故事和起源故事一样)。

激励事件或问题:事件、诱因或唤起行动。

上升:一系列步骤。

危机:潜在的障碍。

高潮或问题解决:体验到产品价值时的高潮点。

回落或结局:然后呢?流程的最后步骤。

剧终:暂时结束。

二、创始人故事

在一个产品、品牌的背后,往往还站着一个(群)人,即产品的创始人(团队)。特别是进入互联网时代以后,只要一提及某个产品、某个品牌,许多人脑海中会随之浮现这个产品、品牌的创始人的形象。在很多成功的品牌身上,产品与产品的创始人都达成了完美的组合,二者在很多方面相互影响、彼此成就:

其一,没有某个创始人,就不可能有某个产品和品牌的诞生。如:比尔·盖茨之于微软,史蒂夫·乔布斯之于苹果,马化腾之于腾讯,李彦宏之于百度,张小龙之于微信,张一鸣之于今日头条……现实生活中,每一组人名和产品(品牌)名,都如影随形地紧密连接在一起,很难把他们剥离开来。只要看到其中的一个名字,人们就会自然而然地联想起另一个。

---

[1] 唐娜·理查.产品故事地图[M].向振东,译.北京:机械工业出版社,2017.
[2] 唐娜·理查.产品故事地图[M].向振东,译.北京:机械工业出版社,2017.

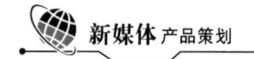

其二，创始人的理念、眼光与格局很大程度上决定着产品和品牌的走向及命运。产品创始人秉承着怎样的产品观、价值观，就会研发、推出什么样的产品。同时，产品的发展方向与成长路径，很多时候也与产品创始人、掌舵人密不可分。如苹果公司的起起伏伏与乔布斯的离开与回归密切相关；诸多短命的品牌在快速兴盛之后以更快的速度走向消亡，也直接与创始人（领导者）的短视与错判分不开。

其三，创始人的个人风格、魅力往往直接决定着品牌的个性，很多品牌的形象深深地打上了创始人的烙印。

因此，在产品运营的过程中，除了可以采用三种产品故事的方式：概念故事、起源故事、使用故事，就产品而言产品之外，还应重视人的要素，特别是产品创始人这一角色，充分发挥其效用。

首先，由产品创始人亲自担任产品发布会的发言人。很大程度上，产品创始人是最了解、熟悉产品的人，由他出面推介产品最权威，同时也最具说服力和引导力。当年乔布斯主导的苹果每一代iPhone手机的新品发布会，曾引得无数人熬更守夜地期待、等候，而且这种方式此后几乎成为一种惯例，诸多品牌纷纷让产品、品牌创始人担当新产品发布会的主角。如2023年3月16日，百度新推出的AI产品文心一言就是由百度创始人、董事长兼首席执行官李彦宏亲自登台发布。发布会结束后，各方反应非常热烈，很多人都在第一时间知道并记住了这个新产品，传播效果非常好。

其次，为产品创始人量身定制专题演讲。演讲的主题和内容非常宽泛、自由，既可以直接与产品、品牌相关联，也可以向更大的范围、更广的领域拓展，只要是与时代、人类生活相关的主题，或是人们广泛关注的话题，都可以拿来为我所用。如2012年7月24日张小龙在"腾讯大讲堂"做了一场长达8小时的内部讲座，全面阐发他对互联网产品的理解与思考，讲座的内容后来还结集成为一本书《微信背后的产品观》正式出版。他的"简单就是美""极简方能不被超越""微信是一个生活方式"等理念，也随之在社会上不胫而走，影响甚广。2021年1月19日，在微信诞生十周年之际，张小龙又在微信公开课"微信之夜"做了将近2个小时的线上演讲，回首微信走过的十年历程，回答了行业关注的诸多问题，并展示了其对未来的思考和展望。张小龙的这两个演讲在互联网上有很多报道和内容介绍，对人们更好地认识、理解微信这个产品提供了非常便利的途径和详实的资料。还有得到APP和逻辑思维的创始人罗振宇，自2015年开始，每年年末（或年初）都会做一个名为"时间的朋友"、时长为4小时的跨年演讲，前几次的主题基本沿用"时间的朋友",最近几年的主题则更加具体:"长大以后""原来,还能这么干""这个思路有启发"。在每一年的跨年演讲中,罗振宇主要与观众分享他在这一年里的收获与思考,较之张小龙的重点聚焦于产品,其视野更开阔,内容更丰富。也正由于此,罗振宇的跨年演讲被其粉丝称为"知识春晚",更有人对之给出了很高的评价:能让人获得新知识,打开更大的视野,并启发更多的思考。最终,罗振宇的跨年演讲甚至演变为一个标志性的事件,成为很多人年末岁首的关注点甚至是期盼。

不管主题与内容如何,这些产品与品牌创始人的演讲,既很好地表达了自己,同时又很好地烘托、辉映了产品,可以说得到了双赢的结局。

最后,重视产品创始人的自媒体和社交媒体账号,将之经营成发布产品信息、展示品牌形象、与用户交流互动的主要阵地之一,充分发挥产品创始人的影响力、号召力,为产品和品牌站台、背书并吸引、征服用户。

三、品牌故事

谈及数字时代的营销传播环境,以下几个关键词被提及的频率非常高:"消费者主权""碎片化""内容为王"。"消费者主权"强调的是当前社会消费者的地位彻底扭转,从以前的被动接受转向主动选择;"碎片化"是对各种新媒体导致的整个社会信息接触方式发生革命性变革的形象概括;而"内容为王"则主要是基于上述转向与变革,信息传播、市场营销行业普遍采用的应对之策。在这样的时代背景下,对于品牌的营销传播活动来说,好的内容是制胜的关键。

什么样的内容才是好的内容? 在"用户至上""一切内容皆可成为广告"的今天,答案其实很简单:能够吸引用户主动点击、阅读、参与、互动的有价值内容就是好的内容。就传播内容而言,在营销传播领域很早就有"硬广"与"软文"之说。顾名思义,"硬广"走的是"硬推销"的路线,主要用商品值得人购买和使用的原因、理由与主张吸引并说服消费者,以直接、客观、理性见长;"软文"则是以含蓄的暗示或联想的方式来传达产品完美、高质量和好声誉的"软推销",更多地致力于揣摩、洞察目标消费者的心理需求,通过独特的品牌形象,引发人共鸣或认同的情感情绪与理念吸引目标消费者,进而巧妙地将品牌个性植入其记忆之中。传统时期的营销传播多采用硬广的形式,让人一看就知道这是在为产品和品牌做广告;今天,顺应着传播方式、环境等诸多方式的改变,数字营销

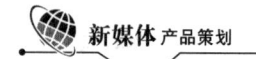

传播越来越"软化","去广告化"成为一种普遍的追求,传播内容不再局限于具体的产品与品牌,而是指向更加宽泛、多元的领域,只要能够与产品、品牌相契合,都能拿来为我所用。传播形式逐渐摆脱千人一面的"广告脸"、千人一腔的"广告腔",灵活多变地以故事、新闻、访谈、随笔的手法行文,让信息接受者和用户有好的阅读体验。

品牌依托于产品,同时又远远超出于物质层面的产品。按照菲利普·科特勒的说法,"品牌(brand)是用于识别产品或服务的生产者或销售者的名称、术语、标记、符号、设计,或者上述因素的组合。消费者将品牌视为产品的重要组成部分,品牌管理能够为产品增加价值。消费者赋予品牌含义,并且发展品牌关系。所以,品牌所拥有的意义远远超过产品的物质属性。"[1]因此,在讲好产品故事的基础上,还要继续讲述品牌故事。从吉姆·西诺雷利品牌故事扩散四阶段的角度,就是要基于第一、二阶段的重点展示产品功能和特性,再进一步深入到第三、四阶段的凸显品牌意义,促进用户形成品牌情结、品牌联盟。

吉姆·西诺雷利认为,用户与产品之间的关系是不断发展、逐层升级的:从陌生到相识、熟悉,再到喜欢,最后成为亲密朋友。产品的运营活动,理当随着用户的脚步依次跟进,为二者关系的逐层演进与深入助力。如果说,产品故事突出的是功能与特性,目的主要是让用户了解、熟悉产品;那么,接下来要讲述的品牌故事,则须聚焦理念与文化,在价值观和信仰层面让用户和品牌建立联系、产生认同。也就是要为品牌外在的简单名称、标记及其组合注入更多的精神内涵。

很多时候,当人们提及理念、信仰、价值、内涵等概念时,都会觉得比较抽象、枯燥,要吸引人主动关注,并且能产生共鸣与认同,必须在两个方面下足功夫:一是定位准确,品牌所推崇、标举的理念、精神,一定是与用户的追求相一致、相契合的;二是表现形式恰当,传播理念的方式不能是居高临下的生硬说教,应秉承故事思维、故事逻辑,尽一切可能将抽象的理念与精神以直观、形象、有趣的方式呈现出来,寓教于乐。唯有如此,用户才会欣然接受。

常见的品牌故事的讲述方式有以下几种:

第一,在品牌起步阶段,诠释品牌名称与标识。

和人一样,每个产品都有一个名称。产品的名称一旦确定,就会成为标志性的符号,伴随产品一生。看到这个名称,人们就会想到对应的产品。品牌要走入人心,首要的任务就是要让人知道并且记住品牌名称。

---

[1] 菲利普·科特勒,加里·阿姆斯特朗.市场营销:原理与实践:第17版[M].楼尊,译.北京:中国人民大学出版社,2020.

如前所述,产品在取名的时候,会有多方面的考虑和追求。因此,最后确定的那个名称无论在内容,还是在形式上都颇有讲究。绝大多数品牌名称比较简单,一般只有寥寥数字,但或多或少都要具有一定的寓意:展示企业与品牌的宗旨、纲领、理想与追求,等等。品牌名称中蕴含的这些象征意义,往往成为起步阶段品牌故事的重点和主要内容。如字节跳动公司旗下的诞生于2012年8月的今日头条,早期讲述的品牌故事很简单:"你关心的,才是头条!"作为一款移动端的新闻资讯平台,品牌名"今日头条"由两个关键词组成,"今日"代表了对新闻时效性的追求;而"头条"凸显的则是信息的重要程度(只有最重大、人人关注的新闻才有可能被放置在头条位置)。更为重要的是,今日头条是一款基于数字挖掘的个性化推荐引擎,有别于传统媒体普遍追求的"人人关注",今日头条的创新与突破主要体现在"为你量身定制"。上述内容,都浓缩在"今日头条"这个品牌名称之中,并通过短短8个字的品牌故事直观、醒目地传达出来,效果非常好。

第二,回溯品牌发展历史,总结经验和教训。

每个品牌都是从无到有、从小到大一步一步走过来的,品牌故事既可以顺着时间线索,历数品牌经历的不同阶段、遭遇的各种坎坷以及最终实现的一次次超越;也可从或平凡或波澜壮阔的历程中提炼出直接左右、影响品牌成长壮大的最关键因素,将之升华为品牌文化的重要内容和有力支撑。2010年9月—11月,在周鸿祎领衔的奇虎360公司与腾讯公司之间上演了一场著名的用户争夺大战,史称"3Q大战"。当年的11月11日,恰逢腾讯公司成立12周年纪念日,腾讯举办了一场4000人规模的大型庆典。马化腾在庆典现场做了即兴演讲,并在庆典结束2小时后形成题为"打开未来之门"文字稿,以邮件形式发送给腾讯全体员工。主要内容如下:

亲爱的同事:

就在两个小时前,我刚刚离开腾讯公司成立12周年庆典现场。在庆典现场,我更多的是强调感谢,感谢兄弟姐妹们十二年来与公司的相守,感谢危难时刻大家万众一心的坚持。但是此时此刻,重回到自己的办公室,我还有一些思考想要分享给大家。我是一个不善言辞的人,所以选择邮件的方式与大家沟通。

公司成立以来,我们从未遭到如此巨大的安全危机。这段时间,我们一起度过了许多个不眠不休的日日夜夜。当我们回头看这些日日夜夜,也许记住的是劳累、是委屈、是无奈、是深入骨髓的乏力感。但是我想说,再过12年,我们将会对这段日子脱帽致礼。

作为公司领导人,我个人有必要在此反思,并把这段反思分享给大家。

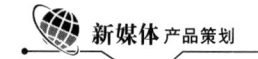

1.这不是最坏的时刻

也许有人认为,腾讯公司正在经历有史以来最危险的挑战。但我想说的是,真正的危机从来不会从外部袭来。只有当我们漠视用户体验时,才会遇到真正的危机。只有当有一天腾讯丢掉了兢兢业业、勤勤恳恳为用户服务的文化的时候,这才是真正的灾难。

2.也没有最好的时刻

12年来,我最深刻的体会是,腾讯从来没有哪一天可以高枕无忧,每一个时刻都可能是最危险的时刻。12年来,我们每天都如履薄冰,始终担心某个疏漏随时会给我们致命一击,始终担心用户会抛弃我们。

3.让我们放下愤怒

这段时间以来,一种同仇敌忾的情绪在公司内部发酵,很多人都把360公司认定为敌人。但古往今来的历史告诉我们,被愤怒烧掉的只可能是自己。如果没有360的发难,我们不会有这么多的痛苦,也不会有这么多的反思,因此也就没有今天这么多的感悟。或许未来有一天,当我们走上一个新的高度时,要感谢今天的对手给予我们的磨砺。

4.让我们保持敬畏

过去,我们总在思考什么是对的。但是现在,我们更多地想一想什么是能被认同的。过去,我们在追求用户价值的同时,也享受奔向成功的速度和激情。但是现在,我们要在文化中更多地植入对公众、对行业、对未来的敬畏。

5.让我们打开未来之门

政府部门的及时介入,使得几亿QQ用户免受安全困扰。现在是我们结束这场纷争,打开未来之门的时候。此刻我们站在另一个十二年的起点上。这一刻,也是我们抓住时机,完成一次蜕变的机会。

也许今天我还不能向大家断言会有哪些变化,但我们将尝试在腾讯未来的发展中注入更多开放、分享的元素。我们将会更加积极推动平台开放,关注产业链的和谐,因为腾讯的梦想不是让自己变成最强、最大的公司,而是最受人尊重的公司。让我们一起怀着谦卑之心,以更好的产品和服务回馈用户,以更开放的心态建设下一个十二年的腾讯!

在关键的时间节点,面对突如其来的重大危机,这封信真诚地展示了作为腾讯创始人、掌门人的马化腾的反思,既有对过去的总结,又有对现在的思考,还有对未来的规划,很好地化解了危机,同时又重塑并提升了公司及品牌形象。

第三,抒发情感体验,提升品牌温度。

人是有感情的动物。人生之路充满了酸甜苦辣咸等不同的滋味,身处其间,每个人都会产生各种不同的感悟和体验。在人与产品、品牌之间的关系中,情感关系是最基础但又非常重要的关系。一个人之所以会喜欢某个品牌的产品,除了产品能够为他解决某个问题、带来某种便利之外,更多是因为他在这个品牌身上感受到一种特别的关怀与温暖,也就是在心灵和情感上与品牌产生了共鸣。

20世纪中期,著名广告人大卫·奥格威就强调了品牌形象的重要性。他认为,很多时候"人们不是因为产品本身的原因才去购买某种商品,而是因为他们把这一商品与某种特殊的形象联系起来了"[1]。所谓品牌形象,简单、通俗地说就是"消费者对品牌具有的联想,或者说是一提到品牌名消费者便会想到的东西"[2]。一般来说,消费者一看到、听到品牌名称就会联想到的"东西",往往都超越了产品的物质功能与属性,集中于更高的层面——目标用户的情感、观念以及价值取向,因而更能激活其内在的需求。当然,品牌形象不可能脱离产品而存在,它必须以具体的物质产品为基础。但在品牌形象中,产品的物质特性、使用价值被放到了相对次要的位置,产品的交换价值、象征意义则被极力突出,成为支撑起品牌形象的重要因素。

雷弗伦股份有限公司的查尔斯·雷弗森曾说:"在工厂里,我们制造化妆品,在商店里,我们卖的是希望。"[3]吉姆·西诺雷利也有类似的表述:如果一个用户仅仅因为产品的优势购买它,那这个产品的名字仅仅是一个标志而已。品牌与产品的追求目标是完全不同的,对一个产品而言,功能是最重要的;而一个品牌注重的则是所承载的理念[4]。也就是说,在产品与品牌之间,还存在一定的距离。产品需要升华、积淀,才能成为品牌。品牌超出于产品的那些能引发用户联想的"东西"主要是精神的、观念的、情感的,而这些"东西"很多时候都是通过营销传播活动,特别是通过品牌故事,投射、附加到品牌身上的。如2014年春节期间,微信推出了一个小小的抢红包活动,紧紧抓住中国人春节期间都要收发红包(压岁钱)的生活习俗与心理需求,吸引无数中国人兴高采烈地加入其中,绑卡、发红包、抢红包,不仅"让腾讯几乎在一夜之间成为最重要的在线支付商"[5],改

---

[1] 朱丽安·西沃卡.肥皂剧、性和香烟——美国广告200年经典范例[M].周向民,田力男,译.北京:光明日报出版社,1999.
[2] 何佳讯.现代广告案例:理论与评析[M].上海:复旦大学出版社,1998.
[3] 米切尔·舒德森.广告,艰难的说服[M].陈安全,译.北京:华夏出版社,2003.
[4] 吉姆·西诺雷利.认同感:用故事包装事实的艺术[M].刘巍巍,孟艳,李佳,译.北京:九州出版社,2015.
[5] 吴晓波.腾讯传:1998-2016:中国互联网公司进化论[M].杭州:浙江大学出版社,2017.

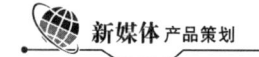

变了线上支付市场支付宝一家独大的格局,而且让人们在轻松、愉悦的抢红包的过程中直观地感受到浓浓的亲情和友情。2015年春节,微信继续跟进、趁热打铁,与中央电视台春节联欢晚会联合推出"摇一摇"抢红包活动,并将"摇一摇"这一动作融入除夕和春晚的各个场景之中:摇春晚节目单、摇好友的新春贺卡、摇出"全家福"、摇出朋友们的小视频……当晚,只要是看春晚的人,几乎都在不停地摇动着自己的手机,并且纷纷晒出自己摇到的"战果"①。在那个特殊的时间段,几乎是全民总动员、人人都在做同一个动作,共同参与、集体书写着一个品牌的传奇故事。

第四,传递价值主张,提升品牌高度。

一个品牌若想长久拥有忠诚用户,不断延续自己的生命力,不仅要有温度,让用户感受到温暖和关爱,还需站得高、看得远,有明确的目标和远大的理想,能够与目标用户一起朝着共同的方向前行。

在《认同感:用故事包装事实的艺术》一书中,吉姆·西诺雷利非常看重品牌所蕴含的独特的价值主张(unique value proposition,UVP)。在他看来,UVP应是整个品牌故事的核心。它是一种独特的信仰,让员工、目标群体都与品牌建立起联系。它也是目标明确的信念,不需要过多的解释,在某种程度上,当谈论起它时,任何一个与这个品牌相关的人都能清楚地体会到背后的含义②。他还进一步强调,不能将UVP与USP相混淆,二者虽然只有一个字母的差别,但二者的含义相去甚远。USP(unique selling proposition)立足于产品,凸显的是产品独特的销售主张;而UVP"并不依赖于销售者的主张,而是根植于销售者的销售动机","它所推崇的是一种信仰"③。

主要面向年轻人的哔哩哔哩视频网站(简称B站)从2020年开始,连续三年抓住五四青年节这个特别的时间节点,推出短视频广告:2020年5月3日晚,《后浪》在网络平台和中央电视台1频道黄金时段同时推出演员何冰满怀激情的演讲,驳斥"一代不如一代"的旧有观念,表达对年轻"后浪"们的羡慕和敬意。视频发布后很快引发全社会的关注与热议。据相关数据统计,在视频发布之后的两天时间里,B站官方视频播放量破千万,央视新闻、《光明日报》、《中国青年报》、《环球时报》、观察者网等多家官方媒体对该视频进行了正面宣传,由《人民日报》主持的"超话#献给年轻一代的演讲#"阅读量达4.6亿,

---

①张利华.如果2014年春节微信的红包大战是"珍珠港突袭",那2015年春晚微信的红包大战则是对马云的精准"核打击!" [EB/OL].[2015-2-20].http://www.ittime.com.cn/news/news_3725.shtml.
②吉姆·西诺雷利.认同感:用故事包装事实的艺术[M].刘巍巍,孟艳,李佳,译.北京:九州出版社,2015.
③吉姆·西诺雷利.认同感:用故事包装事实的艺术[M].刘巍巍,孟艳,李佳,译.北京:九州出版社,2015.

"后浪"一词也一举成为网络新热词。2021年5月4日,题为"我不想做这样的人"的后浪2.0版如期推出,出镜的是两个普通的初中生,针对小孩子们经常被问及的问题"想成为什么样的人",从另一个方向"我不想做什么样的人"给出明确的答案,发人深思;2022年5月4日,出现在后浪3.0版中的是《不被大风吹倒》(莫言)。莫言就年轻人在其公众号上问他的问题"如果人生中遇到艰难时刻该怎么办",亲笔写了一封信,分享了两个发生在自己身上的小故事——一本书:《新华字典》,陪自己度过了童年的辍学时光;一个人:他的爷爷,在大风刮来时与狂风对峙,绝不后退半步——自然引出自己的回应"道阻且长,行则将至""一个人可以被生活打败,但是不能被它打倒"。三个视频可以看作一个系列,鲜明地阐发了B站崇尚的价值观念,感染了很多人,对其品牌形象的提升发挥了非常积极的作用。

第三节　与用户建立良好的互动关系

　　产品生命周期的长短,品牌生命力的强弱,很大程度上是由其用户特别是忠诚用户决定的。只有一批忠诚用户一直喜爱、信任并使用某个产品,这个产品才能长期在市场上屹立不倒,才能不断延续生命,成为经典品牌。

　　一款产品之所以能够在众多同类产品中脱颖而出并具有长久的生命力,主要原因就在于产品的目标用户都已习惯并依赖于这款产品。从这个角度入手,产品运营其实就是通过各种广告营销活动,引导、培养用户对产品的习惯性使用。如何才能让用户养成对产品的习惯性使用?尼尔·埃亚尔和瑞安·胡佛总结出了一套简要的开发习惯养成类产品的四阶段模型:触发、行动、多变的酬赏、投入。①

　　易宝支付联合创始人余晨在为尼尔·埃亚尔和瑞安·胡佛合著的《上瘾:让用户养成使用习惯的四大产品逻辑》(中译本)所写的序言中,将产品与用户之间的关系比作男女之间的恋爱关系。他认为,相比于工业时代用户与产品之间"包办婚姻"式的关系——"买什么产品由厂家和渠道决定,由不得你爱不爱",互联网产品与用户之间的关系"完

---

①尼尔·埃亚尔,瑞安·胡佛.上瘾:让用户养成使用习惯的四大产品逻辑[M].钟莉婷,杨晓红,译.北京:中信出版集团,2017.

全是自由恋爱,爱谁不爱谁,用户有极大的自主权"[1]。余晨还从与上瘾(hook)有关的短语hook up(男女互相看对眼)切入,结合尼尔·埃亚尔和瑞安·胡佛的上瘾模型,对用户与产品"看对眼"的过程做了细致的描述[2]:

第一步"触发",可以对应亲密关系中的"相识、吸引"。第二步"行动",可以对应亲密关系中的"接触、了解"。第三步"多变的酬赏",可以对应亲密关系中的"惊喜、甜蜜"。第四步"投入",可以对应亲密关系中的"热恋、维护"。

在产品与用户之间良好关系的建立、发展与维护的过程中,产品运营工作在其间发挥着催化剂、润滑剂的作用,不可或缺。

一、坚持用户至上的理念

数字时代,用户至上的观念早已普及,用户的中心地位已在诸多方面得到体现。但从历史发展的角度来看,用户至上观念的形成并非一蹴而就,而是顺应着时代与市场状况的变化,经历了一个较为漫长的发展过程:从最初的以产品为主、产品至上,到注重消费者的心理需求,进而转向以用户为中心、用户至上。[3]

20世纪50年代之初,以产品为中心的营销理念一直占据主流地位,最具代表性的广告营销理论是罗瑟·瑞夫斯提出的独特的销售主张(USP)。在那个时代,广告营销活动能否成功,直接取决于产品是否具有独特的销售主张,以及广告营销人员是否能找到产品的独特的销售主张。只要找到并有效地传播了产品的独特的销售主张,产品畅销是大概率会发生的事情。

进入20世纪60年代之后,随着科学技术的发展和生产力的提高,市场不断走向繁荣,竞争亦日趋激烈。在此背景下,传统的产品推销观念已让位于新的现代营销理念,企业的一切活动不再紧紧围绕着产品展开,对顾客(消费者)需求的把握与引导成为决定成败的基础和关键。对此,朱利安·西沃卡有非常简明的描述:"为迎合消费者对买得起的商品的强烈的购买欲,制造商们把生产重点从'销售已生产产品'转移到'生产所需产品'。"[4]与此相适应,广告与市场营销也完成了一个显著的进展,那就是由销售产品转

---

[1] 尼尔·埃亚尔,瑞安·胡佛.上瘾:让用户养成使用习惯的四大产品逻辑[M].钟莉婷,杨晓红,译.北京:中信出版社,2017.
[2] 尼尔·埃亚尔,瑞安·胡佛.上瘾:让用户养成使用习惯的四大产品逻辑[M].钟莉婷,杨晓红,译.北京:中信出版社,2017.
[3] 阮卫.营销传播文案写作[M].武汉:武汉大学出版社,2021.
[4] 朱利安·西沃卡.肥皂剧、性和香烟——美国广告200年经典范例[M].周向民,田力男,译.北京:光明日报出版社,1999.

向"销售生活方式"。"这一销售形式以不同群体的消费方式为依据,对市场进行分割。广告商开始注意不同的收入层,不同的消费方式及兴趣爱好,而不是像过去那样只针对最广泛的大众群体。"[1]由此,品牌形象、细分市场、定位等理论相继出现,"请注意消费者"的意识开始受到重视。

互联网特别是移动互联网的普及,社交媒体与自媒体的兴盛,使得先前一直处于被动地位的"受众""消费者"拥有了主动选择的权利,他们"反客为主",逐渐成为决定产品成败、广告营销活动成败的关键因素与力量,一个全新的概念——"用户"也随之取代了"受众"与"消费者",广泛流行开来。

在20世纪90年代,整合营销传播理论便将广告营销活动的立足点从"消费者请注意"转向"请注意消费者",强调消费者数据库的建立以及对消费者的分析、洞察,以期通过对数据的科学分析,准确把握消费者的心理需求,然后以此为基础实现与消费者的有效交流与沟通。如今,一切以用户为中心、一切以用户价值为依归的理念已成为普遍共识,并全方位地体现、渗透在产品策划、研发、设计与运营的各个环节、各个层面:

要尽可能全面地跟踪、汇集目标用户的行为数据,对数据进行深入的分析、挖掘,准确把握目标用户的内在需求、生活方式与生活状况,形成清晰、准确的目标用户画像。

推进产品的立项、研发和设计活动,都须基于画像中标签清晰的那个典型的目标用户,有针对性地一一展开,用户需要解决的问题、完成的任务、达成的心愿,就是产品人工作的方向和目标。

随着产品的推出与一步步走向市场,产品运营也要精准把握各个阶段主要用户的不同特质、属性与需求,有针对性地开展广告营销活动,有效引导用户与产品之间的关系由陌生走向熟悉、喜爱直至忠诚。在这个过程中,还需实时跟踪、全面收集产品的实际用户的各种行为数据和反馈信息,深入了解用户的使用感受,对他们提出的困惑与问题及时进行解答,并将相关数据与分析的结论反馈给产品经理和技术研发人员、设计人员,共同推进对产品的完善与更新换代。

在产品运营中,用户运营是非常重要、关键的一项内容,它与内容运营、活动运营、数据运营共同支撑起产品运营的主要框架。所谓用户运营,指的是以用户数据为基础,制定明确的运营目标和策略,通过各种途径和方式引导、激发用户行为,最终实现产品价值和用户价值。

---

[1] 朱利安·西沃卡.肥皂剧、性和香烟——美国广告200年经典范例[M].周向民,田力男,译.北京:光明日报出版社,1999.

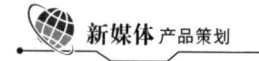

二、顺应用户行为方式,注重互动

如今已是用户主导的时代,每个人都全权决定自己的行为,自主决定什么时间、在什么地点、以什么方式使用什么产品,同时,对自己完全不感兴趣的产品、信息也可以很方便地无视或者屏蔽,让它根本不会出现在自己眼前。与传统媒体时代相比,用户的行为方式已发生了巨大的改变。

早在2011年,中国互联网数据中心(DCCI)在社会化营销蓝皮书中就提出了数字时代新的消费行为模式SICAS。SICAS模式是对传统广告时代的AIDMA模式、网络时代初期的AISAS模式的超越与发展,其主要内容为:品牌与用户互相感知(Sense)、产生兴趣、形成互动(Interest & Interactive),用户与品牌及商家建立连接、交互沟通(Connect & Communication)、行动、购买(Action)、体验、分享(Share)。

传统广告时代的AIDMA模式遵循的是单向的刺激—反应模式,广告营销活动的核心是以好的内容和表达吸引人们的注意(Attention),并尽快将短暂的注意转化为真正的兴趣(Interest),以激发其内在的欲望(Desire),使之在形成记忆(Memory)的基础上发出消费行为(Action)。在这个模式里,消费者完全是被动的,给他什么,他就接受什么。这一点在互联网时代得到极大改变。随着搜索引擎的出现,消费者能够非常便利地主动搜索信息、分享信息。日本电通公司研究人员敏感地捕捉到消费者的这一行为特征,将AIDMA升级为AISAS。

AISAS模式突出了两个关键词:"搜索"和"分享",人们有了某种需求,会主动在网上搜索信息,买到、用到、看到了好产品,也会利用网络与他人分享,不再仅仅只是单向、被动地接受一切,初步具有了双向互动的意味。但此时的互动仍还停留在对已有的编辑好的信息的搜索与自己的感受的分享上,范围还很狭窄,内容也较为简单。对双向互动的全方位的重视则是在SICAS模式形成与提出之后。在SICAS模式中,互动自始至终体现、贯穿在消费行为的每一个阶段、每一个环节——从最初通过全网触点达成品牌与用户之间的相互感知,到彼此产生兴趣尝试互动,到用户与品牌、商家建立连接并就各种问题在各个层面保持沟通甚至协商,再到用户信任品牌发出消费行为,直至用户消费商品后将自己的所有体验分享给他人。"无互动,不营销",简单的六个字,道出了如今数字广告营销的真谛。

既然用户的行为模式已发生了根本性的改变,那么,旨在引导、激发用户行为的产品运营自然也要随之跟进。新媒体产品的广告营销活动，无论是活动的理念、策略，还是具体的活动落地的渠道与方式，无一例外地都要尊崇互联网思维，以用户为中心，本着一切为用户服务的宗旨，平等沟通、双向交流；不能再沿袭旧有的单向的、居高临下的硬性灌输的做法，在每一个用户都是自主决定看什么、不看什么的背景下，这种做法只会落得竹篮打水一场空的结果。同时，在信息以及获取信息的渠道都无限丰富的今天，用户使用产品、接受信息时的心理体验尤其关键：用户体验好，便会继续使用、关注，并且会主动把自己的良好体验分享给他人，甚至是为产品做宣传；用户体验不好，就会决然舍弃产品、取消关注，而且还会将负面体验广而告之。所以，用户运营，包括内容运营与活动运营，都必须在准确把握用户心理与需求、爱好与趣味的基础上实施精准运营。

怎样才能恰到好处地吸引用户主动关注并让他们有好的体验呢？

首先，所有的内容呈现和活动设计都应符合用户的审美标准和趣味。这是一个拼颜值、讲眼缘的时代，人们常用"视听盛宴"来形容那些给人视听享受与震撼的作品。美好的感官体验，就是在用户看到的第一眼、听到的第一秒能够眼睛为之一亮、觉得悦耳动听。这是吸引用户主动点击作品、参与活动的关键。由此，在创作内容作品、设计营销活动时，给用户好的视听享受是首当其冲的任务。营销推文应充分利用各种视听元素和符号，界面上的文案标题要直接、简洁、明快，形式设计要新颖别致，背景图片、颜色、字体、字号等都需精心处理，要让用户在看到的瞬间就明白、喜欢，主动跟着界面文案的提示一步步发出行动。同时，还可在文案中穿插视频和音频素材，以调动用户多个感官参与，提升效果。当然，好的内容永远都是不可或缺的基础。没有好的内容，用户的关注不可能持续，营销的任务和目标也无法达成。

其次，尊重用户日常生活习惯，处理好相关细节。如在推文的开头设置温馨提示，全文字数多少，读完需要多长时间，以便用户根据自己当时的状况做出取舍；在文末设置用户参与选项，一般为分享、点赞、在看等，同时开放、展示用户留言；如果是带货类、转化类的推文，则将产品与电商的链接放在醒目位置，等等。这些细小环节的合理设置，能有效引发用户主动参与的积极性，并为参与行为的发出提供便利。

最后，对用户的反馈和参与行为及时做出妥当的回应。用户运营人员应保持随时在线的状态，实时跟踪、关注用户的行为，对用户反馈到各平台留言区的评论，特别是负面言论与善意的批评，必须快速予以回应，不回避问题、不推诿责任，本着实事求是的态度积极、努力地化解矛盾、解决问题。

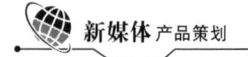

三、厘清用户层级，实施精细化运营

可以说，在任何时候、任何地方，用户都不是模板一块，而是具有千差万别，可以被分成各种不同的类别与层次，并以不同的方式来对待和满足。

在互联网产品、新媒体产品的运营中，流行着很多模型，如AARRR模型、漏斗模型等。这些模型都是基于数据提炼、绘制的描述用户与产品之间关系发展的直观图示。AARRR模型描述的是产品有效获取、维系用户的进程。漏斗模型是一个很形象的命名，它描述的则是在产品获取用户这个业务流程不断推进的过程中，用户不断流失的状况，就像装入漏斗的沙子一样，最常见的状况就是不断流失，如下图：

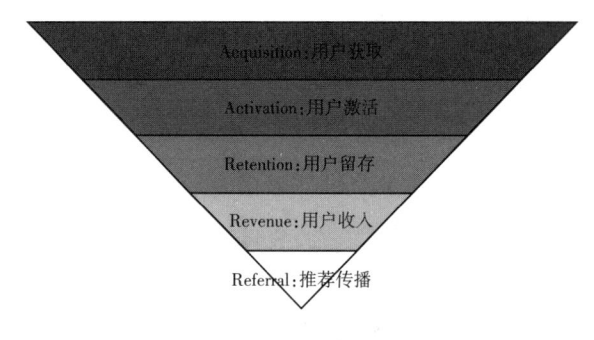

Acquisition:用户获取
Activation:用户激活
Retention:用户留存
Revenue:用户收入
Referral:推荐传播

图 5-2　漏斗模型

简单地说，用户运营最直接的任务有两项：引流和防流失。引流的目标是不断促进用户数量的增长；防流失更关注、追求流量的质量，要让进入流量池的用户留存下来。非常明显，这两项任务瞄准的对象即用户（流量）是不一样的，引流面对的是新用户，防流失的对象则是使用过产品的老用户。目标不同，运营的策略与方法就不能照搬、套用。

在解析用户运营时，黄有璨将它细分为宏观的用户运营与微观的用户运营、面向较大规模用户的整体运营与面向较小规模特定用户的针对性运营[1]。宏观的用户运营是本着以用户为中心的理念来规划、实施所有的产品运营活动，包括内容运营和活动运营在内；微观的用户运营则是指除开内容运营、活动运营之外，专门围绕用户开展的一系列工作。而整体运营与针对性运营的区分，则主要是依据用户数量的多少和规模的大小。

如果对AARRR模型描述的业务推进流程再做一个简单、粗略的归类，整体运营普遍期望广泛覆盖全部目标用户，以短平快的广告营销方式完成吸引用户使用产品的任

---

[1] 黄有璨.运营之光：我的互联网运营方法论与自白3.0[M].北京：电子工业出版社，2022.

务;而针对性运营主要瞄准高价值的实际用户,以建立、维护用户与产品之间的良好关系为目标,最终走向产品与用户的双赢。

新产品上线后,运营的首要任务是用户获取与激活,即拉新。除了早期的种子用户之外,拉新的对象主要是覆盖面广、数量庞大的大众用户,因此,这一阶段的产品运营应重点针对人类的共性,构想能在较短时间内让众多用户知晓、了解并尝试使用产品的策略。尼尔·埃亚尔、瑞安·胡佛提出的让用户养成使用习惯的上瘾模型,首先强调的就是触发,要设置一些有效的触发点,以触动、引发用户采取行动。尼尔·埃亚尔、瑞安·胡佛将触发分解为外部触发和内部触发两种,"外部触发通常都隐藏在信息中,这些信息会告诉用户接下来该做些什么。"[1]常见的外部触发方式有四种:付费型触发、回馈型触发、人际型触发、自主型触发。付费型触发指的是企业付费购买媒介做广告,广泛宣传、介绍产品,这是企业、产品争取新用户最普遍采用的方式。在产品即将上线时,有实力的企业都会砸重金、多方位地推出广告,为产品上线、上市营造声势;回馈型触发则是企业不用花一分钱,通过好的创意赢得媒体的正面报道、舆论的持续关注以及由此形成的热门话题;人际型触发,顾名思义,指的是人与人之间的相互推荐、口碑传播,包括亲朋好友之间的推荐,以及意见领袖的背书;自主型触发是当用户打开手机,看到屏幕上的产品图标,或订阅的新闻简报以及某个应用的更新通知,这些东西会让他条件反射般地去点击。以上外部触发因素,特别是前三种,都是以争取新用户为主要目标,只有自主型触发是针对已经下载、注册过产品的用户,促进他们重复使用产品。严格说来,外部触发只是用户习惯养成的外部条件和刺激,是产品运营的第一步,后续还需要内部续发的接续发力,也就是要找到产品与用户在思想、情感、生活方式等方面的联系,以激发用户内在的各种情绪,并被情绪支配着发出行为、养成习惯[2]。当用户在使用产品的过程中有很好的体验,对产品产生了好感和依赖,他就会反复、经常性地使用产品,成为产品的核心用户、忠诚用户。

当引流工作很难再有大流量的用户增长时,防流失就成为运营工作的重心。按照漏斗模型,用户进入漏斗之后的状况是各不相同的。有的很快喜欢上产品,频繁地使用产品,对产品形成依恋;有的却因各种原因很少再使用产品,成为沉默用户。面对状态各异的用户,运营策略要区别对待。对那些沉默用户,要仔细分析导致其不再使用产品的原因,然后根据原因将沉默用户分成不同的类别,并制定相应的挽留或召回策略。比

---

[1] 尼尔·埃亚尔,瑞安·胡佛.上瘾:让用户养成使用习惯的四大产品逻辑[M].钟莉婷,杨晓红,译.北京:中信出版集团,2017.
[2] 尼尔·埃亚尔,瑞安·胡佛.上瘾:让用户养成使用习惯的四大产品逻辑[M].钟莉婷,杨晓红,译.北京:中信出版集团,2017.

如，有的用户可能是因为对新技术、新产品存有疑惑甚至畏惧，还在观望或者不知道怎么使用，对这类沉默用户，运营应该加大产品的宣传力度，可以通过短视频细致介绍产品的主要功能、使用方法与步骤，一步步示范，教会他们如何轻松使用产品；有的用户可能是因为下载有多种同类产品，致使使用产品的频率不高，对此类用户，运营要通过广告营销活动，凸显、强化产品价值与品牌影响力，同时在产品中设置一些吸引用户主动参与的环节，如签到、获取能量、奖励等，还可以如尼尔·埃亚尔和瑞安·胡佛所言，"给产品'安装'多变的酬赏"[1]，即用户激励体系，如积分、勋章、头衔、等级，等等。另外，作为用户与产品之间良好关系的缔造者、维护者，产品运营还要高度重视一项常态化的工作，那就是利用一切可以利用的机会，让用户在适当的时空中看到、想到产品。网名为"犀牛"的产品人总结了几种常见的提醒用户的方法[2]：其一，重在引导用户消费行为的产品，如电商，可以通过输入法或浏览记录获取用户数据并为用户推送他感兴趣的产品信息；其二，当用户曾经关注或收藏的内容有新的变化与进展时，第一时间推送给他；其三，在一些特别的时刻如重要节假日、纪念日或用户生日，贴心地推送祝福信息；其四，当用户的场景发生转换，如来到其他城市或进入下一个季节时，及时发送提醒信息……这些方法都能让用户感受到特别的关注和关心，进而对产品、品牌心生好感。

产品有自己的生命周期，用户也一样。从用户第一次下载、注册、使用某产品，到他停止使用甚至删除产品，便构成一个完整的用户生命周期。产品要最大限度地实现其商业价值，前提条件就是拥有众多生命周期很长的用户。只有这样，才能延长产品的生命周期，并不断获取市场效益。同时，在一个生命周期内，用户又是不断成长、成熟的：从刚开始被某新产品当作潜在用户，到新产品上市后被成功冷启动、发展为实际使用产品的普通用户，再往前走就是因对产品产生好感、信任，经常使用产品而成为核心用户，最后一步则是迈向用户的最高级别——铁杆粉丝，可以主动为产品做宣传，进入自传播的层面。有效的产品运营，一方面应尽量减少用户的沉默与流失；另一方面还须积极引导用户不断学习、成长。几乎所有的产品在设计及运营中都会专门建构自己的用户成长体系。不同类型的产品，其用户成长体系的构成肯定会有差别。一般来说，应基于产品自身的特点，设计最佳用户成长路径，并设置与之配套的用户激励机制，这样就能引导、促进用户朝着明确的目标，一步一步兴致勃勃地朝前迈进。

---

[1]尼尔·埃亚尔，瑞安·胡佛.上瘾：让用户养成使用习惯的四大产品逻辑[M].钟莉婷，杨晓红，译.北京：中信出版集团，2017.
[2]犀牛.AARRR模型拆解（三）：用户留存（Retention）[EB/OL].[2019-11-13].https://www.woshipm.com/operate/3081300.html.

四、激发用户参与热情,共创品牌

对于新媒体产品来说,无论日常的业务运作,还是产品自身的营销推广,内容和内容生产都是核心工作。

传统媒体时代,内容生产的主体非常明确,基本都是专业人做专业事:媒体机构的从业者主要负责媒介内容的生产,广告营销公司的员工主要负责广告营销内容的生产,一般情形下,其他机构、其他人少有机会参与其中。随着社交媒体、自媒体的普及,如今任何机构、任何人,只要有热情、有兴趣、有需求,都可以成为内容的生产者和传播者。只要提及内容生产的主体,PGC(Professional Generated Content,专业生产内容)、OGC(Occupationally Generated Content,职业生产内容)、BGC(Brand Generated Content,品牌生产内容)、UGC(User Generated Content,用户生产内容)这些概念都是业内人士时常挂在嘴边的,现在又要再加上AIGC(AI Generated Content,人工智能生产内容)。

数字时代的广告营销,更是广告主、广告营销公司和品牌用户多方"共同创意""协同创意"的结果[1]。如今的品牌的创建与维护,也早已不是品牌拥有者或广告代理商单方面决定和完成的。曾有人将大众传播时代的品牌比作"一尊雕像"——经由专业的广告公司、广告创意人精心打磨、雕琢和塑造的雕像;而数字营销传播时代的品牌,则不再是呈现在消费者面前完整的雕塑,而是一幅没有完成的画卷。这幅未完成的画卷,需要消费者参与,"需要品牌与消费者不断修缮,共同面对它的变化""消费者不再只是信息的接收者,他们越来越多地参与品牌传播,在分享品牌信息的同时,消费者正在成为品牌建构的生力军,消费者处于协助广告主和广告公司共同完成品牌建构的重要角色"[2]。

既然消费者、用户已成为品牌建构的重要角色,那么,在做产品运营时,就要尊重用户,充分调动并发挥他们的积极性和创造性,既要给用户的参与和创作创造条件、提供空间和舞台,又要采取有效措施激发用户的参与热情,让他们能在参与创作的过程中收获快乐和成就感。广告营销行业的资深从业者基于自身的经历和感悟,提醒后辈:"为消费者预留创意空间""广告营销人只需要做一半,另外一半留给消费者""品牌在新互动平台下是一个活体"[3],每个产品运营人员都应高度重视这个问题。

---

[1] 沈虹.缘起"协同"——论"协同创意"的理论渊源[J].广告大观(理论版),2013(8):74-81.
[2] 沈虹.互动网络营销传播的创意研究[J].广告大观(理论版),2011(10):38-47.
[3] 沈虹.互动网络营销传播的创意研究[J].广告大观(理论版),2011(10):38-47.

在这方面，网易云音乐做得非常有特色。据相关资料介绍，网易云音乐的用户主要有两类。一类是有明确音乐诉求的用户，音乐是他们的刚需，对音乐库的丰富性、正规版权、语种的多样性都有严格的要求，网易云音乐一方面通过内容开放平台吸引原创音乐人、音乐达人、LOOK主播入驻，以优质原创内容弥补自身在版权方面的短板，同时依靠大数据和云计算的优势，明确用户的喜好与风格，设置数据模型为用户提供更加精准和匹配的音乐算法，满足用户的个性化需求。另一类用户是没有明确的音乐诉求、游走在各个音乐平台之间的泛需求用户。要留住这类用户，平台必须突出自己的特点，以差异性吸引他们。网易云音乐针对此类用户给出的解决方案就是构建良好的UGC生态，以普通听众们生产的高质量内容赢得用户对平台的信任和依赖，并使之积极参与互动，由此与产品建立密切的关系。曾在腾讯、京东做过运营经理的Leon认为，网易云音乐的成功，离不开其UGC生态。在他看来，网易云音乐一直非常注重、鼓励UGC，"现在的云音乐UGC生态已经覆盖包括歌单的创建、主播电台、动态话题创建、评论、圈子、广场等多个维度，真正做到了让用户发声，给用户极大的创造力和空间，从侧面来看，也能在音乐和内容供给上给平台做补给"[1]。

围绕UGC生态的建设，网易云音乐做了多方面的尝试和努力。比如，早在2016年11月，网易云音乐就启动了扶持独立音乐人的"石头计划"，从推广资源、专辑投资、演出机会、赞赏开通、音乐培训、音乐人周边、音乐人指数体系等方面对独立音乐人进行支持。2018年又推出"云梯计划"，扶持包括音乐人、视频作者在内的原创内容创作者。通过广告分成、原创内容激励、自助数字专辑售卖、音乐人资源推广等方式，扶持众多爱好音乐的内容创作者[2]。这些计划产生了很好的效果，"截至2022年底，网易云音乐原创音乐人入驻数量超61.1万，共创作了约260万首音乐曲目，是名副其实的原创音乐重镇"[3]。针对广大爱好音乐的用户，网易云音乐则把重心放在音乐社区的创建上。由评论、歌单、动态等板块组成的音乐社区，将"村长"和"村民"们汇聚在"云村"，在用户、内容、平台之间建立起密切的关系和直接的连接。所有用户在这个社区内都可以发表自己的听歌感受，并对他人的评论进行反馈。这些用户生产的内容能够既感染彼此，同时又可以成为网易云音乐做广告营销活动的灵感及素材来源。2017年3月，网易云音乐在杭州地铁1号线推出的"乐评专列"运营活动引起了社会各方面的极大关注。在"乐评专列"车

---

[1] Leon.网易云音乐用户运营拆解：用音乐的力量构建社区[EB/OL].[2023-3-20].https://www.woshipm.com/operate/5785235.html.
[2] 资料源自百度百科网易云音乐。
[3] 音乐先声.网易云音乐十周年，是真黑马还是靠运气?[EB/OL].[2023-4-30].https://36kr.com/p/2227470496297989.

厢的各个角落,布满了以网易云音乐的标志色——红色为底色、白色的字体写就的广告语(85条),这些广告语不是出自专业的广告文案人员之手,而是从网易云音乐中点赞量最高的5000条歌曲评论中精挑细选出来的。其中的一条"理想就是离乡"就是网名为"50号公路"的用户在民谣歌手赵雷的歌曲《理想》评论区的留言,这条留言的点赞数量有2万多个。这些来自用户的创作以广告形式出现在人们视线中后,引发了很多人的强烈共鸣,用很少的人力、物力投入赢得了非常好的营销效果,是典型的从用户中来、到用户中去,被人称之为以小博大的经典。

知识回顾

新产品正式上线、上市之后,策划活动的重心便落到产品运营上。

简单地说,产品运营就是为产品进入市场保驾护航。

一方面,要采用多种方式让用户知晓、了解、使用、喜爱产品,不断密切关注产品、品牌与用户之间的关系,以良好的品牌形象维系忠诚用户、延长产品生命周期。

另一方面,持续跟踪、关注用户在各种平台上发布的使用产品的感受、体验,以及对产品的意见和建议,及时做出反馈和回应。

思考题

1.如何正确理解产品运营?
2.产品运营策略如何呼应产品的生命周期?
3.品牌故事的具体形式有哪些?如何讲好品牌故事?
4.如何营建产品与用户之间的良好关系?

第六章　新媒体产品策划人员的素养与能力

知识目标

1.新媒体产品策划团队的人员构成。
2.新媒体产品策划者的素养与能力。

能力目标

1.了解新媒体产品策划团队的人员构成以及团队文化。
2.熟悉新媒体产品策划者的素养与能力,合理规划自己的成长路径。

思维导图

新媒体产品策划人员的素养与能力
- 新媒体产品策划团队的人员构成
  - 产品经理
  - 技术人员
  - 设计人员
  - 运营人员
  - 新媒体策划团队的组建与优化
- 新媒体产品策划人员的基本素养
  - 多学科的知识储备
  - 对复杂人性的透彻了解
  - 开放的心态
  - 良好的专业素养与意识
- 新媒体产品策划人员的能力要求
  - 逻辑思维能力
  - 系统构架能力
  - 领导协调能力

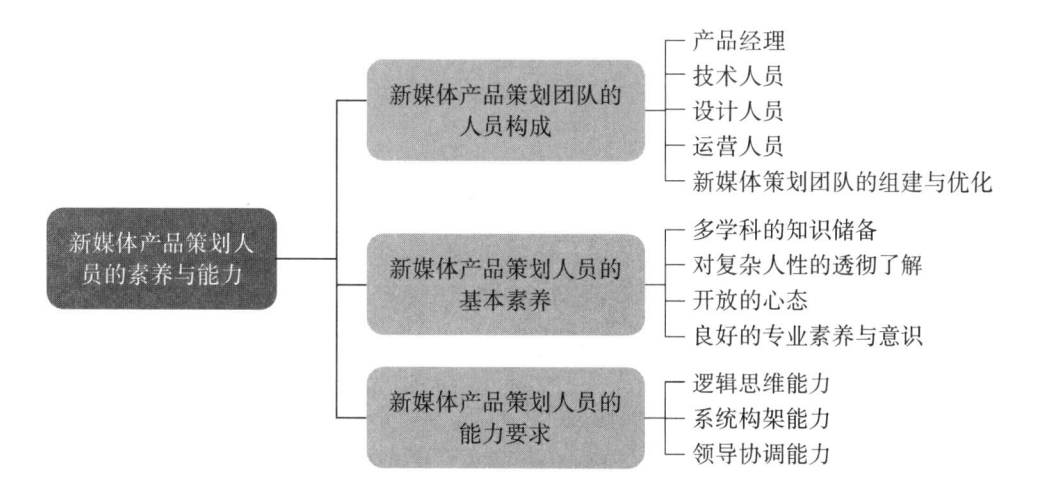

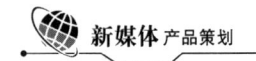

@ 案例导入

2012年7月24日,张小龙在腾讯内部做了一场8个多小时的演讲,演讲内容涉及产品策划的方方面面,分别为"用户篇""需求篇""设计篇""气质篇""UI篇",后结集成书,于2021年正式出版,题为"微信背后的产品观"。吴晓波认为,正是这场马拉松式的演讲,让张小龙成为新一代产品经理的偶像。张小龙关于产品经理必备素养的论述,也能给后来者很多启示[1]:

敏锐感知潮流变化。移动互联网产品会从相对匮乏时代进入相对富足时代,用户可以选择的产品会随时日流逝而日渐增加。产品经理若是沉溺于各种新鲜玩意儿之中,追逐新奇,很可能错过真实的时代潮流,无法把握人群的真实需求。

放弃理性思维。移动互联网的最大特点是变化极快,传统的分析用户、调研市场、制定产品三年规划,在新的时代里已经落伍。人类群落本身也在迁移演变,产品经理更应该依靠直觉和感性,而非图表和分析,来把握用户需求。

海量的实践。尽管移动互联网方兴未艾,目前没有任何人可以自称是领域内的专家,但是,这并不意味着可以寄希望于天降天才。《异类》中提出的一万小时定律,同样适用于产品经理。他们需要开展超过千次的产品实践,才称得上了解产品设计,拥有解决问题的能力。

博而不专的积累。美术、音乐、阅读、摄影、旅游等文艺行为貌似不能直接转化为生产力,但是合格的产品经理需要广博的知识储备,以此来了解和认识大量的人群,理解时代的审美,让自己的所思所感符合普通用户的思维范式。以此为基础,设计的产品才不会脱离人群。

负责的态度。拥有合适的方法论和合适的素养,成功的产品经理还应该有对自己和产品负责的态度,唯有如此,产品经理才能足够偏执,清楚地知道自己究竟要做什么,抵挡住来自上级和绩效考核的压力,按照自己的意志不变形、不妥协地执行产品策划。

新媒体产品的策划,是一项非常耗时、耗力的系统工程,绝非一人之力可以支撑。它需要组建一支专业的产品策划团队,团队成员都应是有理想、有追求、有技术、有能力的专业人员。在产品从立项到研发再到整个生命周期的运营过程中,产品策划团队的所有成员都以高节奏、高效率的工作状态,在一起通力配合、团结协作。正如马丁·卡根

---

[1] 吴晓波.腾讯传:1998-2016:中国互联网公司进化论[M].杭州:浙江大学出版社,2017.

在其著作《启示录》中所说的:"产品团队是一群技术纯熟的人,他们长时间聚在一起解决业务上的难题。这种关系的本质就是协作。"①

第一节 新媒体产品策划团队的人员构成

一般来说,一个新媒体产品策划团队的成员应该包括:作为产品及其策划团队负责人的产品经理,做产品研发、写代码的工程师,做产品设计的设计师,做产品运营的运营人员,以及产品测试人员,等等。他们带着各自的专业特长,为同一个产品而聚集在一起,彼此之间既有明确分工,又必须相互协调配合,齐心合力,共同为一个产品的诞生、成长劳心劳力、献计献策。

结合自己的经历与观察,苏杰站在互联网行业的角度,赋予"以人为本"一种特别的解释:互联网、软件项目的主要成本是人力成本——我们的团队。而由产品经理领衔、主导的产品策划团队,又可具体分解为四个小团队:产品团队、技术团队、商业团队和支撑团队。在苏杰看来,产品团队"游走于商业和技术之间",由三类人组成:一是狭义的产品团队,主要负责规划产品,为"心思缜密的规划师";二是用户体验团队,主要从事UI、UE设计工作,为"激情四射的设计师";三是运营团队,专司产品的市场推广与维护,为"'阴险狡诈'的运营师"。技术团队也可细分为三部分:负责产品架构、编码的开发团队;负责产品功能、性能测试的测试团队;管理产品数据库、服务器、软件配置的运维团队。商业团队则是始终站在与用户接触的第一线、时刻准备冲锋陷阵的角色,包括市场人员、销售人员、服务人员等。支撑团队时常被人忽略、遗忘,但也必不可少,如提供各种资源的老板,默默奉献的法务、财务与行政人员等②。

---

① 马丁·卡根.启示录(第二版)[M].朱丹俊,高博,译.北京:中国人民大学出版社,2019.
② 苏杰.人人都是产品经理:入行版.互联网产品经理的第一本书[M].北京:电子工业出版社,2021.

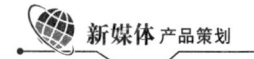

一、产品经理

在整个互联网行业,产品经理是一个出现频率非常高的热门词汇,同时也几乎是所有的互联网公司内部都会设置的一个岗位。

产品经理(product manager,简称PM)这一岗位的诞生,最早要追溯到20世纪20年代。据相关资料,1927年,在美国宝洁公司(P&G)出现了世界上第一位产品经理——麦克·艾尔洛埃。当时,宝洁公司新推出一款名为Camay(佳美,又译卡枚尔)的香皂,因与公司另一款非常成功的核心产品象牙(Ivory)香皂很相似,销路一直不好,而且负责佳美的产品团队就是象牙产品团队。针对这种状况,麦克·艾尔洛埃提出了"一个人负责一个品牌"的设想和建议,获得公司高层的支持,于是,他便成为专门负责佳美香皂的市场营销、品牌建设等全部事项的产品经理。麦克·艾尔洛埃的产品经理工作取得很大成功,宝洁便以"产品管理体系"重组公司结构,后被各行各业广泛采纳、沿用。特别是在进入互联网时代之后,随着一批有着世界级影响力的产品经理如史蒂夫·乔布斯的出现,产品经理一词的火爆程度,以及产品经理这一岗位的重要性,又被推到一个更高的层级。当然,这时的产品经理的概念及其所包含的工作内容也已发生了很大的改变。在产品人俞军看来,今天虽然沿用的仍然是"产品经理"这个词,"但其实已不是同一种职能"[1]。如果说,在麦克·艾尔洛埃时代,产品经理的主要任务是促进产品的推广与销售,那么,到了互联网时代,普遍流行的说法是"人人都是产品经理"。产品经理的职责也有了很大的拓展,更接近于其英文表达的本意:产品管理,从把握需求、定义产品开始,到研发、设计产品,直至进入市场之后的产品运营、市场推广、商业转化等,都是产品经理应该关注和管理的内容。

也正是基于此,一种非常普遍的行业状况便呈现在人们面前,那就是很多人都顶着同样的产品经理的标签,其实他们所从事的实际工作、在产品团队中担负的职责及其影响力是有很大的差别的,如:大名鼎鼎的史蒂夫·乔布斯、马化腾、周鸿祎、雷军、张一鸣等都以产品经理自称,很多刚刚毕业的大学生也可以直接申请产品经理的岗位。这充分说明产品经理这个岗位的重要性和挑战性,而想要成为一个真正能够统领全局的产品经理,绝非一日之功,需要很长时间的磨炼、积累与不断学习。"人人都是产品经理"系

---

[1] 俞军等.俞军产品方法论[M].北京:中信出版社,2020.

列丛书的作者苏杰依据行业实际,总结出了产品经理的七个层次[①]:

层级	典型任务	相关能力的关键词举例
1	需求细化与研发跟进	文档与原型、领域知识、懂技术、懂设计、项目跟进
2	主动挖掘与项目管理	用户研究、项目管理、心理学、社会学、数据分析、竞品分析、协调资源、优化流程
3	完整产品与大局观	做取舍、需求管理、产品规划、懂市场、懂运营、商业感觉、行业分析
4	产品线与带团队	前瞻性、产品分析、产品生命周期管理、培养新人、团队管理、定目标、追过程、拿结果
5	成功案例与影响力	创新、输出方法论、知识传承、心态修炼、成就他人
6	商业闭环与全职能管理	开宗立派、领导力、企业文化传承、战略制定、组织发展
7	自己成功到助人成功	理想与信念、情怀、引领时代

因此,在实际使用产品经理这个概念时,又可从低到高逐步细化:产品专员/助理、产品经理、高级产品经理、产品总监,直至公司总裁、CEO等,不同的职位,其分工、能力和素养都有明显差别。很多时候,一个产品团队内可能不止一位产品经理,但真正对产品全权负责的产品经理只有一位,一般以高级产品经理、产品总监及以上的职级为主。在《产品五部曲:快速构建互联网产品知识体系》一书中,尹燕杰则将产品经理分为三个层级:战略层、管理层和执行层。战略层产品经理的主要职责是"指明产品战略意图与方向",为产品团队层级中的最高层,很多时候也是产品立项评委中的核心决策者;管理层产品经理由核心的产品管理成员组成,主要负责"挖掘需求、规划与解决产品线任务",是产品团队中解决问题的人;执行层则是"产品经理金字塔"的基石,以产品新手、入门者和专业领域三年以下的产品从业者为主,在产品管理层的带领下"执行专项细分的产品工作"。[②]

作为产品团队负责人的产品经理统领着产品策划活动的全局,是决定产品走向及成败的关键。曾担任百度高级产品经理的秦锋剑在接受记者采访时,对产品经理的职责进行了全面的梳理与总结:[③]

产品经理的角色和电影导演很像,就是把编剧、演员、美工、摄影等等各个环节的工

[①]苏杰.人人都是产品经理:思维版:泛产品经理的精进之路[M].北京:电子工业出版社,2021.
[②]尹燕杰.产品五部曲:快速构建互联网产品知识体系[M].北京:机械工业出版社,2017.
[③]万小广.传统媒体人能不能、如何做产品经理?[J].中国记者,2014(11):62-63.

作凝聚到一起,并对最终呈现的电影负责。具体来说,产品经理要负责一个产品从设想、规划、研发到运营的整个流程,协调产品部门、技术开发部门、运营部门一起工作实现预定的产品设计目标,并规划产品的未来发展方向。

比如说"百度新闻"客户端产品,产品经理首先要有系统化的规划设想,并且说服团队成员认可这个设想;然后,还需要设计具体的功能模块,比如地方新闻板块如何覆盖、如何用数据划分不同人群、个性化推荐如何关联用户兴趣等等,这些都需要跟技术开发和UI(用户界面设计)、UE(用户体验设计)反复沟通,才能达到预想效果。

除了扮演资源整合者的角色之外,产品经理还需要站在用户立场、角度来设想产品的功能和细节。比如做"百度新闻"客户端,我每天都会看后台数据,了解自己的用户是哪些群体,他们需要什么、喜欢什么,分析用户对产品的评价。我们有专门的团队做用户研究,但产品经理要比他们更专业。不单单依靠用户调研数据,还要自己去实际接触用户,跟他们聊,不断观察他们真正想要什么。

产品经理不仅要考虑当下的业务需要,还需要把握产品的架构和方向,能预见未来发展的需要。像微信从最初版本到现在,不断增加诸如电商、理财等新功能,但它的整体架构基本上没什么变化,拓展性、兼容性很强,连开机界面都没什么变化,这就体现了张小龙作为产品经理的系统规划能力和预见能力。

最后,在产品上线后,产品经理还需要跟运营部门保持联系,对产品不断进行完善和版本迭代。主要工作方法是"灰度测试",即先用小流量测试(注:让一部分用户使用)产品的新版本或新功能,再根据用户反馈和后台数据逐步增加到全流量测试(注:所有用户使用)。为保证用户体验,这方面的工作极其细致,比如测试不同型号手机上客户端的页面刷新速度,通常精确到毫秒级。

被称为科技产品管理领域思想领袖的马丁·卡根也对产品经理发表了很多看法。他认为,产品经理的职责非常清晰明了——负责机会评估和决定构建什么产品交付给客户,要能担负起这一使命,产品经理必须在知识、才干、能力、素养等诸多方面超出于一般人,"实事求是地说,产品经理应是公司最具才干之人。如果产品经理没有娴熟的技术,没有商业的敏锐,没有获取关键管理者的信赖,没有深厚的客户知识,没有对产品的激情,或者没有赢得团队的尊重,就必然会导致失败。""产品取得成功,是因为团队中的每个人各司其职;但产品失败,就是产品经理的过错。"[1]产品经理应该而且必须对产

---

[1] 马丁·卡根.启示录(第二版)[M].北京:朱丹俊,高博,译.中国人民大学出版社,2019.

品的成败得失负责。要想成为一个能够统管产品策划全局的产品经理,需要较长时间的学习、探索与积累,真的是任重而道远。

二、技术人员

在产品经理带着狭义的产品团队成员针对用户需求明确定义了产品,并清晰规划好产品的整体框架及路线之后,接下来的重头戏就是团队内的技术人员和设计人员展示各自的技能,依照团队成员一致认可的产品规划去具体操作、落实。

在马丁·卡根看来:"对于一个成功的产品经理来说,最重要的关系可能莫过于与你团队中的工程师的关系。"[1]因为前期关于产品的所有规划与设想,都要通过技术开发人员也就是工程师们的工作才能真正落地,并搭建起产品的整体框架以及具体的实现路径。总体来说,主要由工程师组成的技术团队,最高领导者(或职位)为CTO(首席技术官),统筹领导技术与产品的相关事务。一般的技术团队通常包含四个职能模块:产品设计、产品研发、产品测试和产品运维[2]。

产品设计既涵盖产品功能、框架及流程的设计,又包括产品的交互和视觉设计,前者主要由产品架构师(经验丰富、能力较强,属高级技术职位)也就是产品的总设计师负责,而产品的交互与视觉设计则由专业的设计人员担任。

产品研发环节聚集的工程师人数最多,按照分工的不同又可细分为前端开发和服务端开发。前端开发主要针对不同的前端如Android开发、iOS开发、Web前端开发等进行,服务端开发则由应用接口开发、数据库开发等组成。

产品测试人员类似于质检人员,负责产品的质量检测与控制,主要包括功能测试和性能测试,对产品中不合格的部分进行标注并返工处理。

产品运维则是指产品上线、交付使用之后,对产品的运行、使用实施的全天候、不间断的维护与保障活动。运维人员必须随时随地在线,遇到问题及时解决。

---

[1] 马丁·卡根.启示录(第二版)[M].北京:朱丹俊,高博,译.中国人民大学出版社,2019.
[2] 金牌产品经理.产品经理和工程师分别是干什么的?[EB/OL].[2021-2-2].https://zhuanlan.zhihu.com/p/348788004?ivk_sa.

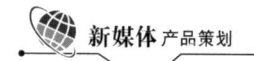

三、设计人员

在第四章中我们说过,产品设计是一个很宏大的概念,指的是对一个完整的产品的内核与外观的全面设计,其包容面非常广泛:产品的内在功能、整体的框架轮廓,产品外观的规划、构想及具体的呈现。就像马丁·卡根所说的:"我们需要设计,不仅仅是为了使我们的产品变得美观,更是为了探索出合适的产品。"[1]美观常常被用来形容产品外在的界面与视觉设计,而合适不仅包括产品的外观看起来舒服,更重要的是还要有用(能解决问题)、好用(用起来顺手)。因此,马丁·卡根认为现代产品设计师的职责体现在多个方面:产品发现,完整的用户体验设计,原型设计,用户测试,交互和可视化设计等。要有效担负起这些职责,产品设计团队必须全程参与产品策划活动并发挥关键性的作用。在马丁·卡根看来,在旧有的产品生产模式中,设计师主要是根据产品经理提供的产品需求或产品说明书进行有针对性的设计,而互联网时代的产品设计师"会一直和产品经理以及工程师合作,贯穿产品发现到产品交付全过程。现代的产品设计师会和他们对应的产品经理坐在一起,而不是与其他设计师坐在一起,产品设计师是产品经理在产品发现过程中的正式合作伙伴","产品设计师和产品经理有许多共同的关注点,他们精心围绕着实际的客户和他们的产品给这些客户所带来的价值而工作"[2]。

既然产品设计工作贯穿产品诞生的全过程,需要关注、解决的问题很多,涉及产品的内在与外观,还要考虑优化用户体验,那么,在产品设计团队内部,自然而然地也会根据团队成员各自的特长与岗位的实际需求进行明确的分工,然后在各司其职的基础上相互配合。一般来说,一个产品设计团队必不可少的成员包括:信息架构师、交互设计师、界面设计师、视觉设计师等。

信息架构师是在对纷繁复杂的信息进行高度抽象、提炼的基础上创建信息产品的整体框架与结构的设计人员,他们的工作职责主要是:针对用户需求与产品需求,将产品的内在逻辑与实现路径用直观的图表呈现出来,具体包括信息结构图、页面流程图、线框图、网站地图,等等。

交互设计师就是人们经常提及的用户体验设计师,他们的工作则是以信息架构为基础,更多地站在人机交互的角度,着重考虑用户的情感目标与使用体验,从细节出发,

---

[1] 马丁·卡根.启示录(第二版)[M].朱丹俊,高博,译.北京:中国人民大学出版社,2019.
[2] 马丁·卡根.启示录(第二版)[M].朱丹俊,高博,译.北京:中国人民大学出版社,2019.

关注、提升产品的易用性、流畅度和操作感受。

界面设计师,顾名思义,主要负责确立界面的操作逻辑、界面的美观设计及其优化,以保证产品的界面更符合用户的审美习惯,操作起来更舒服、自然,更具人性化。

视觉设计师则主要从事产品可视化方面的设计,如文字、构图、排版、配色等外观元素的运用与处理,以及品牌标识、品牌形象等方面的设计工作。

四、运营人员

产品经理带着技术人员、设计人员研发出产品之后,产品策划活动的重心便转向了市场和用户。一系列将产品与用户连接起来、促进用户消费并使用产品的广告营销活动会依次开启,这些活动的组织、创建与实施,主要依靠的就是产品运营人员。

2020年2月25日,人力资源和社会保障部与国家市场监督管理总局、国家统计局联合向社会发布了16个新职业,全媒体运营师位列其中。所谓全媒体运营师,按照百度百科的解释,指的是综合利用各种媒介技术和渠道,采用数据分析、创意策划等方式,从事对信息进行加工、匹配、分发、传播、反馈等工作,协同运营全媒体传播矩阵的人员。运营师由此正式成为国家职业目录中的一员,但其实这一岗位早已在行业中存在。

产品要走向成功、成为爆款,信息传播和市场营销非常重要。"对于产品团队而言,现代产品营销经理扮演市场的角色,包括产品定位、信息传递和成功的市场进入计划。他们深入参与销售渠道,了解自己的能力、局限性和当前竞争中的问题。"[1]产品运营人员必须既对产品有透彻了解,同时又非常了解用户。他们就像一座桥梁,架设在产品和用户之间,承担着信息沟通与情感联络的任务。好的产品,必须通过运营才能让用户知晓、了解,进而引来流量、激活市场,最终实现产品价值;用户对产品的需求、感受与体验,也要经由运营获取、分析并反馈,以推动、促进产品的迭代与优化。如果没有这座桥梁将产品和用户连接在一起,产品再好也会"养在深闺人未识",用户的需求、疑惑与问题也无人知晓,市场也将变成一潭死水。

运营人员的成长路径一般为运营专员、运营经理、运营总监。

---

[1] 马丁·卡根.启示录(第二版)[M].朱丹俊,高博,译.北京:中国人民大学出版社,2019.

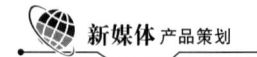

五、新媒体策划团队的组建与优化

产品经理、工程师、设计师、运营师是产品策划团队的核心力量。依据马丁·卡根的经验,一个典型的产品团队由1名产品经理、1名产品设计师,以及2—10名或12名工程师组成[1],再加上相关的服务、辅助人员,如用户研究人员、数据分析师等,就基本能支撑起一个新产品从立项到研发再到上线直至实现价值的全过程。但这个过程是否能够顺利走完,很大程度上取决于产品策划团队的所有成员是否有一致的追求目标与信仰,是否能在平等的基础上团结协作,是否有战斗力。

首先,一个新产品被提上议事日程,被正式立项,需要考虑多个因素,兼顾多方利益。但新产品的研发之旅一旦正式开启,产品团队内部必须达成明确、一致的目标,以及纯粹、坚定的信仰。马丁·卡根非常推崇著名风险投资家John Doerr的名言:"我们需要传教士般的,而非雇佣军式的团队。""雇佣军解决被吩咐的事情,传教士则是真正的信徒,致力于解决信徒们的问题。"[2]产品团队的每位成员都要统一在一致的目标和信仰之下,心往一处想、劲往一处使,最终拧成一股绳,去克服、战胜产品研发过程中出现的一切困难和障碍。曾是百度唯一产品经理(2001—2003年)的俞军非常看重产品团队的文化氛围,他认为一个好的产品团队应是一个有"产品心"的团队。这里的产品心其实就类似于匠心,也就是要本着初心,真正站在用户需求的角度去做产品,去认真地做好产品;而不是为了其他的诸如沽名钓誉、追名逐利的目的做产品,如果那样的话,终究是做不出好的产品来的。

其次,产品策划团队的人员构成是多元、复杂的,具有不同专业背景、个性、气质、思维方式都大不相同的多个成员要长时间聚集在一起,朝着同一个目标、为同一个产品的诞生而工作,彼此之间关系的协调非常重要。策划团队内部应该营建起在平等、自主基础上的协作关系,就像马丁·卡根倡导的:"产品团队不是汇报关系,它是一个扁平化的组织结构。通常,产品团队中的每个人都是独立工作的,没有专门管人的经理。"[3]所谓扁平化的组织结构,与传统多层级的金字塔式组织结构相对,指的是通过减少中间的管理层级与职能机构,或打破部门界限,将权力下放,进而提高运行效率的新型组织形式。组织结构及管理的扁平化是新型网络公司的典型特质,如拥有数千名员工的小米公司,

---

[1] 马丁·卡根.启示录(第二版)[M].朱丹俊,高博,译.北京:中国人民大学出版社,2019.
[2] 马丁·卡根.启示录(第二版)[M].朱丹俊,高博,译.北京:中国人民大学出版社,2019.
[3] 马丁·卡根.启示录(第二版)[M].朱丹俊,高博,译.北京:中国人民大学出版社,2019.

最高管理层就是7位创始人,这7位创始人直接面对基层员工,中间不再设置其他的管理部门及人员。管理层级的减少直接带来决策流程的缩短与效率的提升,而且更加民主,更能激发基层员工的主人翁精神,积极、主动地参与到公司的各项事务与活动中来。产品策划团队所有成员应在产品经理(负责人)的带领下,自主地做好各自的本职工作,并就一些重要、关键问题或难题展开讨论、群策群力,最终方能团结协作、保质保量地完成任务。

最后,一个产品策划团队要全面负责产品的立项、研发、上市及运营等多个环节、多个方面的所有事项,并将一直伴随着产品走过其生命周期的全部过程,因此,产品策划团队的组建也需综合考虑多方面的因素,并及时根据产品、市场以及相关因素的变化对团队的组织结构进行调整、优化。在《启示录(第二版)》一书中,马丁·卡根总结了组建产品团队的十条核心原则[1],可以作为参考和借鉴:

第一,向投资策略看齐。产品策划团队要有一个明确的投资策略,这一点应该直接反映在团队结构上。

第二,最小化依赖关系。尽管无法完全消除依赖关系,但尽可能减少它直至最小,可以使产品团队更加独立并有助于团队的快速迭代。

第三,所有权和自治权。一个团队应该感觉自己有权负责产品中某些重要的部分。

第四,充分利用杠杆。为了产品策划的速度和可靠性,应寻找共同需求,共享服务(但会产生依赖关系,影响独立性)。

第五,产品愿景和战略。产品愿景描述了一个组织想要尝试的方向、目标,产品战略描述了实现这些目标的主要里程碑。应围绕愿景和战略组建团队。

第六,团队规模。一个产品团队通常至少要有2个工程师和1个产品经理;如果这个团队做的产品是面向用户的,那么还需要1个产品设计师。如果产品经理和产品设计人员的临界知识不足,则需10—12个工程师。每个产品团队必须有且只有1个产品经理,这一点很重要。

第七,向架构看齐。在实践中,许多组织组建产品团队的主要原则就是结构化。许多人会从产品愿景中受到启发,提出一种结构化方法来实现这一愿景,然后围绕那种结构设计团队。

第八,向用户或客户看齐。向用户或客户看齐对产品和团队来说都有非常实际的

---

[1] 马丁·卡根.启示录(第二版)[M].朱丹俊,高博,译.北京:中国人民大学出版社,2019.

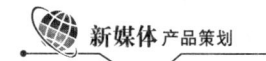

好处。比如，如果贵公司为双边市场提供服务，一边是买方，另一边是卖方，让一部分团队专注于买方而另外一部分团队专注于卖方会有实实在在的优势。

第九，向业务看齐。在较大规模的公司里，通常有很多业务，但其产品都建立在一个共同的基础架构上。不同的业务部门面向的用户经常是相同的，因此，应该优先向业务看齐，之后再考虑向业务部门看齐。

第十，结构在不断变化。产品组织的最优结构是在不断变化的，组织的需求也会随着时间而变化，因此，从来没有一个完美的方法来组建团队，每次组建产品组织时都是为了优化某些东西而牺牲另一些东西，每年都需要审视产品团队的结构是否合理。

第二节　新媒体产品策划人员的基本素养

进入移动互联网时代之后，包括新媒体产品在内的数字产品在人们生活中的重要性日益彰显，几乎人人手中都拿着一部手机。凭借每部手机中下载、安装的各种各样的产品，人们日常生活中方方面面的大小事情都可以非常便捷地完成。由此，对于所有的互联网公司而言，能否开发出用户喜欢的爆款产品，直接决定着公司的前途和命运；而主导着产品研发活动的产品策划人，也自然成为一个很多人向往的热门职业。互联网行业曾经非常流行一句话："人人都是产品经理。"这句话可以引申出多层含义：其一，产品经理的队伍很庞大。据苏杰介绍，2007年时，淘宝只有8位产品经理，到了2013年，整个公司已经拥有数百人的产品经理团队，真可谓是高速发展[①]。其二，产品经理的门槛不高，一个人人都可就职的岗位，其入门的门槛自然很低。在很大程度上，这两种理解其实都失之偏颇，一方面，产品经理不是人人都可以从事的职业；另一方面，产品经理特别是优秀的产品经理，需要有多方面的素养和能力，不是想当就能当的。要真正成为一个新产品开发活动的策划者，还要经历从零开始不断学习、积累、提升的过程。

对于主导产品策划活动的产品经理应该具备的素养和才能，已有很多从业者结合自己的实践经验做过总结与阐发，如"人人都是产品经理"系列丛书的作者苏杰认为，产

[①] 苏杰.人人都是产品经理:案例版:不可不知的淘宝产品事[M].北京:电子工业出版社,2021.

品经理的自我修养必须涵盖四个方面:爱生活、有理想、会思考、能沟通[①]。曾主导百度产品研发的俞军更是提出了互联网行业几乎人人知晓的"产品经理12条":[②]

1. 产品经理首先是用户。

2. 站在用户角度看待问题。

3. 用户体验是一个完整的过程。

4. 追求效果,不做没用的东西。

5. 发现需求,而不是创造需求。

6. 决定不做什么,往往比决定做什么更重要。

7. 用户是很难被教育的,要迎合用户,而不是改变用户。

8. 关注最大多数用户,在关键点上超越竞争对手,快速上线,在实践中不断改进。

9. 给用户稳定的体验预期。

10. 如果不确定该怎么做,就先看别人是怎么做的。

11. 把用户当作傻瓜,不要让用户思考和选择,替用户预先想好。

12. 不要给用户不想要的东西,任何没用的东西对用户都是一种伤害。

具体到新媒体产品的策划者,其必须具备的素养有哪些呢?

一、多学科的知识储备

产品策划者的工作涉及多个领域、涵盖多个层面。在《俞军产品方法论》一书中,俞军一再强调:现实中产品经理的工作职能可概括为需求、生产、销售、协调四大类,每一类具体的工作职能又从最低阶到最高阶细分出多项不同的工作内容,绝对不是某个单一的知识和技术能够支撑起来的。这就要求产品策划者不能将自己局限在狭窄的知识领域,必须拓展视野,广泛涉猎多个学科的知识,通过读万卷书以打开眼界、拓宽知识面、提升文化素养,并建构合理的知识体系。只有这样,才能在纷繁复杂、风云变化的市场格局中找准方向、明确目标;才能灵活应对、果断处理产品策划过程中的各项任务、各种问题。

马丁·卡根关于产品经理的一段描述非常到位:要想成为优秀的产品经理并取得成功,就必须具备四项核心职责,带给团队与组织四个方面的成果:深厚的客户知识、深厚

---

① 苏杰.人人都是产品经理:入行版.互联网产品经理的第一本书[M].北京:电子工业出版社,2021.
② 俞军等.俞军产品方法论[M].北京:中信出版社,2020:264.

的数据知识、深厚的业务知识及清楚利益相关者、深厚的市场和行业知识[1]。

俞军在谈及自己的产品方法论时,特别建议产品经理们多读经济学、心理学这些博大精深的学科领域内的书籍,因为只有多看书、会看书,才能更准确、深刻地理解产品背后的原理[2]。

多学科的知识背景与个人的多种兴趣、喜好结合在一起,就能孕育出新的突破与创造的机会。吴晓波在采访微信之父张小龙时,感受到他"时时流露出作为一个IT'文艺青年'的气息"。张小龙也认为"产品经理永远都应该是文艺青年,而非理性青年"[3]。他在论述产品经理必备修养时也特别强调"博而不专的积累"。合格的产品经理需要广博的知识储备,以此才能了解和认识大数量的人群,理解时代的审美,让自己的所思所感符合普通用户的思维范式。以此为基础,设计的产品才不会脱离人群。

二、对复杂人性的透彻了解

俞军曾说过一句颇具情怀的话:"产品经理就是以产品当笔,与世界对话。"用产品与世界对话,其最终目标与落脚点应是人,即与人对话,与产品的用户对话。决定这种对话是否有效、成功的基础和前提,就是产品经理事先是否了解、熟悉对话的对象。如果一个产品经理对人性毫无了解,对用户所知甚少,成功的机会绝对不会青睐于他,因为他根本就找不到努力的方向,更别谈构想出一个好的产品了。周鸿祎在其著作《极致产品》的开篇中就强调:"一个好的产品,往往能够反映人性中最本质的需求,换言之,不符合人性的需求就是伪需求","一款好的产品,需要对人性做透彻的分析,才能完成其设计。"[4]

人是最复杂的动物,对人与人性的了解绝非是一件可以轻而易举完成的事。乔布斯就曾感叹过,要想按照大众的需求设计产品真的很难。在大多数情况下,人们根本就不知道自己需要什么产品,因此要在他们知道自己的产品需求之前,主动告诉他们所需要的产品。对于产品策划活动来说,最首要的任务就是要敏锐发现、准确把握用户的内在需求。这种需求潜藏在用户内心深处,看不见、摸不着,可能连用户自身都无法察觉、感知到,但产品经理必须提前预知、掌握。

---

[1] 马丁·卡根.启示录(第二版)[M].朱丹俊,高博,译.北京:中国人民大学出版社,2019.
[2] 俞军等.俞军产品方法论[M].北京:中信出版社,2020.
[3] 吴晓波.腾讯传:1998-2016:中国互联网公司进化论[M].杭州:浙江大学出版社,2017.
[4] 周鸿祎.极致产品[M].北京:中信出版社,2018.

如何才能练就这种提前预知、准确掌握用户内在需求的能力呢？最简单、有效的方法就是在读万卷书的基础上行万里路，带着用广博知识武装的头脑，主动、自觉地融入生活，做生活的有心人，在工作、学习、娱乐、旅行中，去发现、挖掘当中的真、善、美，去体验、感悟复杂的人生百态。常言道，生活是最好的老师。它既是所有知识的来源，同时又蕴藏着许多书本无法教给我们的道理和养分。时时处处留心身边各种人的独特生活状况与方式，以及同一个人在各种不同的时空与场景中的行为变化，深入思考隐藏在各种行为背后的深层动机，这样日积月累，慢慢就会拥有一双慧眼，能透过人外在的、不经意的言谈举止发现其最微妙、隐晦的本质需求。

俞军在论述产品经理的成长之路时，提到了很多衡量标准，其中有一项是"人文关怀"。他认为，人文关怀意识与能力的养成与用户样本量的积累、同理心、心理学以及进化论、博弈论等要素密切相关，"产品经理研究的是社会中的人的行为及其背后的原理。因为产品的使用人——用户有异质性和情境性，所以一定要积累足够多的用户样本量（特定情境下的一次使用）才能较少偏差地理解产品和用户。如果同理心强，那理解用户会事半功倍。心理学系统地研究人的心理规律。进化论和博弈论也是产品经理的必修课，因为做产品必然会面对无数的社会博弈和演化，要在这个基础上去理解人类社会和权衡取舍。"[1]

张小龙对产品经理也发表过独特的理解："产品经理是站在上帝身边的人。"为什么这么说呢？"因为上帝是创造这个世界的人，而产品经理是创造一个虚拟世界的人，所以他也是一个创造者。""产品经理应该像上帝一样建立一个系统，并制定规则，让群体在系统中自我演化。"在具体实施过程中，产品经理一方面"要去了解用户，了解用户的想法，了解用户作为一个人，人性里的需求是什么。"另一方面还要关注群体心理，"这是做产品最需要知道的一件事情。"[2]

三、开放的心态

进入互联网时代，托马斯·弗里德曼提出的观念"世界是平的"获得了很多人的认可。确实，互联网、移动互联网将原有的很多边界、壁垒一一打破，将人类带入一个更加

---

[1] 俞军等.俞军产品方法论[M].北京:中信出版社,2020.
[2] 张小龙.微信背后的产品观[M].北京:电子工业出版社,2021.

开放、平等、共享的新世界。在这样的宏观背景和社会氛围之下,从事互联网产品、新媒体产品策划的人,自然应该转换角色定位,以开放的心态迎接、应对一切挑战。

开放,与封闭相对。在策划产品的过程中,产品经理在很多层面、很多问题上都不能囿于个人狭窄的视角、立场与喜好,不能太自我。在周鸿祎看来,很多产品经理最大的失败就是因为"我是产品经理,用户需要遵循我的思维路径"的观念。持有这种观念的产品经理,"总感觉自己是专家,总喜欢在做产品之前先进行各种假设",殊不知这种观念及做法在"用户至上"的今天只会处处碰壁。由此,周鸿祎建议:"产品经理切不可盲目假设用户一定能够理解你的全部想法,不能假设用户一定知道产品中的某个功能并找到它,更不能假设用户一定能够完整体验该功能,并从中获得享受。"①在策划产品时,怎样才能走出观念误区、避免各种盲目假设?最直接、有效的方法就是果断抛弃自以为是的自我意识,敞开胸怀,虚心听取用户及他人意见,广纳良言。

首先,要具有共情力和同理心。这一点在很多成功产品人的论著、文章和演讲中频繁出现,俞军、周鸿祎都认为同理心是一个产品经理必备的重要素养。其实,共情力与同理心的获得,需要一个共同的前提条件,那就是换位思考。所谓换位思考,就是主动摒弃个人先入为主的思考习惯,设身处地站在他人的角度去思考、感受,理解、包容各种不同的想法和意见。

其次,要养成质疑并接纳异见的习惯。一个好的产品经理一定是敏感多思的,一方面,他能从平凡、琐碎的事物与现象中发现到别人看不见的东西;另一方面,又不盲从于他人,凡事都喜欢寻根究底,多问几个为什么,时常比一般人想得更多、更深、更远;同时,他又择善而从,当其他人提出不同的意见和看法时,总能以虚怀若谷的态度坦然面对,只要是有益于产品研发的,就果断采纳、认真落实。

最后,与时俱进、永不停步。常言道,变化是永恒的。产品策划者日常工作中需要面对、研究、考量的要素既包罗万象、纷繁复杂,同时又充满了不确定性,且时刻都处在变化、发展之中。特别是在以敏捷开发、小步快跑为主导的时代,产品策划与研发在很大程度上是一项充满遗憾的工作,很难一次性地推出非常全面、完美的产品。对此,产品经理必须以理性的头脑、前瞻的眼光和不断进取的意识去把握、处理。一方面,要培养自己的感知力、洞察力,对获取的所有的数据、信息,以及看到、听到的一切,做到不简单停留在表面或被外在的表象所迷惑,能透过现象发现本质。特别是在做用户调研时,

---

① 周鸿祎.极致产品[M].北京:中信出版社,2018.

不要被用户带着走,因为很多时候用户所表达的并非是其内心深处所想的,这就特别需要产品经理能以专业的头脑去做独立的思考和判断;另一方面,在坚持独立思考和有自己的主见的同时,又要站在时代的前列,随时关注行业、市场、科技等多方面的变化,不断抛弃过时、陈旧、落伍的观点和做法,接纳新的观念、思维。用俞军的话说,就是一个好的产品经理必须具备批判精神。俞军认为,批判精神指的是"既能否定别人,也能否定自己"。否定别人,"就是敢提出否定意见,这样才更容易把一个想法、一个决策千锤百炼,提高它的准确率"。除了敢,还需要才识,有胆有识,质疑、否定别人才是积极的,才能最终引出真知灼见。否定自己,应该是既包括自我否定,又包括虚心接受他人对自己的质疑乃至否定,只有双管齐下,才能真正有助于自我迭代和产品迭代。

四、良好的专业素养与意识

专业人才能做好专业事,良好的专业素养及意识是做好专业工作的基础和前提。新媒体产品的策划者应该具备的专业素养与意识,主要包括以下几个方面:

其一,熟悉新媒体产品策划的全部流程,对每个阶段、每个环节的工作重心、主要任务以及完成任务的方式与方法都了如指掌,能灵活自如地组织、推进。

其二,知晓各种不同类型的新媒体产品的特点、要求,以及研发中应该聚焦、突出的重点,能从不同类型使用者的实际需求出发,有针对性地进行开发和设计。

其三,掌握科学、系统的产品策划方法,重点关注以下三个要点:用户模型、交易模型和思维方式。

用户模型。通过市场调研、用户分析与洞察,积累海量用户样本,建立用户模型,然后基于用户模型去设计产品,这一点在俞军的《俞军产品方法论》中被高度重视、反复提及。用户样本的积累、用户模型的建立,没有任何捷径可走,只能依靠平时工作、学习、生活中抓住一切机会,做有心人,慢慢积少成多,并不断总结、提炼、修正、完善。

交易模型。在以用户模型为基础保证产品具有用户价值之后,还要重视并建立交易模型。交易模型也就是人们常说的商业模式、盈利模式,其核心本质是"多边关系平衡的利益创造和利益分配模式",具体来说就是解决"如何创造利益(利从何来)"和"如何分配利益(利往何去)"两个问题。在俞军看来,产品经理这个角色的职责其实就是"用产品促成企业和用户间的价值交换","产品经理最需要做的,是持续不断地发现市

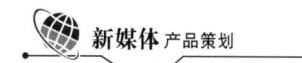

场上高于用户支付代价的用户价值,并设计合适的交易模型把它固化为产品。"[1]

思维方式。一个产品策划活动能否顺利展开并研发出用户喜欢的产品,很大程度上取决于策划者的思维方式是否科学、合理。很多产品人在谈及产品策划、产品经理的素养时都会不约而同地强调,互联网时代进行产品策划与研发必须与时俱进,抛弃传统、过时的思维方式,接受、采纳新的适合互联网产品、新媒体产品的思维方式,如产品思维、用户思维、系统思维、数据思维、迭代思维,等等。

其四,具有良好的美学素养。如今,用户体验越来越重要,它往往直接决定着产品的成败。用户体验是用户在使用产品的过程中所有主观感受的集合,最外在、直接的感受就是打开产品的一刹那的视听感受,即感官体验。好的感官体验其实很简单,就是看起来舒服、养眼,用起来简单、方便,整体上很和谐。但要达到这个目标,需要策划者、设计者有较高的美学素养。从每个页面的整体结构、布局,到各种元素的选择与安排,再到图形、色彩及文字的运用,都要符合审美原则,具有较高的品位。

第三节 新媒体产品策划人员的能力要求

在具备相关素养的基础上,产品策划人员还需继续努力学习、实践,不断锤炼、提升自己的专业能力。

前面说过,新媒体产品的策划会涉及多个环节、多项业务,需要产品策划者去完成的工作内容既纷繁又复杂,这就需要策划者最好是一个多面手,对相关的业务内容都很了解、熟悉,同时也要具备处理、解决相关问题的核心能力。在《产品经理成长进阶指南:提升硬技能+练就软实力+选择好行业》一书中,慕斯对产品经理的主要工作内容与技能进行了较为全面的梳理和总结,将C端产品研发的工作重点概括为9个方面:需求调研、竞品分析、产品规划、产品设计、跟进开发、测试上线、冷启动期、运营推广、迭代优化[2]。单从这份清单我们就可以看出其涉及的面非常宽泛。俞军则认为,产品经理必须

---

[1] 俞军等.俞军产品方法论[M].北京:中信出版社,2020.
[2] 慕斯.产品经理成长进阶指南:提升硬技能+练就软实力+选择好行业[M].北京:人民邮电出版社,2020.

具备三种完全不同的能力:专业能力、业务能力和管理能力[1]。刘涵宇将优秀产品经理应具备的能力分为两层:底层能力和应用层能力,底层能力指的是基础的核心能力,包括逻辑思考能力、自我认知迭代能力、保持理想的能力;应用层能力则是在实际工作中经常用到的偏"工具性质"的能力,如执行力、产品设计与规划能力、用户研究与市场研究能力、学习能力、沟通能力、运营及数据分析能力、项目管理能力,等等[2]。

结合产品策划活动涉及的所有业务内容,产品经理基本能力的培养和提升应重点关注以下几点:

一、逻辑思维能力

人类的思维方式,主要有逻辑思维、形象思维和灵感思维三类。对所有人来说,要正确地认识、理解外在世界,或是表达自己对各类事物的看法,都离不开逻辑思维。逻辑思维,又称为抽象思维,主要运用概念、判断、推理等形式来认识、理解、反映客观现实,以充分的事实依据和严密的逻辑推理见长。逻辑思维的特点及要求是:有明确的思考方向,判断、推理有充分的事实依据,通过对事物的细致观察、深入分析及综合,最后形成对事物本质特征与客观规律的概括与总结。

在论述产品经理的天赋及成长的有利因素时,俞军反复强调的一个关键词就是逻辑。他曾将产品经理分为A、B、C三类,C类指的是逻辑或性格有缺陷的人,这类人根本不适合做产品经理;B类是有逻辑的人;A类则是在有逻辑的基础上还兼具视野、同理心和自我否定的能力[3]。也就是说,逻辑思维能力的强弱是衡量一个人是否能成为一个好的产品经理的重要指标。

为什么逻辑思维这么重要呢?因为逻辑思维是思维的一种高级形式,人类一切追求创新、创造的活动,都必须以理性的逻辑思考为基础。离开了逻辑思维,人们就很难科学、客观地认识、理解这个世界,更不可能发现、掌握事物的内在规律与运行秩序。俞军基于自己的经验认为,产品经理要解决的问题都是现实问题,而现实又是复杂多变、充满了诸多的不确定性,这就更需要弄清其中的各种逻辑关系。由此,他进一步将产品经理的逻辑思考能力细分为四点:理科逻辑、深度思考、视野和批判精神。理科逻辑主

---

[1] 俞军等.俞军产品方法论[M].北京:中信出版社,2020.
[2] 刘涵宇.解构产品经理:互联网产品策划入门宝典[M].北京:电子工业出版社,2018.
[3] 俞军等.俞军产品方法论[M].北京:中信出版社,2020.

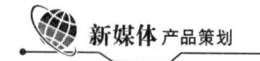

要用于对事实进行辨识,识别基本的逻辑链即因果关系;深度思考就是探求、洞察事物的内在本质,发现别人难以发现的东西;视野则是对思考者的要求,包括见多识广、思维的开放性和发散性;批判精神就是既能否定别人,也能否定自己[①]。

在具体的实践过程中,一个人的逻辑思维能力可细化为以科学的逻辑方法,对事物进行观察、比较、分析、综合、抽象、概括、判断、推理,进而有条有理地将思考结果表达出来的能力。这些能力对产品经理来说至关重要:

首先,面对各种事物、行为及数据时,不能被其外表迷惑、蒙蔽甚至欺骗,要非常理性地对它进行全面、深入的观察与分析,透过现象发现本质。现实生活中,很多事物、很多人的言行都以其特有的姿态与面貌呈现出来,有的表里如一,现象反映其本质;有的则是表里不一,外表具有迷惑性、欺骗性。这就需要观察者、思考者具有一双"慧眼",能揭开事物外在的那层"面纱",抓取其内在的本质。

在透过现象发现本质的过程中,辩证的立场与观点必须具备。不能总是局限在同一个角度、用同一种眼光、同一种方法,应该不断转换角度、变换眼光,尝试多种方法,寻求多种可能性,只有这样,最后形成的对事物的认识与理解才会是全面、科学、完整的。

其次,世界上任何事物都不是孤立存在的,事物与事物之间往往存在着千丝万缕的联系,它们相互影响、相互制约、相互促进。因此,分析、认识事物,不能只盯着某个事物本身,必须不断拓展视野,用联系的、发展的眼光去看待各种事物,发现、了解事物彼此之间的各种内在关系。对于产品策划活动来说,因果关系是非常重要的。

最后,将各种发现、结论与可能性按照内在的规律与秩序有逻辑地组合在一起,形成合理的框架体系,一个产品的雏形便呼之欲出了。

二、系统构架能力

所有的数字产品,从外表看起来似乎都很简单,只需数秒钟下载安装后即可打开使用。但从整体而言,无论产品大小,其内在构成都是非常复杂的。一般来说,数字产品可细分为前台、中台和后台三部分:所谓前台,指的是直接面向用户的部分,即网页、APP、小程序等。中台主要是汇集可以被多个产品共享、共用的资源和数据,又常细分为业务中台、数据中台。后台是为产品运营、管理人员开发的应用端,主要用来控制前台,

---

① 俞军等.俞军产品方法论[M].北京:中信出版社,2020.

查看、检测来自前台的反馈数据。三个部分各有侧重,分工明确,同时又相互呼应、配合,共同支撑起一个产品。

要搭建起如此复杂、多元的产品结构,产品经理首先必须具有宏观、开阔的视野,既要考虑前台、中台、后台的协调与配合,同时还要兼顾用户、产品运营与管理者、商家及第三方机构等多个主体的不同需求,不能顾此失彼。

其次,具备化繁为简、提炼并形成产品整体框架的结构化思维能力。在产品研发过程中,有三个结构图非常关键:产品功能结构图、产品信息结构图、产品结构图。这三个图组合在一起,基本就能将一个产品的整体状况简洁而又直观地呈现出来。要顺利地绘制出这三个结构图,产品经理须冲破各种零乱的现象、复杂的要素与繁杂的思绪的困扰,围绕产品的主打功能,一一提炼、归纳最关键的核心节点,以及支撑各个核心节点的细节。

最后,按照内在的逻辑关系将核心节点与支撑细节串通、连接在一起,以便利、快捷地解决某个问题、完成某个任务。这样依次拓展,产品的功能结构、信息结构以及最后的产品建构就慢慢建立起来了。

除了绘制各种结构图,产品经理还要在很多不同的场合,面对不同的人,阐释自己对产品的思考、规划。从产品的宏观构想到具体的实施方案,以及很细微的注意事项,涉及的内容很繁杂。如何才能说得清楚、让人听得明白?答案还是结构化思维能力的加持。很多人在写文章、发表演说之前都习惯于先拟一份提纲。所谓提纲,就是一篇文章或演说稿的核心纲目,一般由一组简短的句子(小标题)组成,每一个句子就是某项内容、某个观点与构想的浓缩。拿着提纲,先说什么、后说什么,每个内容或观点具体推进、展开的层次都非常清晰,完全可以做到临阵不慌、条理清晰、层层递进,最后收获成功表达自己、说服别人的效果。

三、领导协调能力

产品策划活动是一项由众多环节组成的系统工程,业务内容繁杂。产品经理必须很好地统领、掌控全局。一方面,要规划好产品策划活动的整体流程,明确每个环节的主要任务及要求;在运作、实施过程中,全面跟踪、了解各项工作的进展状况,对发现的问题与存在的隐患,及时采取措施果断加以解决或排除。另一方面,合理调配、使用各种资源,包括人力、物力与财力资源,以保障整个活动的顺利推进。

产品策划活动绝非一己之力可以支撑,个人英雄主义在这个行业里是没有立足之地的。产品经理的管理能力,除了管理流程、管理资源之外,还有对人的管理。对人的管理,主要体现在对产品团队的管理,如有很好的识人、用人能力,让团队每个成员都能在最恰当的位置上做自己最适合的工作,使其个人能力得到最大限度的发挥,同时也让产品研发的各项工作收获事半功倍的效果。

一个产品团队主要由工程师、设计师与市场运营人员组成,来自不同专业、有着迥异的思维方式、个性与气质的一群人,长时间汇聚在一起,为了同一个目标、同一个产品而努力,或多或少会产生一些矛盾与冲突,这就需要产品经理有较好的沟通协调能力。例如:在与工程师和设计师沟通的时候,不能沿用同一种方式,工程师往往很理性、严谨,与之交流时要特别注重逻辑性和条理性,多用事实、数据说话;设计师则多偏向感性,沟通方式可以更灵活、随意一些,切忌刻板、生硬。当团队成员因某个问题出现争执时,要耐心听取各方意见,居间调停,并积极寻求妥善解决冲突的方式方法。

在管好团队成员的同时,还要重视自我管理,要不断提升自己的情商,随时管理好自己的情绪。特别是在讨论问题的过程中,面对团队成员的质疑甚至否定意见,要保持淡定与克制,以谦虚、平等的姿态与之交流、商榷,直至达成一致意见。

产品团队是一个战斗的集体,要想不断打胜仗,就必须保持团队的稳定与团结,不断激发每位成员的积极性与战斗力。由此,团队独有的文化氛围的建设亦是产品经理应该重点关注的事情。在紧张的工作之余,产品经理要善于利用、发掘各种机会,让团队成员聚在一起,相互了解、熟悉,培养感情,通过不断的磨合最终达成一致的目标与追求。在《启示录》中,马丁·卡根就建议将一个产品团队的所有员工"共地安排",即以"近到可以轻易地看到彼此的电脑屏幕"的方式安排团队成员在一起工作,"当团队成员坐在一起,共进午餐,彼此之间建立个人关系,这时会产生一种神奇的力量"[1]。

总之,负责产品策划的产品经理一定是一个智商、情商双在线,"在智慧、创意和持之以恒上堪称模范"[2]的人。

---

[1] 马丁·卡根.启示录(第二版)[M].朱丹俊,高博,译.北京:中国人民大学出版社,2019.
[2] 马丁·卡根.启示录(第二版)[M].朱丹俊,高博,译.北京:中国人民大学出版社,2019.

知识回顾

一个新产品的诞生,绝非一个人的单打独斗所能支撑,而是需要产品团队的所有成员团结协作、群策群力。

一般情形下,产品策划团队由产品经理带领技术人员、设计人员、营运人员,在既有明确分工、又要彼此配合的基础上循序渐进地推进各项工作。

作为产品策划活动主导者的产品经理,必须具备较为全面的素养,如多学科的知识储备、对复杂人性的透彻了解、开放的心态、良好的专业素养和意识,以及较高的专业能力,特别是逻辑思维能力、系统构架能力、领导协调能力。

思考题

1. 产品策划团队的成员构成。
2. 产品策划人员应具备哪些素养?
3. 产品策划人员的能力要求

参考文献

[1]吴晓波.腾讯传:1998-2016:中国互联网公司进化论[M].杭州:浙江大学出版社,2017.

[2]苏杰.人人都是产品经理:入行版.互联网产品经理的第一本书[M].北京:电子工业出版社,2021.

[3]苏杰.人人都是产品经理:思维版:泛产品经理的精进之路[M].北京:电子工业出版社,2021.

[4]苏杰.人人都是产品经理:创新版:低成本的产品创新方法[M].北京:电子工业出版社,2020.

[5]苏杰.人人都是产品经理:案例版:不可不知的淘宝产品事[M].北京:电子工业出版社,2021.

[6]刘涵宇.解构产品经理:互联网产品策划入门宝典[M].北京:电子工业出版社,2018.

[7]俞军等.俞军产品方法论[M].北京:中信出版社,2020.

[8]丹·奥尔森.如何开发一个好产品:精益产品开发实战手册[M].张潮文,译.北京:中国人民大学出版社,2017.

[9]格雷格·科恩.敏捷产品开发:产品经理专业实操手册[M].陈秋评,译.北京:电子工业出版社,2021

[10]周鸿祎.极致产品[M].北京:中信出版社,2018.

[11]菲利普·科特勒,加里·阿姆斯特朗.市场营销:原理与实践:第17版[M].楼尊,译.北京:中国人民大学出版社,2020.

[12]菲利普·科特勒,凯文·莱恩·凯勒.营销管理(第15版)[M].何佳讯,等译.上海:格致出版社,上海人民出版社,2016.

[13]马修·布伦南.字节跳动:从0到1的秘密[M].刘勇军,译.长沙:湖南文艺出版社,2021.

[14]阿尔贝托·索维亚.做对产品[M].徐毅,译.天津:天津科学技术出版社,2021.

[15]马丁·卡根.启示录(第二版)[M].朱丹俊,高博,译.北京:中国人民大学出版社,2019.

[16]刘飞.从点子到产品:产品经理的价值观与方法论[M].北京:电子工业出版社,2017.

[17]梅丽莎·佩里.卓越产品管理:产品经理如何打造客户真正需要的产品[M].田恬,译.北京:人民邮电出版社,2020.

[18]于琪.产品之路:从靠谱想法到产品落地再到产品推广[M].北京:电子工业出版社,2017.

[19]杰西·詹姆斯·加勒特.用户体验要素:以用户为中心的产品设计(原书第2版)[M].范晓燕,译.北京:机械工业出版社,2019.

[20]龙思思.新媒体产品设计与项目管理[M].北京:中国人民大学出版社,2021.

[21]李立.腾讯产品法[M].杭州:浙江大学出版社,2018.

[22]杰弗里·摩尔.跨越鸿沟:颠覆性产品营销指南:原书第3版[M].祝惠娇,译.北京:机械工业出版社,2022.

[23]黄有璨.运营之光:我的互联网运营方法论与自白3.0[M].北京:电子工业出版社,2022.

[24]吉姆·西诺雷利.认同感:用故事包装事实的艺术[M].刘巍巍,孟艳,李佳,译.北京:九州出版社,2015.

[25]唐娜·理查.产品故事地图[M].向振东,译.北京:机械工业出版社,2017.

[26]尼尔·埃亚尔,瑞安·胡佛.上瘾:让用户养成使用习惯的四大产品逻辑[M].钟莉婷,杨晓红,译.北京:中信出版集团,2017.

[27]尹燕杰.产品五部曲:快速构建互联网产品知识体系[M].北京:机械工业出版社,2017.

[28]张小龙.微信背后的产品观[M].北京:电子工业出版社,2021.

[29]慕斯.产品经理成长进阶指南:提升硬技能+练就软实力+选择好行业[M].北京:人民邮电出版社,2020.

[30]刘劲松,胡必刚.华为能,你也能:IPD重构产品研发[M].北京:北京大学出版社,2015.

[31]大卫·霍夫曼.现代营销之父——菲利普·科特勒营销精华[M].乔木,译.北京:线装书局,2003.

[32]保罗·萨缪尔森,威廉·诺德豪斯.经济学:第19版:教材版[M].北京:商务印书馆,2013.

[33]亨利·克雷歇尔,诺曼·威纳尔斯基.产品改变世界:Siri如何成功创造千亿市场[M].邓联健,杨稳,译.北京:中信出版社,2017.

[34]彭兰."新媒体"概念界定的三条线索[J].新闻传播与研究:2016(3).

[35]任志强."媒体产品"的概念辨析及实践意义[J].城市党报研究:2021(3).

[36]易钟林,姚君喜.新媒体产品创新的特征与过程[J].现代传播:2016(3).

[37]彭兰.正在消失的传媒业边界[J].新闻与写作:2016(2).

[38]彭兰.网站经营:从"内容为王"到"关系为王"[J].网络信息:2010(5).

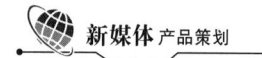

[39]陈文武,汪震宇.19楼产品经理的"心经"[J].中国记者:2014(11).

[40]彭兰."内容"转型为"产品"的三条线索[J].编辑之友:2015(4).

[41]居新宇.新媒体下做内容还是做产品[J].中国纺织,2017(2).

[42]黄楚新,王丹.新媒体产品的研发思路与规律[J].新闻与写作,2015(3).

[43]李华君,王凯悦.智能物联时代传媒产业的业态创新、关系重构与发展路径[J].新闻爱好者,2022(4).

[44]柳斌杰.大变局之下传媒的重构与能力再造——2021年中国媒体发展特点与未来趋势展望[J].新闻战线,2022(3).

[45]辛向阳.从用户体验到体验设计[J].包装工程,2019,40(8).

[46]沈虹.互动网络营销传播的创意研究[J].广告大观(理论版),2011(10).

[47]沈虹.缘起"协同"——论"协同创意"的理论渊源[J].广告大观(理论版),2013(8).

[48]万小广.传统媒体人能不能、如何做产品经理?——对话百度高级产品经理秦锋剑[J].中国记者,2014(11).

后记

这本书，可以视为我职业生涯的告别之作。

我大学本科学中文，毕业分配至江汉大学中文系当老师。后因工作需要，又转学传播学，进入广告传播领域。在近30年广告学的教学与研究生涯中，先后重点关注过广告文案、广告文化、数字营销传播、新媒体传播，并将自己的学习与思考集结成书，出版了《现代广告文案写作》《广告文化透视》《广告文案案例评析》《数字营销公司经营与管理》《营销传播文案写作》。临近退休，又机缘巧合地接到一个新任务——编写《新媒体产品策划》。《新媒体产品策划》一书的出版，为我的整个职业生涯画上了一个句号。

人们常说：活到老、学到老。身处数字时代的信息传播业，更是时时刻刻都能够感受到技术、方法、手段及其观念日新月异的变革，不主动学习就会落伍，就会被无情地抛弃。身为传道授业解惑的老师，理应关注、思考、总结行业的变化与发展，并将之融入教材、课堂，让学生真正从中受益。这一目标，是我数年来在教学与研究过程中努力追求、达成的。这种追求，从上面罗列的一串书名中也能看出一二。

一本书的出版，除了作者的努力之外，还需多方力量的支撑与支持。在此，我要感谢所有的前辈、先学及同行，你们的探索和思考为本书奠定了重要的基础；感谢西南大学出版社的领导、编辑及相关人员，你们耐心、细致的工作保证了书籍的质量；还要感谢江汉大学给予的出版资助。

阮卫

2024年11月于珞珈山